mentor training XXL

So packst du die
6. Klasse

Deutsch
Mathematik
Englisch

Regeln – Übungen – Lösungen
Mit ausführlichem Lösungsteil und Beispielaufsätzen

Antje Kelle
Boris Prem
Paul Weishaupt
Gerhard Ruf
Susanne Leeb

Mit praktischen Lerntipps auf der Umschlagklappe!

In Zusammenarbeit mit Langenscheidt

mentor
Eine Klasse besser.

Die Autoren Antje Kelle: Gymnasiallehrerin für Deutsch, Autorin mehrerer mentor Lern- und Abiturhilfen (Teil I)
Boris Prem: Gymnasiallehrer für Deutsch, Latein und Griechisch, Autor mehrerer Lernhilfen für Deutsch und Latein (Teil II)
Paul Weishaupt: Gymnasiallehrer für Mathematik, Physik und Informatik (Teil III)
Gerhard Ruf: Gymnasiallehrer für Mathematik und Chemie, langjährige Erfahrung als Nachhilfelehrer (Teil III)
Susanne Leeb: Gymnasiallehrerin für Englisch und Italienisch, Autorin mehrerer didaktischer Werke (Teil IV)
Alexander Geist: Lehrer für Deutsch, Psychologie und Ethik an einem Gymnasium, Fachleiter für Deutsch, staatlicher Schulpsychologe (Lerntipps)

Redaktion Manuela Beisswenger; Elke Spitznagel; Hartmut Schultes; Jana de Blank; Ulrike Timmer

Abbildungen Henning Schöttke, Kiel (Illustrationen, Cartoons, Comics); Udo Kipper, Darmstadt (technische Zeichnungen S. 90f.)

Layout mentor Verlag, auf der Basis des Layouts von Barbara Slowik, München

Der deutsche Text dieses Bandes entspricht der seit 1.8.2006 verbindlichen neuen Rechtschreibung. Aus didaktischen Gründen werden nicht immer alle möglichen Schreibvarianten angegeben.

Umwelthinweis: Gedruckt auf chlorfrei gebleichtem Papier

Printed in Germany
www.mentor.de

ISBN 978-3-580-63836-8

1. 2. 3. 4. 5. 11 10 09 08 07

Inhalt

Willkommen! 5

Teil I

Deutsch: Rechtschreibung 7

Themenübersicht 8

Regeln und Übungen 10

Wörterverzeichnis 55

Grammatische Begriffe 59

Teil II

Deutsch: Aufsatz: Bericht, Beschreibung, Brief 61

Themenübersicht 62

Regeln und Übungen 64

Quellenverzeichnis 112

Teil III

Mathematik: Textaufgaben, Sachrechnen 113

Benutzerhinweis 114

Themenübersicht 115

Regeln und Übungen 116

Teil IV

Englisch: Adjektiv, Adverb, Substantiv, Pronomen 181

Themenübersicht 183

Regeln und Übungen 184

Lösungsteil 233

Lösungen Teil I – Deutsch: Rechtschreibung 233

Lösungen Teil II – Deutsch: Aufsatz: Bericht, Beschreibung, Brief. Mit Beispielaufsätzen 257

Lösungen Teil III – Mathematik: Textaufgaben, Sachrechnen 283

Lösungen Teil IV – Englisch: Adjektiv, Adverb, Substantiv, Pronomen 293

Register 318

Praktische Lerntipps . . . . Umschlag

Unser Tipp für alle, die noch mehr wissen wollen:

mentor Lernhilfen für Deutsch, Mathematik und Englisch

Selbsthilfe statt Nachhilfe:
die Lernhilfen mit den ausführlichen Erklärungen –
so kapierst du's wirklich!

Deutsch:
Rechtschreibung: Fehlerjagd mit den Geisterkids
5./6. Klasse, ISBN 978-3-580-65505-1
44 Diktate. Mit Regeln, Übungen und Audio-CD
6. Klasse, ISBN 978-3-580-65516-7
Grammatik: Bausteine und Spielregeln unserer Sprache
5./6. Klasse, ISBN 978-3-580-63507-7
Aufsatz: Erzählen, Inhaltsangabe, Beschreiben, Berichten, Argumentieren
5.–7. Klasse, ISBN 978-3-580-63509-1

Mathematik:
Teiler, Vielfache, Rechnen mit Brüchen
5./6. Klasse, ISBN 978-3-580-63617-3
Dezimalbrüche, Prozentrechnung, Proportionen, Geometrie
5./6. Klasse, ISBN 978-3-580-63618-0

Englisch:
Grammatik und Wortschatz, Teil 1
6. Klasse, 1. Halbjahr, ISBN 978-3-580-65543-3
Grammatik und Wortschatz, Teil 2
6. Klasse, 2. Halbjahr, ISBN 978-3-580-65544-0

Gibt's in jeder Buchhandlung.
Mehr Infos auf www.mentor.de

Willkommen!

Hallo, liebe Schülerin, lieber Schüler,

du möchtest deine Noten in Deutsch, Mathematik und Englisch verbessern? Und zwar möglichst schnell und ohne viel Theorie? Dann bist du hier richtig – vor allem, wenn du eines der Themen dieses Buches speziell für eine Klassenarbeit üben willst.

Du wirst sehen: Hier geht's besonders easy:

Treffsicher Dieses Buch ist in viele **kleine Lernportionen** gegliedert.
→ So findest du dich besonders schnell zurecht.

Übersichtlich Jede Lernportion umfasst nur **eine** oder **zwei Seiten**.
→ So hast du immer alles auf einen Blick.

Einleuchtend Jede Lernportion beginnt mit einer **Regel** oder einem **Beispiel**.
→ So weißt du immer sofort, worauf es ankommt.

Clever Dann geht's ans **Üben** – ganz locker, Schritt für Schritt.
→ So bereitest du dich optimal vor.

Praktisch Der **Lösungsteil** hinten passt seitengetreu dazu.
→ So kontrollierst du blitzschnell – ohne Suchen und Blättern.

Am besten gleich loslegen!

Viel Spaß und ganz viel Erfolg

wünscht dir

dein mentor Verlag

Noch ein Tipp Du hast noch mehr Nachholbedarf, aber keine Lust auf Nachhilfe? Dann versuch's doch mit den **mentor Lernhilfen**: Schau mal auf die Seite gegenüber!

Teil I:
Deutsch

Rechtschreibung

Regeln und Übungen

Themenübersicht Teil I

A Umlaute ... 10
1. *ä* **oder** *e*, z. B. *Wälle/Welle, Ställe/Stelle* ... 10
2. *äu* **oder** *eu*, z. B. *Häute/heute, läuten/Leute* ... 11

B Das lange *i* ... 12
1. *ie, i, ih* **oder** *ieh*, z. B. *nie, wir, ihr, fliehen* ... 12
2. **Gleich gesprochen – verschieden geschrieben**, z. B. *Stiel/Stil/stiehl* ... 13

C Mit oder ohne *h*? ... 14
1. **Die sichtbare Länge**, z. B. *Kuhle, Lehm, Bohne, fahren* ... 14
2. **Verwechslungsgefahr**, z. B. *mahlen/malen, Zunahme/Zuname, hohl/hol!* ... 15
3. **Durch Nachdenken einfach**, z. B. *späht/spät, währt/wärt, mehr/Meer* ... 16

D Der *s*-Laut ... 17
1. **Am Wortende** *s, ss* **oder** *ß*, z. B. *Mus, Nuss, Fuß* ... 17
2. **Verben mit** *ss* **oder** *ß*, z. B. *ich weiß/ihr wisst, es fließt/es floss* ... 18
3. *das* **oder** *dass*? ... 19

E *b/p* und *d/t* ... 20
1. **Am Wortende** *b* **oder** *p*, z. B. *Kalb/Typ, Schubkarre/Hupkonzert* ... 20
2. **Am Wortende** *d* **oder** *t*, z. B. *Neid/weit, Tod/tot* ... 21
3. **Das verflixte** *t*, z. B. *hoffentlich* (aber: *hoffend*), *seid/seit* ... 22

F Der *k*- bzw. *z*-Laut ... 23
1. **Nach Konsonant**, z. B. *Harke* (aber: *Hacke*), *würzen* (aber: *Mütze*) ... 23
2. **Nach Vokal**, z. B. *pieken* (aber: *picken*), *Weizen* (aber: *wetzen*) ... 24

G Konsonantenzahl ... 25
1. **Wegen des Buchstabens davor**, z. B. *Dame* (aber: *Damm*), *Ton* (aber: *Tonne*) ... 25
2. **Wegen des Buchstabens danach**, z. B. *Kante* (aber: *kennen, kannte*) ... 26
3. **Konfliktwörter**, z. B. *sämtliche* (trotz: *sammeln*), *Gestalt* (trotz: *stellen*) ... 27

H Feste Silben ... 28
1. **Schwierige Vorsilben**, z. B. *Entschluss* (aber: *endlos*), *Verkehr* (aber: *fertig*) ... 28
2. **Schwierige Nachsilben**, z. B. *sonnig, sommerlich, himmlisch* ... 29

I Einzelfälle ... 30
1. **Der** *x*-**Laut**, z. B. *Text, Eidechse, Keks, Klecks, unterwegs* ... 30
2. **Der** *f*-**Laut**, z. B. *viel/fiel, Vorteil/Forderung* ... 31

J Worttrennung ... 32
1. **Aussprechen erwünscht**, z. B. *le-sen, Fin-ger, Ver-klei-dung* ... 32
2. **Trennung bestimmter Konsonanten**, z. B. *lo-cker, la-chen, Gip-fel, Fens-ter* ... 33

K **Substantive** ... 34
1. **Echte Substantive,** z. B. *Ball, Leidenschaft* ... 34
2. **Zusammen mit Verben,** z. B. *Rad fahren, Schuld tragen* ... 35
3. **Zusammen mit *sein* oder *werden*,** z. B. *ich bin schuld, mir wird angst* ... 36

L **Adjektive** ... 37
1. **Verwandlung in Substantive,** z. B. *das Neue, etwas Neues* ... 37
2. **Adjektiv bleibt Adjektiv,** z. B. *Die älteren Schüler begrüßen die jüngeren.* ... 38
3. **In festen Verbindungen,** z. B. *im Allgemeinen, seit langem* ... 39
4. **In Redewendungen,** z. B. *den Kürzeren ziehen, zum Besten geben* ... 40
5. **Beim Steigern,** z. B. *am besten, am schönsten* ... 41

M **Verben** ... 42
1. **Verwandlung in Substantive,** z. B. *das Trinken, zum Essen* ... 42
2. **Als Infinitiv mit *zu*,** z. B. *zu trinken, zu essen* ... 43

N **Zeitangaben** ... 44
1. **Ehemalige Substantive,** z. B. *morgens, mittags, samstags* ... 44
2. **Verbindung zweier Zeitangaben,** z. B. *gestern Abend, heute Morgen* ... 45
3. **Zusammen mit einem Wochentag,** z. B. *am Freitagabend* ... 46

O **Zahlwörter** ... 47
1. **Verwandlung in Substantive,** z. B. *die Erste, eine Eins* ... 47
2. **Zu wenig für ein Substantiv,** z. B. *die vielen, am meisten* ... 48

P **Wie viele Wörter?** ... 49
1. **Verblasstes Substantiv und Verb,** z. B. *heimreisen, schlafwandeln* ... 49
2. **Adjektiv und Verb,** z. B. *sauber machen/saubermachen, gut gehen/gutgehen* ... 50
3. **Verb und Verb,** z. B. *lesen üben, bleiben lassen* ... 51
4. **Zusammengesetztes Adverb und Verb,** z. B. *aufeinander zugehen, daheimbleiben* ... 52
5. **Verbindungen mit *wie* oder *so*,** z. B. *wie viel/inwiefern, so lange/solange* ... 53
6. **Verbindungen mit *mal-/Mal*,** z. B. *manchmal/manches Mal* ... 54

Wörterverzeichnis ... 55

Grammatische Begriffe ... 59

A Umlaute

1. *ä* oder *e*

Sprich das Wort ganz **deutlich** aus; **denn oft hört man**, ob es mit ***ä*** oder mit ***e*** geschrieben wird.
→ *Ähre/Ehre, säen/sehen, die Pfähle/empfehlen*

Suche die **passende Grundform** oder das **Stammwort**. Findest du ein ***e***, so bleibt es ein ***e***; findest du ein ***a***, so wird es ein ***ä***.
→ *Ställe* (von *Stall*), *fällt* (von *fallen*), *verlängern* (von *lang*)

Übung 1 **Bilde die Mehrzahl (den Plural) der folgenden Wörter.**

der Hahn: die Hähne ....
die Gans: die Gänse ....
das Lamm: die Lämmer ....
das Gras: die Gräser ....
der Hals: die ~~Helse~~ Hälse ....
das Blatt: die Blätter ....

Übung 2 **Auf welche Stammwörter lassen sich die Wörter zurückführen?**

Kätzchen: kommt von Katze ....
Häschen: kommt von Hase ....
Schnäbelchen: kommt von Schnabel ....
wärmer: kommt von warm ....
kälter: kommt von kalt ....
härter: kommt von hart ....

Übung 3 **Füge die Buchstaben in der Abbildung zu Verbformen mit *e* bzw. *ä* zusammen.**

er r e nnt ....
er k e nnt ....
er .... e ....
sie h ä llt ....
sie k ä nnt ....
sie l ä sst ....

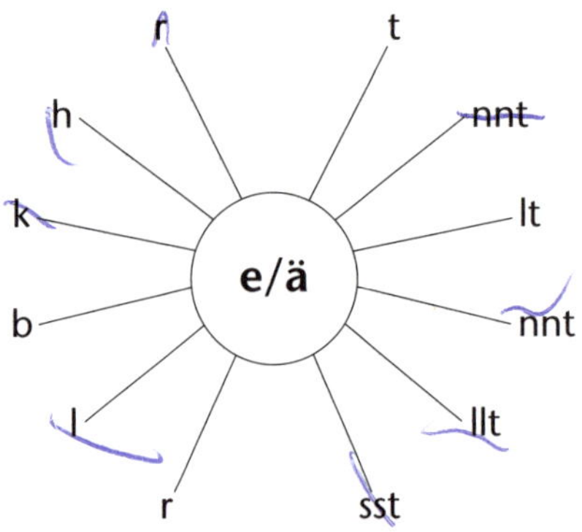

A 2. *äu* oder *eu*

Ein Wort wird mit ***äu*** geschrieben, wenn es sich auf ein Wort mit ***au*** zurückführen lässt.

Beispiele

*H**äu**te*	kommt von *H**au**t*	(aber: *h**eu**te*!)
*ger**äu**mig*	kommt von *R**au**m*	(aber: *R**eu**e*!)
*H**äu**ptling*	kommt von *H**au**pt*	(aber: *ungeh**eu**er*!)

Übung 1

Erkläre die Herkunft folgender Wörter.

Mäuschen: kommt von ....

Schnäuzchen: kommt von ....

Bäumchen: kommt von ....

bräunlich: kommt von ....

äußerlich: kommt von ....

käuflich: kommt von ....

Übung 2

Füge die Silben zu sinnvollen Wörtern zusammen.

Beu – men – er – ver – träu – Leu – chern – räu – te – Feu – en – bläu – te

Wörter mit ***eu***: ....

Wörter mit ***äu***: ....

Übung 3

Ergänze *eu* oder *äu*.

Fr.....de, Geb.....de, Gem.....er, n.....lich, Ger.....sch, verg.....den

Übung 4

Erkläre die Schreibweise der Wörter, die in Übung 3 mit *äu* geschrieben werden.

.... kommt von ....

.... kommt von ....

.... kommt von ....

B Das lange *i*

1. *ie, i, ih* oder *ieh*

Das **lange *i*** wird meist als ***ie*** geschrieben.
→ *Tier, Wiese, tief*

Es gibt jedoch viele **Ausnahmen**, die man sich einzeln **einprägen** muss, beispielsweise:
→ mit ***i***: *Ski, lila, Bibel*
→ mit ***ih***: *ihnen, ihr, ihretwegen*
→ mit ***ieh***: *ziehen, fliehen, Vieh*

Übung 1

Einer der Tiernamen ist falsch geschrieben. Schreibe das fehlende *e* darüber.

Biber, ~~Bine~~ Biene, Igel, Kaninchen, Krokodil, Tiger, Viper, Wisent

Übung 2

Einige der Wörter sind falsch geschrieben. Streiche sie durch. Sieh dir dann die Lösung an und präge dir die richtige Schreibweise gut ein.

~~zimlich~~	ziemlich	ziehmlich
~~nachgibig~~	nachgiebig	
er gibt	~~er giebt~~	

Übung 3

Verben, die in der Grundform ein *h* aufweisen, behalten es natürlich auch in den gebeugten Formen.
Schreibe die richtige Verbform auf.

Grundform:	**Gegenwart:**
sehen	er sieht
befehlen	sie ~~befiehl~~ befiehlt
geschehen	es geschieht

Grundform:	**Vergangenheit:**
verleihen	er verlieh
verzeihen	sie verzieh
gedeihen	es gedieh

B 2. Gleich gesprochen – verschieden geschrieben

Bei einigen Wörtern musst du sehr aufpassen: Sie **hören sich gleich an**, werden aber **verschieden geschrieben** und bedeuten auch etwas anderes.

Beispiele

wieder (= nochmals) *Kommst du bald wieder?*	↔	*wider* (= gegen) *Dies verstößt wider das Gesetz.*
Miene (= Gesichtsausdruck) *Ihre Miene ist sehr ernst.*	↔	*Mine* (= Stifteinlage) *Die Mine im Kuli ist rot.*
Stiel (= Stängel) *Dieser Stiel ist viel zu lang.*	↔	*Stil* (= Art) *Dieser Aufsatzstil gefällt mir gut.*

Übung 1 **Bilde sinnvolle Wörter.**

-spruch, -kehr, -haken, -rede, -käuer, -holung

Wieder- ……………… / ……………… / ………………

Wider- ……………… / ……………… / ………………

Übung 2 **Setze *i* oder *ie* ein.**

Dieses Buch enthält St……lblüten. Die Blumenst……le sind dick.

Das Verhalten ist st……llos. Das Blatt ist st……llos.

Das St……lgefühl muss man lernen. Der St……l fühlt sich glatt an.

Übung 3 **Korrigiere die falsch geschriebenen Wörter.**

O weh, mitten im Diktat ist meine Kugelschreibermiene verbraucht. Was für eine Miene wird meine Deutschlehrerin wohl machen? Ihre Miene verrät, dass sie es gar nicht schlimm findet. Sie bietet mir sogar eine neue Miene an.

Übung 4 **Auch die Wörter *Lied* und *Lid* gehören in dieses Kapitel. Setze die passenden Buchstaben ein.**

Dieses L……d höre ich gern. Ich könnte es mit geschlossenen Augenl……dern hören.

C Mit oder ohne *h*?

1. Die sichtbare Länge

Ein **Dehnungs-*h*** steht nur dann (aber nicht immer!),
- wenn ein **Wortstamm** (Wort ohne Vorsilbe und Endung) mit **langem Vokal endet**
  → *drehen, früher, zäh*
- wenn ein **langer Wortstamm** auf ***l, m, n, r*** **endet.**
  → *wählen, Rahmen,* ***Ohr***

Übung 1

Unterstreiche in den Beispielwörtern den Wortstamm.

Übung 2

Bilde aus dem Buchstabensalat Wörter, deren Wortstamm mit einem langen Vokal endet.

henjabe → ....

anh → nah

ordhen → ....

horf → froh

neherd → ....

euhR → Reh

Übung 3

Prüfe bei den folgenden Wörtern, mit welchem Konsonanten der Wortstamm endet.

fahren, Kahn, nehmen, sehr, Ruhm, wohnen, zählen, Kuhle

Der Wortstamm endet – nach langem Stammvokal – mit einem der folgenden Konsonanten: ....

Übung 4

Warum darf in den folgenden Wörtern – trotz langen Stammvokals – <u>kein</u> Dehnungs-*h* stehen?

Tag, gerade, Weg, legen, rot, loben, Mut, Ruder

Es darf kein Dehnungs-*h* stehen, weil ....

....

Merke

Das Wort ***nämlich*** wird **ohne Dehnungs-*h*** geschrieben!!!

2. Verwechslungsgefahr

Wie schon beim langen *i* gibt es im Deutschen weitere Wortpaare, die sich **gleich anhören**, aber **verschieden geschrieben** werden und jeweils etwas anderes bedeuten. Man muss sich also beim Schreiben immer den **Sinn** des Wortes **klarmachen**.

Beispiele

mahlen	(= fein reiben)	↔	*malen*	(= bildlich darstellen)
Zunahme	(= Vermehrung)	↔	*Zuname*	(= Familienname)
hohl	(= ausgehöhlt)	↔	*hol!*	(= kommt von *holen*)

Übung 1

Kombiniere die Wortteile zu sinnvollen Wörtern.

Mahl-, Mahl-, Mahl, Mal-, Mal-, Mal-, -block, -werk, -gut, -stein, -stift, -schule

Mahl ……………………………………………

Mal ……………………………………………

Übung 2

Überlege, von welchem Verb das Substantiv *Zunahme* kommt.

Das Substantiv *Zunahme* kommt von dem Verb …………………… .

Übung 3

Probiere aus, welche der folgenden Vorsilben zusammen mit dem Verb *nehmen* Substantive ergeben.

ab, auf, bei, ein, ent, hinter, mit, nach, ohne, über, wegen

Mit diesen Vorsilben lassen sich folgende Substantive bilden:

……………………………………………

……………………………………………

Übung 4

Korrigiere die Fehler, die sich in die Sätze eingeschlichen haben. Wo steht ein *h* zu viel?

Hohlst du mich heute Nachmittag ab? Dann gehen wir zu unserem hohlen Baum und verstecken uns in seinem hohlen Stamm. Ob wohl diesmal Spaziergänger vorbeikommen? Ob sie Angst bekommen, wenn sie unsere Töne hören, die wir durch die hohle Hand blasen? Hoffentlich erhohlen sie sich bald von ihrem Schrecken. Es soll doch alles nur ein Spaß sein.

C 3. Durch Nachdenken einfach

Bei einigen Wörtern, die sich **gleich anhören,** muss man sich noch mehr konzentrieren. Zu ihnen gehören z. B.

- **gebeugte Verbformen** (also: Grundform beachten!)
  → *Er sp**äh**t vorsichtig um die Ecke.* ↔ Aber: *Es ist schon sp**ät**.*
  *Ehrlich w**äh**rt am längsten.* ↔ Aber: *W**ä**rt ihr doch gekommen!*
- Wörter, die mit **Doppelvokal** geschrieben werden
  → *Urlaub am M**ee**r ist herrlich.* ↔ Aber: *Möchtest du m**eh**r?*

Übung 1

Überlege, von welchen Verben die gebeugten Verbformen kommen. Schreibe ihre Grundform auf.

sp**äh**t: kommt von spähen

w**äh**rt: kommt von währen

we**h**rt: kommt von wehren

ru**h**te: kommt von ruhen

Übung 2

***Wahr* oder *war*? Ergänze jeweils das passende Wort.**

Wer nicht lügt, spricht die war heit.

Wer etwas vorhersagt, ist ein Wahr sager.

Was bisher richtig war, muss nicht immer richtig sein.

Was gestern war, kann morgen wieder so sein.

Wenn jemand heruntergekommen ist, ist er ver wahr lost.

Wenn etwas voraussichtlich nicht eintritt, ist es un wahr scheinlich.

Übung 3

Finde die gesuchten Wörter.

Gegensatz zu *weniger:* viel

anderes Wort für *Ozean:* Meer

Gegensatz zu *voll:* leer

anderes Wort für *jemandem etwas beibringen:* lehren

D Der s-Laut

1. Am Wortende s, ss oder ß

Die Buchstaben *s*, *ss* und *ß* sind **am Wortende** (im Auslaut) in der **Aussprache gleich**. Man muss deshalb untersuchen, ob der **vorangehende Vokal** kurz oder lang ist.

Steht **vor dem s-Laut** ein **kurzer Vokal**, so wird *ss* geschrieben.
→ *die Nuss – die Nüsse, der Imbiss – des Imbisses*

Steht **vor dem s-Laut ein langer Vokal**, so muss man das Wort **verlängern.**
- Wird der **s-Laut stimmhaft** („weich") gesprochen, so steht *s*.
  → *das Eis – des Eises, das Los – des Loses*
- Wird der **s-Laut stimmlos** („hart") gesprochen, so steht *ß*.
  → *das Maß – des Maßes, der Gruß – die Grüße*

Übung 1 **Übe das Verlängern der Wörter.**

	Verlängerung im Plural:	**Verlängerung im Genitiv (2. Fall):**
das Haus:	die Häuser	des Hauses
der Stoß:	die Stöße	des Stoßes

Übung 2 **Streiche das falsch geschriebene Wort und erkläre den Fehler.**

Ross, Schloss – Schluss, Guss – ~~bliess~~, riss – nass, Hass

Das gestrichene Wort wäre so richtig: blies ; denn ....

....

Übung 3 **Setze die fehlenden Buchstaben ein.**

Das Fa ss kann man gut als Trommel benutzen. Bla s einfach kräftig in das Bambusrohr. Mit dem Fu ß kann man mit einem Topfdeckel den Rhythmus schlagen. Das Spiel in unserer improvisierten Band macht riesigen Spa ß .

D 2. Verben mit *ss* oder *ß*

Bei **Verben**, die im Infinitiv mit *ss* oder *ß* geschrieben werden, ändert sich bei der **Beugung** manchmal die Schreibung des *s*-Lautes.

- **Nach kurzem Vokal** steht dann *ss.*
  → *gießen – (es) goss, reißen – (es) riss*
- **Nach langem Vokal** oder **Diphthong** (Doppellaut) steht dann *ß.*
  → *essen – (er) aß, wissen – (sie) weiß*

Übung 1

Bilde die passende Vergangenheitsform.

Gegenwart:	**Vergangenheit:**
es fließt	es floss
sie schließen	sie schoss
ich messe	ich maß
ich lasse	ich ließ

Übung 2

Setze die fehlenden Buchstaben ein. Prüfe jeweils vorher sehr genau, ob der Vokal davor kurz oder lang ist.

Schließ deine Augen und wünsch dir etwas. Ich schloss meine Augen und vergaß die Welt.

Hast du heute auch das schöne Wetter genossen? Leider konnte ich es nicht genießen, weil ich mit meinem Meerschweinchen zum Tierarzt musste.

Beißt dein Hund? Nein, er hat noch nie jemanden gebissen.

Übung 3

Achtung, Falle! Korrigiere die Fehler.

Fasst hätte ich es vergessen: Man fasst das Seil ganz unten an.
Isst du gern Obstsalat? Er isst sehr gesund.
Hasst du schon einmal gehört, dass jemand Schulferien hasst?

Fast
ist
Hast

D 3. *das* oder *dass*?

Man schreibt ***das***, wenn es sich um einen **Artikel** oder ein **Pronomen** (Fürwort) handelt. Man kann es dann durch ***dieses*** oder ***welches*** ersetzen.
→ ***Das (Dieses)*** *Spiel ist spannend.* (Artikel)
→ *Beim Spiel,* ***das (welches)*** *spannend ist, machen alle gern mit.* (Pronomen)

Man schreibt ***dass***, wenn es **nicht ersetzbar** ist. Es handelt sich dann um eine **Konjunktion** (Bindewort).
→ *Ich wusste gar nicht,* ***dass*** *ein Spiel so spannend sein kann.*

Übung 1

Probiere aus, ob sich das Wort *das* durch *dieses* oder durch *welches* ersetzen lässt.

Für das Geländespiel braucht man nur wenige Mitspieler. Das Verfolgen der geheimnisvollen Waldindianer kann den ganzen Nachmittag dauern. Wer als Erster den Schatz gefunden hat, darf das Versteck niemandem verraten.

Man kann das Wort ***das*** jeweils durch das Wort dieses ersetzen.

Übung 2

Prüfe, ob man das Wort *das* durch *dieses* oder *welches* ersetzen kann. Schreibe das passende Wort in die Klammer.

Das (dieses) Spiel, das (welches) beim Schulausflug geplant ist, wird der Höhepunkt des ganzen Tages sein. Nur unser Klassenlehrer kennt das (dieses) Versteck, das (welches) wir suchen müssen. Der Schatz besteht diesmal aus einem riesigen Überraschungspaket, das (dieses) der Entdecker an die ganze Klasse verteilen darf.

Übung 3

Setze *das* oder *dass* richtig ein. Überlege dabei, ob du *dieses* oder *welches* einsetzen könntest.

(1) Das hat uns gerade noch gefehlt! (2) Aber wer hätte geahnt, dass es heute regnen würde. (3) So eine Gemeinheit, dass nun alles ins Wasser fällt! (4) Dabei hatten wir uns schon sehr auf das große Spiel gefreut. (5) Wie gut, dass unser Überraschungspaket noch nicht in seinem Versteck liegt.

E b/p und d/t

1. Am Wortende *b* oder *p*

Man schreibt ein Wort **am Ende** (im Auslaut) mit ***b***, wenn die **Verlängerung** oder das **Stammwort** mit ***b*** geschrieben wird.
→ *das Kal**b** – die Käl**b**er*

Man schreibt ein Wort **am Ende** (im Auslaut) mit ***p***, wenn die **Verlängerung** oder das **Stammwort** mit ***p*** geschrieben wird.
→ *der Ty**p** – die Ty**p**en*

Diese Regeln gelten auch, wenn auf den Auslaut noch **ein weiterer Wortteil** folgt.
→ *Schu**b**karre (des Schu**b**es, schie**b**en), Hu**p**konzert (hu**p**en)*

Übung 1 **Übe das Verlängern der Wörter.**

	Verlängerung im Plural:	Verlängerung im Genitiv:
der Korb:	die Körbe	des Korbes
der Lump:	die Lupe	des Lumpen
der Leib:	die Leibe	des Leibes

Übung 2 **Finde die gesuchten Wörter und verlängere sie.**

	Gesuchtes Wort:	Verlängerung im Plural:
kurzer Videofilm	Videoclip	die Videoclips
Reinfall	Flop	die Flops

		Verlängerung im Genitiv:
verwelkte Blätter	Laub	des Laubes
Küchengerät	Sieb	des Siebes

Übung 3 **Setze *b* oder *p* ein und schreibe das Stammwort dazu.**

Gesuchtes Stammwort:

Triebwerk	treiben	Klümpchen	Klumpen
Pumpstation	pumpen	Gelübde	loben

E

2. Am Wortende *d* oder *t*

Man schreibt ein Wort **am Ende** (im Auslaut) mit *d*, wenn die **Verlängerung** oder das **Stammwort** mit *d* geschrieben wird.
→ *der Neid – des Neides, der Mord – des Mordes*

Man schreibt ein Wort **am Ende** (im Auslaut) mit *t*, wenn die **Verlängerung** oder das **Stammwort** mit *t* geschrieben wird.
→ *weit – die weiten (Landschaften), der Ort – die Orte*

Übung 1

Erkläre, warum folgende Wörter richtig geschrieben sind.

das Ra**d**	der Nei**d**	der To**d**
der Ra**t**	brei**t**	to**t**

Die Wörter Ra**d**, Nei**d** und To**d** werden mit *d* geschrieben, weil die Verlängerung oder das Stammwort mit d geschrieben wird.

Die Wörter Ra**t**, brei**t** und to**t** werden mit *t* geschrieben, weil die Verlängerung oder das Stammwort mit t geschrieben wird.

Übung 2

Erklär auch die richtige Schreibweise der folgenden Wörter.

die Lei**d**tragenden: Das Wort wird mit *d* geschrieben, weil ....

die Lei**t**figuren: Das Wort wird mit *t* geschrieben, weil ....

Übung 3

***Tod* oder *tot*? Ergänze jeweils den richtigen Buchstaben, indem du dir den Sinn des Wortes klarmachst.**

tot schlagen, tot arbeiten, tod ernst, tod sicher, tot schießen, Feuerto d

3. Das verflixte *t*

Du hast inzwischen gelernt, dass sich viele Stolpersteine aus dem Weg räumen lassen, wenn man bestimmte Regeln anwendet. Leider ist das für die Problemwörter in diesem Kapitel nicht so. Man muss sie einfach lernen.

Vor der **Nachsilbe** ***-lich*** wird bei einigen Adjektiven ein *-t-* eingeschoben, damit sich das Wort besser aussprechen lässt.
→ *orden**tlich**, gelegen**tlich**, wesen**tlich***

Seit ist nicht ***seid***: In einer **Zeitangabe** steht am Ende ***t***, als gebeugte Form des **Verbs** *sein* steht am Ende ***d***.
→ *Sei**t** gestern scheint die Sonne.* ↔ *Sei**d** ihr heute zu Hause?*

Übung 1 **Suche weitere Wörter derselben Art.**

e . g . . tlich, ö . f . . tlich, w . ch . . tlich, w . . se . tlich, h . ff . . tlich, fl . he . tlich

Übung 2 **Erkläre, warum die unterstrichenen Wörter richtig geschrieben sind.**

Wer wissen**t**lich etwas falsch macht, sollte sich nicht unwissen**d** stellen.
Auf ihr Glück hoffen**d**, so schaffen sie es hoffen**t**lich.

Die unterstrichenen Wörter werden am Ende mit ***d*** geschrieben, weil ....

....

Übung 3 **Setze die fehlenden Buchstaben ein. Achte dabei besonders auf den Sinn des betreffenden Wortes.**

Sei . ich den tollen Naturfilm gesehen habe, finde ich den Bio-Unterricht richtig gut.

Sei . ihr gestern auch im Kino gewesen?

Sei . bitte pünktlich im Zoo.

Sei . vielen Jahren habe ich eine süße Katze.

Übung 4 **Wo steckt der Fehler? Korrigiere ihn.**

Seit ich meine Katze habe, ist mein Sofa immer besetzt. Seid langem ist sie stubenrein. Seit sie ihr Kuschelkissen hat, rollt sie sich gern darauf ein.

F Der *k*- bzw. *z*-Laut

1. Nach Konsonant

Nach einem Konsonanten steht ein **einfaches *k*** bzw. ***z***.
(Nur nach einem kurzen Vokal steht *ck* bzw. *tz*.)

Beispiele

Nelke ↔ aber: *necken* (kurzer Vokal!)
würzen ↔ aber: *Mütze* (kurzer Vokal!)
Harke ↔ aber: *Hacke* (kurzer Vokal!)
Tanz ↔ aber: *Tatze* (kurzer Vokal!)

Übung 1 **Füge die Buchstaben mit den darunter stehenden zu sinnvollen Wörtern zusammen:** wa-, wa-, pa-, me-, me-, de-, we-, wi-, tri-

..........**lk**en	..........**nk**en	..........**rk**en
..........**lk**en	..........**nk**en	..........**rk**en
..........**lk**en	..........**nk**en	..........**rk**en

Übung 2 **Suche jeweils zwei passende Reimwörter.**

sa**lz**en: ....
He**rz**: ....
kü**rz**en: ....
Gla**nz**: ....

Übung 3 **Die folgenden Wörter enthalten einige Lieblingsfehler. Korrigiere sie, indem du bei den falsch geschriebenen Wörtern das *t* durchstreichst.**

Schutz, Wurtzel • Holtz, Klotz • Artzt, Spatz • schätzen, krächtzen • Gewürtz, Grütze • brutzeln, Funtzel

Übung 4 **Überlege, warum folgende Wörter nicht in dieses Kapitel passen, obwohl sie richtig geschrieben sind.**

pie**k**en, spu**k**en, Wei**z**en, sie**z**en

Die Wörter sind zwar richtig geschrieben; aber sie passen nicht in dieses Kapitel, weil ....

....

F 2. Nach Vokal

Nach einem langen Vokal oder einem **Doppellaut** (Diphthong) steht ein einfaches ***k*** bzw. ***z***.
(Nur nach einem kurzen Vokal steht *ck* bzw. *tz*.)

Beispiele

*pie**k**en*	↔	aber: *pi**ck**en* (kurzer Vokal!)	*spu**k**en*	↔	aber: *spu**ck**en* (kurzer Vokal!)
*Wei**z**en*	↔	aber: *we**tz**en* (kurzer Vokal!)	*sie**z**en*	↔	aber: *si**tz**en* (kurzer Vokal!)

Übung 1 **Ordne den folgenden Wörtern die richtige Bedeutung zu.**

Lu**k**e, Bre**z**el, Mie**z**e, E**k**el

umgangssprachlich für Katze: ....

Backwerk in verschlungener Form: ....

kleines Dach- oder Kellerfenster: ....

Gefühl der Abscheu: ....

Übung 2 **Bilde aus dem Buchstabensalat sinnvolle Wörter.**

nakeH, Sheluakc, eaukP, eipken, ekaL

Die Wörter lauten richtig: ....

Übung 3 **Unterstreiche das Wort, das sich in dieses Kapitel verirrt hat. Begründe, warum es nicht hierher gehört.**

Kreuz, Geiz, Schnauze, Reiz, Käuzchen, heizen, reizend, Grenze

Das Wort .... gehört nicht in dieses Kapitel, weil ....

....

Merke

Es gibt zwei wichtige Ausnahmen: ***spazieren*** und ***Paket***.
Beide werden – trotz des kurzen Vokals – mit *z* bzw. *k* geschrieben.
Achtung! ***Päckchen*** (!) wird mit *ck* geschrieben (wie *packen*).

G Konsonantenzahl

1. Wegen des Buchstabens davor

Nach einem langen Vokal darf ein **Konsonant nie verdoppelt** werden.
(Nur nach einem kurzen Vokal steht ein Doppelkonsonant.)
Für die richtige Schreibung der Wörter ist es also sehr hilfreich, den **Stammvokal bewusst und deutlich auszusprechen.**

Beispiele

Stiel ↔ aber: *st**ill*** (kurzer Vokal!)
*T**o**n* ↔ aber: *T**o**nne* (kurzer Vokal!)
*Sch**a**f* ↔ aber: *sch**a**ffen* (kurzer Vokal!)

Übung 1

Sprich die folgenden Wörter deutlich aus. Achte dabei auf die Länge des Vokals und trage sie anschließend in die Liste ein.

Schall/Schal – schlaff/Schlaf – Bett/Beet – Düne/dünne

Wörter mit einfachem Konsonanten **nach langem Vokal:**	Wörter mit doppeltem Konsonanten **nach kurzem Vokal:**
....	....
....	....
....	....
....	....

Übung 2

Setze die fehlenden Buchstaben ein.

***l* oder *ll*?** Von einer Qua............e berührt zu werden, kann zur Qua............ werden.

***n* oder *nn*?** Zur Herstellung von Keramik braucht man to............enweise To............ .

***b* oder *bb*?** Der Kna............e kna............ert an einem Keks.

***f* oder *ff*?** Im Schla............ hing seine Hand schla............ vom Bett herab.

Merke

Seit der Rechtschreibreform werden ***Tipp*** (wie *tippen*) und ***nummerieren*** (wie *Nummer*) mit einem **Doppelkonsonanten** geschrieben.

G 2. Wegen des Buchstabens danach

Folgt einem Konsonanten **ein anderer Konsonant**, so darf der erste Konsonant **nicht verdoppelt** werden.

Beispiele

die Kante, das Heft, der Ring

Achtung!

Diese Regel gilt **nur innerhalb des Wortstammes.**
Folgt auf diesen eine **Nachsilbe** oder ein zweites **Teilwort** mit einem weiteren Konsonanten, so gilt diese Regel (natürlich) nicht.
→ *kannte, Kennzeichen* (Die Buchstaben ***t*** bzw. ***z*** gehören nicht zum Wortstamm, sondern zur Endung. Der Buchstabe ***n*** wird verdoppelt, weil das Wort jeweils von *kennen* kommt.)

Übung 1 **Finde die Wörter, die nicht in dieses Kapitel passen.**

Korb, Dorf, quer, werben, hören, Kern, Perle, hart, Ware, Stern, Korn, Kerbe, Quirl

Folgende Wörter gehören nicht in dieses Kapitel: ....

Sie gehören nicht in dieses Kapitel, weil ....

....

Übung 2 **Erkläre, warum die folgenden (richtig geschriebenen) Wörter nicht unter die Regel fallen.**

Angeste**ll**ter, Ri**nn**sal, Mä**pp**chen • Sta**mm**halter, Kla**pp**stuhl, ra**ff**gierig

Diese Wörter fallen nicht unter die Regel, weil ....

....

Übung 3 **Setze jeweils das passende Wort ein.**

halt/hallt: Durch die Gassen .... der Lärm. So ist es ....

sonst/sonnst: Du .... dich gern. .... machte es dir selten Spaß.

gelten/gellten: Laute Pfiffe .... durch den Raum. Die Gesetze .... für alle.

G 3. Konfliktwörter

Für **einige Wörter** gilt ebenfalls die **Regel von Seite 26**, obwohl die **Stammwörter**, von denen man „abgucken" müsste, **anders** geschrieben werden. Man muss sie sich deshalb gut einprägen.

Beispiele

*sä**m**tliche* (trotz: *sa**mm**eln*)
*Gesta**l**t* (trotz: *ste**ll**en*)
*Geschä**f**t* (trotz: *scha**ff**en*)

Übung 1

Suche zu den Stammwörtern ein abgeleitetes Wort aus derselben Wortfamilie, bei dem der Konsonant nicht verdoppelt wird.

Stammwort:	**Abgeleitetes Wort, das anders geschrieben wird:**
kö**nn**en	K . **n** . .
gö**nn**en	G . **n** . .
schwe**ll**en	Geschw . **l** . .
spi**nn**en	Gesp . **n** . .
bre**nn**en	Br . **n** .
ke**nn**en	K . **n** . .

Übung 2

Findest du noch weitere Beispiele, bei denen die Schreibweise des abgeleiteten Wortes vom Stammwort abweicht?

Stammwort:	**Abgeleitetes Wort, das anders geschrieben wird:**
scha**ff**en	be . . . . ftigen
bre**nn**en	. . . . dmarken
sa**mm**eln	insg . . . . .

Übung 3

Schreibe die in Übung 1 und 2 gefundenen Wörter sorgfältig ab und präge dir ihre Schreibweise gut ein.

Übung 4

Erkläre, warum die folgenden Wörter mit einem Doppelkonsonanten geschrieben werden, obwohl auf diesen ein weiterer Konsonant folgt.

Sa**mm**lung, Scha**ff**ner, I**rr**tum • gescha**ff**t, vergö**nn**t, geko**nn**t

Für diese Wörter gilt die Regel von Seite 26 nicht, weil ....

....

H Feste Silben

1. Schwierige Vorsilben

Die **Vorsilbe *ent-/Ent-*** schreibt man mit ***t***. (Man darf sie nicht verwechseln mit der Silbe ***end-/End-***. Sie ist keine Vorsilbe, sondern kommt von *Ende* und wird deshalb mit ***d*** geschrieben.)
→ ***ent**fernen, **Ent**schluss* (aber: ***end**gültig, **End**kampf*)

Die **Vorsilbe *ver-/Ver-*** schreibt man mit ***v***.
→ ***ver**schieden, **Ver**gnügen, **ver**bieten*

Übung 1 **Ordne die Wortteile richtig zu.**

-haltung, -betrag, -rechnung, -schädigung, -phase, -gleisung

End- ....

Ent- ....

Übung 2 **Kombiniere folgende Wortteile sinnvoll miteinander.**

End-, End-, End-, End-, Ent-, Ent-, Ent-, Ent-
-täuschung, -punkt, -scheidung, -fassung, -station, -deckung, -behrung, -ergebnis

Folgende Wörter ergeben sich beim Kombinieren der Wortteile: ....

Übung 3 **Suche 10 Verben mit der Vorsilbe *ver-*.**

....

Achtung!

Das Wörtchen ***fertig*** musst du dir besonders einprägen. Es hat nichts mit der Vorsilbe *ver-* zu tun.

2. Schwierige Nachsilben

Viele **Adjektive** haben die **Nachsilbe** *-ig, -lich* oder *-isch.* Wenn man sie verlängert, kann man hören, wie sie geschrieben wird.

Beispiele

*sonn**ig*** → *(die) sonn**ig**en (Tage)*
*sommer**lich*** → *(die) sommer**lich**en (Temperaturen)*
*neid**isch*** → *(die) neid**isch**en (Menschen)*

Übung 1

Bilde zu jedem der folgenden Wörter ein Adjektiv mit der Endung *-ig, -lich* oder *-isch* und verlängere es.

Ausgangswort:	**Abgeleitetes Adjektiv:**	**Verlängerungsform des Adjektivs:**
Winkel	……	(die) …… Gänge
Laune	……	(die) …… Menschen
Tatsache	……	(die) …… Ereignisse
Nutzen	……	(die) …… Geräte
Spott	……	(die) …… Texte
Stachel	……	(die) …… Tiere
Eile	……	(die) …… Fahrgäste
Hohn	……	(die) …… Rufe
Freund	……	(die) …… Leute

Übung 2

Setze die passenden Silben ein: *-ig, -lich* oder *-isch.*

So ein Unsinn! Als ob alle Mädchen zick…… und zänk…… sind, wenn sie nicht gerade brav und art…… sind! Das ist doch eine ziem…… unverschämte Unterstellung. Und alle Jungen sollen angeb…… mu……, aber auch schlitzohr…… und herr…… sein, wenn sie nicht gerade weich…… sind? Wer genau hinsieht, wird über solchen Unsinn nur noch spött…… lächeln können.

Merke

Die **Nachsilbe** ***-nis*** wird **mit einem einfachen** ***s*** geschrieben.
Im **Plural** steht jedoch ***ss***.
→ *das Zeugnis – die Zeugnisse, das Ereignis – die Ereignisse*

I Einzelfälle

1. Der *x*-Laut

Folgende Buchstaben hören sich auch bei sorgfältiger Aussprache gleich an: ***x*, *gs*, *ks*, *cks*, *chs***. Da bleibt nur Üben, Üben, Üben.

Beispiele

Wörter mit ***x***:	*bo**x**en, He**x**e, kra**x**eln*
Wörter mit ***gs***:	*anfan**gs**, neuerdin**gs**, unterwe**gs***
Wörter mit ***ks***:	*Ke**ks**, Ko**ks**, lin**ks***
Wörter mit ***cks***:	*hinterrü**cks**, Kle**cks**, zwe**cks***
Wörter mit ***chs***:	*Bü**chs**e, Fla**chs**, wa**chs**en*

Übung 1

Schreibe alle Beispielwörter 5 x (!) ab und präge sie dir ein.

Übung 2

Suche weitere Wörter, die mit *x* geschrieben werden.

umgangssprachlich für *besonders schnell:* **. . x**
Verschwendung, Prunksucht: **. . x . .**
scharfes Werkzeug: **. x .**
besonders: **. x . . .**

Übung 3

Suche Tiernamen, die alle mit *chs* geschrieben werden.

. . chs **. . chs** **. chs .**
. . chs **. . chs** **. chs .**

Übung 4

Für die Beispielwörter mit *gs* und *cks* gibt es eine Schreibhilfe, wenn man das Stammwort erkennt, das in ihnen versteckt ist. Von ihm kann man „abgucken". Versuch es.

	Verstecktes Stammwort:		**Verstecktes Stammwort:**
anfan**gs**	....	hinterrü**cks**	....
neuerdin**gs**	....	Kle**cks**	....
unterwe**gs**	....	zwe**cks**	....

2. Der *f*-Laut

Die meisten deutschen Wörter schreibt man mit *f*. **Manchmal** schreibt man sie aber auch mit *v*. Diese Wörter muss man sich **einzeln einprägen**, ebenso wie die **Fremdwörter**, die man mit *v* schreibt.

→ *Frieden, greifen, Wurf*

→ *Vogel, Pullover, brav*

Die **Vorsilbe** ***vor-/Vor-*** schreibt man mit *v*.

→ ***vor**stellen, **Vor**geschmack, **Vor**stadt*

Übung 1

Mache mit deinen Freunden ein Wettspiel: Wer in einer Minute die meisten Wörter für die Tabelle findet, hat gewonnen.

	Wörter, die **mit *f* beginnen:**	Wörter, die **mit *f* enden:**	Wörter, die **mit *v* beginnen:**	Wörter, die **mit *v* enden:**
1.	....	....	....	....
2.	....	....	....	....
3.	....	....	....	....

Übung 2

Setze die Silben zu sinnvollen Wörtern zusammen. (Achtung! Nicht alle Wörter enthalten eine Vorsilbe.)

Vor-, **Vor-**, **Vor-**, for-, for-, for- • -wand, -dern, -teil, -schen, -arbeit, -men

Die Silben kann man so zusammensetzen: ....

....

Merke

Zwei Wörter darf man **nicht verwechseln**: ***fiel*** (von *fallen*) und ***viel*** (unbestimmtes Zahlwort).

→ *Die Vase **f**iel um. Sie hat **v**iel gekostet.*

Übung 3

Ergänze den richtigen Buchstaben: *v* oder *f*.

Gestern beim Völkerballspiel ging es um ......iel. Wir mussten ......iel kämpfen, bis wir endlich gewannen. Das Ergebnis ......iel recht knapp aus. Statt eines Pokals bekamen wir einen Tag hausaufgabenfrei! Das ge......iel uns sehr!!!

J Worttrennung

1. Aussprechen erwünscht

Wörter werden **nach Sprechsilben** getrennt. Daher ist es hilfreich, jedes Wort **langsam und deutlich auszusprechen. Einzelne Vokale** am Anfang oder Ende eines Wortes darf man **nicht** abtrennen (*Abend, Oboe*).

Ein **einzelner Konsonant** kommt immer in die **neue Zeile.**
→ *le-sen, tre-ten, Bei-ne*

Von **mehreren Konsonanten** kommt **nur der letzte** in die neue Zeile.
→ *Fin-ger, Ses-sel, Städ-ter*

Bei **Nachsilben**, die mit einem **Vokal** beginnen, kommt **der letzte vorangehende Konsonant** mit in die neue Zeile.
→ *Schü-le-rin, Be-ar-bei-tung, Ver-klei-dung*

Übung 1

Kennzeichne die Stellen, an denen die Wörter jeweils getrennt werden können, mit einem senkrechten Strich.

Reise, Hafen, Woge, Ruder, Schaufel, Kiesel, Leute, sehen, baden

Übung 2

Fehler gesucht! Finde und korrigiere ihn.

Was-ser, wan-dern, An-ker, Son-ne, Ster-ne, fun-keln, Fähr-te, wä-hlen, Städ-ter, fin-den

Übung 3

Füge folgende Sprechsilben sinnvoll zusammen.

Er-, Leh-, Hoff-, Be-, -fin-, -de-, -re-, -gren-

.... rin .... zung

.... rin .... nung

Übung 4

Schau dir die Trennung der folgenden Wörter genau an und bilde eine passende Trennungsregel.

Spiel-platz, Fuß ball, Hand-stand, Weit-sprung, Ver-stoß, Ab-stand, Freund-schaft

Zusammengesetzte Wörter trennt man ....

2. Trennung bestimmter Konsonanten

Die **Konsonantenverbindungen** *ch* und (seit der Rechtschreibreform auch) ***ck*** werden **nicht getrennt**.
→ *ma-**ch**en, Fä-**ch**er, po-**ch**en – le-**ck**er, we-**ck**en, Ho-**ck**er*

Die **Konsonantenverbindungen** *pf* und (seit der Rechtschreibreform auch) ***st*** werden **getrennt**.
→ *Gi**p-f**el, käm**p-f**en, em**p-f**inden – Fen**s-t**er, Ka**s-t**en, We**s-t**e*

Übung 1

Trenne, wo es möglich ist, die Wörter mit einem senkrechten Strich. (Achtung! Bei einigen Wörtern gilt die Trennungsregel aus Übung 4 auf Seite 32.)

la**ch**en, La**ch**gas • Schlei**ch**weg, schlei**ch**en • Su**ch**trupp, su**ch**en

Übung 2

Schon wieder ein Fehler! Finde und korrigiere ihn.

Lo**ck**-mittel, lo-**ck**er • de-**ck**en, De**ck**-name • We**ck**-ruf, we**c-k**en

Übung 3

Hier kennt jemand die Regel oben nicht. Korrigiere alle Fehler.

käm-**pf**en, im-**pf**en, em-**pf**ehlen, em-**pf**angen, Schnu-**pf**en, Ho-**pf**en, ru-**pf**en, Wi-**pf**el

Übung 4

Trenne, wo es möglich ist, die Wörter mit einem senkrechten Strich. (Achtung! Auch hier gilt bei einigen Wörtern die Trennungsregel aus Übung 4 auf Seite 32.)

Wü**st**e, Wü**st**ling • Ra**st**platz, ra**st**en • ro**st**en, Ro**st**fleck

Übung 5

Bei dieser Übung musst du dich sehr konzentrieren, da bei jedem Wort eine andere Regel beachtet werden muss.
Trenne die Wörter mit einem senkrechten Strich.

Ku**pf**er, Ha**ck**e, Li**st**e, Flä**ch**e, Ra**ch**e, me**ck**ern, O**pf**er, mei**st**ens, Ko**st**en, Zu**ck**er, Sa**ch**e, ta**pf**er

Substantive

1. Echte Substantive

Substantive (Nomen) sind **Namen** für Lebewesen und Gegenstände. Sie werden **großgeschrieben.**

Entweder haben sie einen **Artikel** bei sich oder man kann ihn in Gedanken ergänzen.
→ ***der/ein*** *Ball,* ***die/eine*** *Freude,* ***das/ein*** *Spiel*

Viele Substantive kann man an ihrer **besonderen Endung** erkennen, beispielsweise ***-ung, -schaft, -nis, -heit.***
→ *Erober****ung****, Meister****schaft****, Erlaub****nis****, Klug****heit***

Übung 1

Unterstreiche alle Substantive. Probiere vorher, ob ein Artikel zu dem Wort gehört.

WALD	STAMM	WETTER	VIELE
WANDERN	LAUB	WIND	VERGNÜGT
JETZT	UND	RAUSCHEN	FARN
BAUM	AUSFLUG	ABENTEUERLICH	FUSSSPUR
GRÜN	DU	KLETTERN	SCHATTEN

Übung 2

Löse die Wortschlange auf, indem du die einzelnen Wörter trennst. Ändere auch die Anfangsbuchstaben der Substantive.

Hastduschoneinmaleineichhörnchenganzausdernähegesehen? Eshateinenlangen, braunenschwanz. Wennesaufdenhinterpfotensteht, kannmanseinenweißenbauchsehen. Manchmalistessozahm, dassesohneangstausderhandfrisst. Besondersgernmagesnüsse.

Übung 3

Bilde aus den folgenden Wörtern Substantive, indem du sie mit einer der vorgegebenen Nachsilben kombinierst.

richten, versäumen, erleben, kleiden, messen, herrschen, leiden, erben, hindern, frei, schön, gesund

..........-ung ....-nis ....-schaft ....-heit

..........-ung ....-nis ....-schaft ....-heit

..........-ung ....-nis ....-schaft ....-heit

2. Zusammen mit Verben

Substantive in **festen Verbindungen** mit einem **Verb** werden **getrennt** und **großgeschrieben.**
→ *Mittag essen (sie essen **M**ittag), **R**ad fahren (sie fahren **R**ad), **K**lavier spielen (sie spielen **K**lavier)*

Benutzt man eine **feste Verbindung** von Substantiv und Verb **in substantivierter Form** (mit **Artikel**), so wird die Verbindung **zusammen-** und **großgeschrieben.**
→ *Kommst du zum (zu **dem**) **M**ittagessen? Er hat sich beim (bei **dem**) **R**adfahren verletzt. **Das** **K**lavierspielen macht viel Spaß.*

Übung 1

Welche Substantive passen zu welchen Verben? Füge die folgenden Verben mit den Substantiven zu gebräuchlichen festen Verbindungen zusammen.

sprechen, spenden, stehen, machen, legen, leiden, halten, leisten, tragen, raten, schlagen, nehmen, laufen, fahren, haben, backen

Not	....	**K**uchen	....
Schlange	....	**S**chlittschuh	....
Musik	....	**S**chatten	....
Rad	....	**A**uto	....
Recht	....	**A**ngst	....
Hof	....	**F**olge	....
Schuld	....	**W**ert	....
Anteil	....	**R**ätsel	....

Merke

Manchmal kann man die Schreibweise selbst wählen:
→ *Acht geben* oder *achtgeben*
→ *Maß halten* oder *maßhalten*

Übung 2

Lies dir noch einmal die 2. Teilregel (zur Substantivierung) durch. Korrigiere dann die Fehler, die sich in die Sätze eingeschlichen haben.

Habt ihr heute Zeit zum Rad fahren? Da ihr immer auf schönes Wetter Wert legt, sollten wir die Gelegenheit nutzen. Wann könnt ihr uns Bescheid geben, ob ihr mitkommt? Beim Mittag essen muss es dann heute schnell gehen. Das Musik machen können wir ja auf morgen verschieben.

3. Zusammen mit *sein* oder *werden*

Bestimmte Substantive, die mit den Hilfsverben ***sein*** oder ***werden*** eine **feste Verbindung** bilden, werden **getrennt** und **kleingeschrieben**. Es sind verblasste Substantive.

Beispiele

schuld sein, pleite sein, leid sein, gram sein, recht sein, wert sein
angst werden, bange werden, ernst werden

Übung 1

Streiche die falschen Buchstaben durch.

Zunächst **hatte** ich wirklich **A/a**ngst. Mir **wird** heute noch **A/a**ngst und **B/b**ange, wenn ich nur daran denke. Aber heute weiß ich, dass sie nur jemandem aus Spaß **A/a**ngst und **B/b**ange **machen** wollten. Ob sie wussten, dass mir **A/a**ngst und **B/b**ange **wurde**?

Übung 2

Setze die vorgegebenen Wörter richtig ein.

Leid/**l**eid: Ich bin es ...., dass ihr uns immer so ärgert.

Schuld/**s**chuld: Ihr tragt die .... für unsere Verspätung. Wir sind jedenfalls nicht .... daran.

Übung 3

Unterstreiche die Verben bzw. Hilfsverben, an denen du erkennst, ob das dazugehörige Substantiv groß- oder kleingeschrieben wird.

Dass alles geklappt hat, ist mir viel **w**ert. Da ihr viel **W**ert auf den Ausflug legt, könnt ihr Getränke mitbringen. Ich bin nämlich **p**leite. Und bei der Hitze soll es keine **P**leite geben. – Ich hätte nicht gedacht, dass sie **E**rnst machen würden. Aber dann wurde es plötzlich **e**rnst. Ich bin ihnen aber nicht **g**ram; sie wollten nämlich keinen **G**ram verursachen.

Übung 4

Achtung! In einem Satz muss das Wort *recht* kleingeschrieben werden, weil es in einer festen Verbindung mit dem Hilfsverb *sein* steht.

Es ist mir nicht **R**echt.
Sie pochen auf ihr **R**echt.
Von **R**echts wegen sollte man sie bestrafen.
Auch wir müssen einmal zu unserem **R**echt kommen.
Manchmal sollte man Gnade vor **R**echt ergehen lassen.

L Adjektive

1. Verwandlung in Substantive

Wie viele Wortarten kann sich auch ein **Adjektiv** in ein **Substantiv verwandeln**.

Diese Substantivierung findet statt, wenn **vor dem Adjektiv** ein **Artikel** steht.
→ ***Der F**leißige ist manchmal **der D**umme. **Am** (an **dem**) **F**aulen soll man sich aber auch nicht orientieren. **Das B**este an der Schule sind die Ferien.*

Adjektive können sich auch nach anderen Wörtern zu Substantiven verwandeln, beispielsweise **nach unbestimmten Zahlwörtern.**
→ *Oft hat die Schule **etwas N**ützliches zu bieten. Es gibt Lehrer, die **alles S**chwierige leicht machen. Für Lehrer gibt es **nichts S**chöneres als neugierige Schüler.*

Übung 1 — Unterstreiche die Adjektive, die ein Substantiv geworden sind.

Manche Schulstunden sind einfach herrlich. Man erfährt tolle Sachen und auch die weniger Interessierten horchen dann auf. Das Seltsame daran ist, dass man manchmal sogar den Schlussgong überhört. Leider gibt es auch das Gegenteil. Das Langweiligste sollen wir dann interessant finden. Da ist es kein Wunder, dass die Aufgewecktesten von uns unter der Bank Schiffe-Versenken spielen.

Übung 2 — Hier hat der Computer verrückt gespielt. Ordne den Wortsalat zu sinnvollen Wörtern, so dass sich bekannte Sprichwörter ergeben.

Der (eregülK) .... gibt nach. Am Abend wird der (eluaF) .... fleißig. Dem (nehcilkcülG) .... schlägt keine Stunde.

Übung 3 — Unterstreiche die unbestimmten Zahlwörter, durch die die Adjektive zu Substantiven verwandelt werden.

Ab sofort sollte es verboten sein, in der Schule etwas Langweiliges zu unterrichten. Kein Lehrer wird zwar offen zugeben, dass bei ihm manches Uninteressante vorkommt; aber insgeheim weiß er, dass dies auch bei ihm so ist. Aber manchmal liegt es auch an den Schülern, wenn sie sich gegen alles Neue sperren. Zum Glück ist die Schule eine bunte Mischung: Manchmal gibt es nichts Spannendes zu lernen, und manchmal spitzt man die Ohren, damit man nichts Wichtiges verpasst.

2. Adjektiv bleibt Adjektiv

Adjektive werden nach einem Artikel **weiterhin kleingeschrieben**, wenn sich der Artikel auf ein **Substantiv** bezieht, das **weggelassen** worden ist.

Beispiele

*Die älteren Schüler begrüßen **die** jüngeren (Schüler).* ↔ Aber: ***Die** Älteren begrüßen **die** Jüngeren.*
*Die letzten Ferien waren noch schöner als **die** vorigen (Ferien).* ↔ Aber: ***Die** Letzten werden **die** Ersten sein.*

Übung 1 **Ergänze die Substantive, auf die sich der Artikel bezieht.**

Am ersten Ferientag denkt bestimmt noch niemand an **den l**etzten ………………………. Ein gemütlicher Tagesablauf ist viel schöner als **ein h**ektischer ………………………. Was man an einem sonnigen Tag nicht tun möchte, verschiebt man eben auf **einen r**egnerischen ………………………. Wenn man keine Möglichkeit zu einer großen Unternehmung hat, sollte man **eine k**leine ………………………. planen. Wer allerdings ein leeres Schwimmbad erwartet, sollte lieber mit **einem v**ollen ………………………. rechnen. Dort tummeln sich nicht nur die jungen Leute, sondern auch **die ä**lteren ………………………. Das warme Wasser erfrischt zwar nicht so wie **das k**alte ……………………….; aber ein langer Badespaß ist eben schöner als **ein k**urzer ……………………….

Übung 2 **Streiche die falschen Anfangsbuchstaben durch. Prüfe, ob sich der Artikel auf das Adjektiv oder auf ein Substantiv bezieht, das man in Gedanken ergänzen kann.**

Das **S/s**chönste in den Ferien ist, dass man nicht mehr so oft auf die Uhr schauen muss. Man zählt zu den **G/g**lücklichen, die viel Zeit haben. Ein leerer Terminkalender macht den Tag auch nicht so stressig wie ein **V/v**oller. Das **U/u**ngewöhnliche an der Ferienzeit ist, dass die Stunden viel länger scheinen als sonst. Die Schule ist weit weg, und das weit **E/e**ntfernte kümmert uns nicht. Man kann seine Zeit frei planen und selbst einteilen; das **T/t**raurige ist nur, dass manche dies schon verlernt haben. Wer nicht mehr weiß, was er mit der freien Zeit anfangen soll, kann dies von kleinen Kindern lernen: Die kleinen Kinder können dies nämlich (noch) viel besser als die **G/g**rößeren …

3. In festen Verbindungen

Adjektive in **festen Verbindungen** mit einer **Präposition** werden **großgeschrieben**.
→ ***im** Allgemeinen, **im** Einzelnen, **im** Wesentlichen*

Hier gibt es jedoch einige Ausnahmen, die man sich gut einprägen muss, beispielsweise:
→ ***von** weitem, **von** neuem, **von** nah und fern*
→ ***seit** langem, **seit** längerem, **seit** kurzem*

Übung 1

Lies den folgenden Text sorgfältig. Schreibe dabei alle festen Verbindungen heraus, die – im Sinne der Regel – aus Adjektiv und Präposition bestehen.

Im Folgenden erfährst du weitere Beispiele dafür, dass Adjektive in bestimmten Fällen großgeschrieben werden. Die festen Verbindungen mit einer Präposition sind dir sicherlich im Wesentlichen bekannt. Einige von ihnen wurden jedoch vor der Rechtschreibreform anders geschrieben; daher musst du sie dir im Besonderen gut einprägen. Im Übrigen gilt hier (wie auch sonst bei der Rechtschreibung): üben, üben, üben. Wer sich darüber im Klaren ist, wird bald Erfolg haben. Denn im Großen und Ganzen ist alles gar nicht so schwer.

Übung 2

Prüfe bei den in Übung 1 gefundenen festen Verbindungen, welche Präposition jeweils vor dem Adjektiv steht.

In allen festen Verbindungen steht das Adjektiv nach der Präposition ....

Übung 3

Schreibe die mit Großbuchstaben gesetzten Wörter richtig in die passende Liste.

SEIT LANGEM beobachten wir Kraniche. Man kann sie schon VON WEITEM an ihrer Flugform erkennen. Sie kommen im Frühjahr VON SÜDEN. SEIT MONTAG weiß ich nun, wie sie VON NAHEM aussehen. Da habe ich nämlich VON FREUNDEN ein Fernglas ausgeliehen.

Feste Verbindungen von **Präposition** und **Adjektiv**, das dann **ausnahmsweise kleingeschrieben** wird:	Zufällige Verbindungen von **Präposition** und **Substantiv**, das dann (**natürlich**) **großgeschrieben** wird:
....	....
....	....
....	....

4. In Redewendungen

Substantivierte Adjektive als Bestandteil fester **Redewendungen** werden **großgeschrieben.**

Beispiele

*den **K**ürzeren ziehen, zum **B**esten geben, ins **R**eine kommen*

Übung 1 **Ergänze die Redewendungen mit einem substantivierten Adjektiv.**

genau das Richtige tun: ins .... treffen

sich aus dem Staub machen: das .... suchen

keine Änderung vornehmen: alles beim .... lassen

unterlegen sein: den .... ziehen

keine Klarheit haben: im .... tappen

alle Möglichkeiten haben: aus dem .... schöpfen

etwas so gut wie möglich machen: sein .... geben

das Schlimmste überstanden haben: aus dem .... heraus sein

in Verlegenheit sein: auf dem .... sitzen

Übung 2 **Unterstreiche die Redewendungen, die ein großgeschriebenes Adjektiv enthalten.**

Es gibt Leute, die gern im Trüben fischen. Über ihren wahren Charakter soll die Umwelt im Unklaren bleiben. Bei ihnen wird wohl manches im Argen liegen. Ob sie mit sich im Reinen sind?

Übung 3 **Vergleiche die Redewendungen aus Übung 2 mit den Beispielen auf Seite 39. Wodurch unterscheiden sie sich?**

Die in Übung 2 vorkommenden Fälle passen auch zu Seite ....
Die festen Verbindungen in Übung 2 unterscheiden sich jedoch von

denen auf Seite dadurch, dass in Übung 2 ....

....

....

5. Beim Steigern

Alle **Steigerungsformen** eines **Adjektivs** werden **kleingeschrieben**, auch der **Superlativ** (die 2. Steigerungsstufe).

Beispiele

*am **b**esten, am **h**öchsten, am **s**chönsten*

Merke

Diese Regel darf **nicht verwechselt** werden **mit der Regel auf Seite 37**: Dort ist das Wörtchen ***am*** eine **Verschmelzung** der Präposition ***an*** mit dem Artikel ***dem***.
→ *Er läuft am **s**chnellsten, wenn er motiviert ist.* ↔ Aber: ***Am*** *(an **dem**) **S**chnellsten kann man sehen, wie wichtig gutes Training ist.*

Übung 1

Suche aus dem Text alle Steigerungsformen heraus und schreibe sie in die richtige Spalte.

Sie hat so viel trainiert, dass ihre Ergebnisse merklich besser geworden sind. Beim Wettkampf möchte sie am besten von allen abschneiden. Am meisten würde sie sich freuen, wenn sie weiter als gestern werfen könnte. Wer am weitesten wirft, hat natürlich gewonnen. Sie weiß, dass sie eigentlich noch mehr könnte.

Grundstufe:	**1. Steigerungsstufe (Komparativ):**	**2. Steigerungsstufe (Superlativ):**
gut	....	....
viel	....	....
weit	....	....

Übung 2

Streiche die falschen Anfangsbuchstaben durch.

Wettbewerbe werden immer am **B/b**esten gemessen. Beim letzten Sprung habe ich mich am **B/b**esten gefühlt. Wer sich am **S/s**portlichsten verhält, genießt große Anerkennung. Am **S/s**portlichsten schätzt man besonders die Fairness.

Übung 3

Diese Übung hat es in sich. Du musst hier <u>alle</u> Regeln ab Seite 37 beachten! Ein Fehler muss korrigiert werden.

Seit langem treibe ich Sport. Sporttreiben ist wirklich **etwas S**chönes. Man kann **sein B**estes geben und wird durch das Ergebnis belohnt. **Am S**chönsten ist es natürlich, wenn man das erreicht, was man sich vorgenommen hat. Da man aber nicht jeden Tag **der B**este sein kann, lernt man auch zu verlieren.

Verben

1. Verwandlung in Substantive

Wie viele Wortarten kann sich auch ein **Verb** in ein **Substantiv verwandeln.**

Diese Substantivierung findet statt, wenn **vor dem Verb** ein **Artikel** steht.
→ ***das** Trinken, **das** Essen, **das** Aufräumen*

Verben können sich auch nach anderen Wörtern zu Substantiven verwandeln, beispielsweise **nach Präpositionen.**
→ ***zum** Trinken, **beim** Essen, **mit** Aufräumen*

Übung 1 **Unterstreiche die Substantive, die einmal ein Verb waren.**

Das Erledigen von Hausaufgaben ist zwar lästig; aber das Stöhnen hilft nicht. Es ist nun einmal so, dass das Üben nützlich ist. Auch vor Klassenarbeiten kann das Wiederholen hilfreich sein. Danach kann man das Ausruhen doppelt genießen.

Übung 2 **Verwandle die Sätze nach dem vorgegebenen Muster.**

	Was verboten ist:
Es ist verboten, auf dem Flur zu lärmen.	**das** Lärmen auf dem Flur
… während der Schulstunde zu essen.	....
… vom Nachbarn abzuschreiben.	....
… mit anderen zu schwatzen.	....
… sich auf dem Schulhof zu prügeln.	....
… die Schule zu schwänzen.	....

Übung 3 **Prüfe alle hervorgehobenen Wörter und unterstreiche das einzige Substantiv, das nicht aus einem Verb entstanden ist.**

Ohne Üben ist die Schule nun einmal nicht zu haben. **Nach Besprechen** der Hausaufgaben weiß man, ob man alles richtig hat. **Beim Wiederholen** der Vokabeln sollte man sich ruhig gegenseitig abfragen. **Durch Abfragen** der Vokabeln fühlt man sich gleich sicherer. **Mit Konzentration** schafft man vieles. Am Wochenende sollte man sich dann viel Zeit **zum Spielen** nehmen. **Außer Lernen** gibt es nämlich auch noch andere wichtige Dinge auf der Welt.

M 2. Als Infinitiv mit *zu*

Der **Infinitiv mit *zu*** wird **kleingeschrieben.**

Beispiele

***zu t**rinken, **zu e**ssen, **zu** picknicken*

Übung 1

Entwickle ein „Gefühl" für den Infinitiv mit *zu*. Setze die vorgegebenen Verben in die Sätze ein.

(picknicken) Sicher hast du schon einmal erlebt, wie schön es ist

....

(machen) Es ist eine gute Gelegenheit, alles einmal ganz anders

....

(organisieren) Es bedarf wenig Vorbereitung, um alles ....

(vergessen) Wichtig ist nur, nichts ....

(finden) Auch kommt es darauf an, einen gemütlichen Platz ....

.................., an dem man eine große Decke ausbreiten kann.

(genießen) Hier braucht man wohl niemanden aufzufordern alles

....

Übung 2

Unterstreiche alle Infinitive mit *zu*.

Zum Picknicken braucht man gutes Wetter, gute Laune und natürlich auch etwas **zum Essen**. Es ist allerdings ratsam, einen Platz ohne Mücken **zu wählen**. In der freien Natur **zu essen** macht den meisten Leuten mehr Spaß als zu Hause. Ohne **zu zögern** würden sie jederzeit einer Einladung folgen. Denn es bleibt immer etwas Besonderes **zu picknicken**.

Übung 3

Diese Übung ist richtig gemein, da sich alle Sätze sehr ähneln. Streiche die falschen Anfangsbuchstaben durch.

Es macht Spaß **zu P/p**icknicken. Man sollte ab und zu einmal **zum P/p**icknicken fahren. Natürlich braucht man etwas **zu T/t**rinken. **Zum T/t**rinken haben wir diesmal Saft mitgebracht. Was habt ihr **zum E/e**ssen da? Natürlich genießen es alle, mitten in der Natur **zu E/e**ssen.

N Zeitangaben

1. Ehemalige Substantive

Zeitangaben, die **aus einem Substantiv entstanden** sind, werden **kleingeschrieben**. Man erkennt sie an ihrer **Endung** ***-s***. Außerdem kann **kein Artikel** vor ihnen stehen.

Beispiele

morgens, mittags, sonntags (Adverbien der Zeit)

Übung 1

Verwandle die eingeklammerten Zeitangaben in ein einzelnes Wort (Adverb der Zeit) und setze es ein.

Dennis steht (an jedem Morgen) .... gegen 7 Uhr auf. (Während des Vormittags) .... ist er in der Schule. Auf dem Nachhauseweg geht er (an jedem Mittag) .... noch ein Stück mit Tanja und Thomas. Manchmal holt er (an einem Dienstag) .... noch seine kleine Schwester vom Kindergarten ab. Natürlich muss er (an jedem Nachmittag) .... Hausaufgaben machen. Der schönste Tag ist Freitag; denn (an jedem Freitag) .... trifft er sich mit seinen Freunden zum Fußballspiel.

Übung 2

Kreuze die richtige Antwort an.

	Beide Sätze bedeuten dasselbe.	Beide Sätze bedeuten nicht dasselbe.
Morgens bin ich putzmunter. **Des Morgens** bin ich putzmunter.	○	○

Übung 3

Streiche jeweils den falschen Buchstaben durch.

Zu Hause kann es **A/a**bends recht gemütlich sein. Manchmal sitzen wir **A/a**bends alle zusammen beim Fernsehen; manchmal ist des **A/a**bends aber auch jeder mit etwas anderem beschäftigt. Meine große Schwester darf am Wochenende **A/a**bends in die Disko gehen.

2. Verbindung zweier Zeitangaben

Tageszeiten in **Verbindung** mit den Adverbien ***gestern, heute, morgen*** werden **großgeschrieben**.

Beispiele

gestern *Morgen,* ***heute*** *Mittag,* ***morgen*** *Abend*

Ausnahme

Die nachgestellte Zeitangabe ***früh*** wird jedoch **immer** (!) **kleingeschrieben**.
→ *gestern früh, heute früh, morgen früh*

Übung 1

Setze die passende Tageszeit ein. (Natürlich musst du vorher ein wenig nachdenken, welche Tageszeit wohl gemeint ist.)

Gestern .... haben wir endlich nach der 3. Stunde Ferien bekommen! Gestern .... gegen 16 Uhr hat uns mein Onkel abgeholt und wir sind zum Zelten gefahren. Natürlich haben wir heute .... wenig geschlafen, weil meine Cousine und ich uns so viel zu erzählen hatten. Dass wir heute .... todmüde sind, ist also kein Wunder. Wir freuen uns aber schon auf heute ...., da wollen wir nämlich eine Nachtwanderung machen. Morgen .... werden wir allerdings dann wohl wieder sehr müde sein.

Übung 2

Suche das falsch geschriebene Wort und korrigiere es.

Dass wir am liebsten bis heute Mittag geschlafen hätten, wird jeder verstehen. Denn wir haben heute Nacht wirklich kaum ein Auge zugetan. Als es heute früh noch ganz dunkel war, hörten wir in der Nähe seltsame Geräusche. Natürlich hatten wir ein bisschen Angst und waren froh, als es dann heute morgen endlich hell wurde.

Übung 3

Der folgende Text enthält mehrere Zeitangaben; aber nur eine einzige passt in dieses Kapitel. Unterstreiche sie.

(1) Natürlich zählen wir heute die Stunden, bis es endlich Nacht wird. (2) Denn nachts zu wandern, ist eine tolle Sache. (3) Etwas mulmig könnte uns zwar werden, wenn heute Nacht einer von uns stolpert oder wenn sich der Weg verzweigt. (4) Da wir aber Taschenlampen und eine Karte mitnehmen, werden wir uns in der Nacht bestimmt nicht verlaufen. (5) Ein bisschen prickeln darf es aber ruhig, wenn man nachts auf Tour geht.

N 3. Zusammen mit einem Wochentag

Tageszeiten in **Verbindung** mit einem **Wochentag** werden **groß**- und **zusammengeschrieben**.

Beispiele

*am **Freitag**abend, bis **Samstag**mittag, am **Sonntag**morgen*

Übung 1 **Ergänze die fehlenden Buchstaben.**

Hast du am . . nn . . . tag . i . t . . Zeit, mit mir in die Stadt zu gehen? Ich brauche nämlich für . . ms . a . n . chm . tt . g noch ein Paar Turnschuhe. Spätestens muss ich sie also am Sa . . t . g . . . . ag kaufen. Falls dir . r . ita . m . t . a . lieber ist, passt es mir auch. Wenn du Lust hast, könntest du noch bis . . e . t . g . b . . d bei uns bleiben und wir könnten noch Tischtennis spielen.
Hoffentlich regnet es am S . . . tag . a . h . i t . a . nicht. Dann müsste das Sportfest nämlich auf nächsten . i . t . o . hn . c . m . t . a . verlegt werden.

Übung 2 **Schreibe die Buchstabenschlangen als richtige Sätze hin.**

Wenndassportfestaufmittwochnachmittagverlegtwird, habenwirhausaufgabenfrei.

Fürdasdiktatamdonnerstagmorgenkönntenwiraberdannnichtüben.

Vielleichtwirddasdiktatdannauffreitagmorgenverschoben.

Übung 3 **Wieder hat sich ein Fehler eingeschlichen. Korrigiere ihn.**

Es wäre nicht schön, wenn das Sportfest gerade auf Mittwoch nachmittag verlegt würde; mein Bruder hat nämlich an diesem Tag Geburtstag. Eigentlich wollten wir dann alle zusammen Skateboard fahren und zum Abschluss dann am Mittwochabend Pizza essen gehen. Auch in einer anderen Woche passte mir dieser Tag nicht so gut, weil ich am Mittwochnachmittag immer Schach-AG habe.

Zahlwörter

1. Verwandlung in Substantive

Wie viele Wortarten kann sich auch ein **Zahlwort** (Numerale) in ein **Substantiv** verwandeln.
Diese Substantivierung findet vor allem statt, wenn vor dem Zahlwort ein **Artikel** steht oder stehen könnte.

Beispiele

Beim Hindernislauf musste jeder ***eine A****cht laufen.* ↔ Aber: *Unsere Mannschaft ist heute zu* ***a****cht angetreten.* (normales Zahlwort)
*Sie war (****die****)* ***E****rste im Hochsprung.*

Übung 1

Streiche die falschen Buchstaben. Achte darauf, ob der Artikel sich auf das Zahlwort oder das folgende Substantiv bezieht.

Diesmal war ich beim Sportfest so gut in Form, dass ich die **E**/**e**rste im Hochsprung geworden bin. Auch beim Hindernislauf wäre ich fast **D**/**d**ritte geworden. Nur im Werfen bin ich eine **N**/**n**ull. Die **D**/**d**rei Gesamtsieger sind unsere besten Sportler. Sie haben alle auf dem Zeugnis eine **E**/**e**ins.

Übung 2

Verwandle die Ziffern in Zahlwörter.

Wer pünktlich um (8) .... auf dem Sportplatz ist, bekommt einen besseren Startplatz. Wer sein Lampenfieber zügeln möchte, muss ganz langsam bis (5) .... zählen. Wer (4.) .... wird, sollte sich nicht ärgern. Wer beim Auslosen der Mannschaft eine (13) .... zieht, darf den nächsten Mitspieler aussuchen. Wer älter als (12) .... ist, wird nach einer anderen Punktetabelle bewertet. Wer eine Urkunde erhält, bekommt auf dem Zeugnis bestimmt keine (5) ....

Übung 3

Ergänze die Wörter und kreuze die richtige Antwort an.

	Man könnte einen Artikel vor das Zahlwort setzen.	Man könnte keinen Artikel vor das Zahlwort setzen.
Lisa war . ritte im Weitwurf.	○	○
Babs startete als . rste.	○	○
Tom ist schon über . wölf.	○	○
Sven ist noch unter . ehn.	○	○

2. Zu wenig für ein Substantiv

Unbestimmte Zahlwörter (Numerale) werden im Allgemeinen **kleingeschrieben**, auch wenn **davor** ein **Artikel** oder eine **Präposition** steht.

Beispiele

***die** vielen, **das** wenige, **die** meisten*
***am** meisten, **trotz** allem, **mit** manchen*

Übung 1

Suche die unbestimmten Zahlwörter. Schreibe sie mit dem Artikel oder der Präposition in die richtige Spalte.

Am Wochenende ist in unserem Stadtteil Kinderfest. Die meisten aus unserer Straße wollen auch kommen. Mit einigen habe ich mich beim Zauberer verabredet. Wir wollen uns an dem Nachmittag auf weniges beschränken; denn das wenige kann man dann intensiver machen. Das meiste kennen wir außerdem schon vom letzten Jahr. Diesmal freuen wir uns am meisten auf das Ponyreiten. Vor allem auf der Tierwiese wollen wir lange bleiben.

Unbestimmte Zahlwörter **nach Artikel:**	Unbestimmte Zahlwörter **nach Präposition:**
....	....
....	....
....	....
....	....

Merke

Einige Pronomen werden ebenfalls meist **kleingeschrieben**, auch wenn eine Präposition davorsteht, beispielsweise:
→ ***zum** einen, **zum** anderen*

Übung 2

Unterstreiche die Pronomen, die kleingeschrieben werden, obwohl ein Artikel oder eine Präposition davor steht.

Der eine oder andere hat bestimmt schon einmal gezaubert. Wer geschickt ist, kann dabei die anderen mit kleinen Tricks verblüffen. Man muss sich jedoch zum einen sehr konzentrieren und zum anderen ganz cool bleiben, damit man keine falschen Bewegungen macht. Man muss unter anderem auch darauf achten, dass die anderen nicht allzu nah stehen. Das andere kommt dann ganz von allein.

P Wie viele Wörter?

1. Verblasstes Substantiv und Verb

Verbindungen von einem **verblassten Substantiv** mit einem **Verb** werden **klein-** und **zusammengeschrieben.**

Beispiele

heim*reisen,* ***stand****halten,* ***schluss****folgern*

Übung 1

Verbinde folgende Verben mit den verblassten Substantiven.

-fliegen, -führen, -tanzen, -rechnen, -nehmen, -wandeln, -haben, -impfen, -reden, -marken

schutz.. irre..

hand.. segel..

bauch.. seil..

kopf.. brand..

schlaf.. wunder..

Übung 2

Prüfe bei den folgenden Verbindungen, ob es sich um verblasste oder echte Substantive handelt. Schreibe die fehlerhaften Wörter richtig daneben.

	Korrigierte Schreibweise:		Korrigierte Schreibweise:
Lob spenden	....	Kopf stehen	....
Lob preisen	....	Statt geben	....
Maß regeln	....	Pleite gehen	....
Not tun	....	Wett laufen	....
Not leiden	....	Heim fahren	....
Not landen	....	Rad fahren	....

Merke

Die Schreibweise folgender Wörter muss man sich besonders einprägen:

→ *eislaufen (ich laufe eis)*

→ *leidtun (es tut mir leid)*

2. Adjektiv und Verb

Verbindungen von **Adjektiv** und **Verb** sollten **getrennt geschrieben** werden, obwohl es in vielen Fällen auch erlaubt ist, sie zusammenzuschreiben
→ *sauber machen/saubermachen, übrig lassen/übriglassen, gut gehen/gutgehen*

Ist das Adjektiv **erweitert**, so darf es **nur getrennt** geschrieben werden.
→ ***ganz** klein schneiden, **besonders** klar sehen, **zu** nahe treten*

Ergibt die Verbindung von Adjektiv und Verb eine **neue (übertragene) Bedeutung**, so wird sie **zusammengeschrieben**.
→ *freisprechen* (= *für nicht schuldig erklären*)
krankschreiben (= *wegen Krankheit beurlauben*)
satthaben (= *etwas nicht mehr mögen*)

Übung 1

Erkläre, warum in den folgenden Sätzen Adjektiv und Verb getrennt geschrieben werden (müssen).

Um Erfolg zu haben, muss man meistens bestimmte Regeln sehr **genaueinhalten**.
Wenn man etwas besonderes **schön gemacht** hat, möchte man gelobt werden.
Man sollte seinen Ferienkalender nicht zu **voll packen**.

Adjektiv und Verb müssen getrennt geschrieben werden, weil ....

....

....

Übung 2

Erkläre die neue (übertragene) Bedeutung folgender Wörter:

bloßstellen = ...

festnageln = ...

gutschreiben = ...

heimlichtun = ...

kaltmachen = ...

kürzertreten = ...

richtigstellen = ...

schwerfallen = ...

wahrsagen = ...

P 3. Verb und Verb

Verbindungen von **Verb** und **Verb** werden in der Regel **getrennt geschrieben**.

Beispiele

lesen üben, holen lassen, spazieren gehen

Merke

Die Verbindung von *kennen* + *lernen* sollte man zusammenschreiben: *kennenlernen*. Die Getrenntschreibung ist jedoch auch zulässig: *kennen lernen*.

Übung 1

Stelle folgende Verben mit den darunter stehenden zu jeweils 2 sinnvollen Verb-Pärchen zusammen.

sitzen – einkaufen – schätzen – fallen – stecken – laufen – liegen – flöten

bleiben **lernen** **gehen** **lassen**

Übung 2

Ergänze die Sätze so, dass beide Verben nebeneinanderstehen.

Neulich **ging** ich mit meinem Hund **einkaufen**.

Als ich neulich mit meinem Hund ...., hatte ich es sehr eilig.

Mein Hund **blieb** aber an jedem Baum **stehen**.

Mein Hund wollte aber an jedem Baum ....

Sonst **lasse** ich ihn meist frei **laufen**.

Wenn ich Zeit gehabt hätte, hätte ich ihn frei ....

Manchmal **geht** er mir aber **stiften**.

Diesmal durfte er mir auf keinen Fall ....

Übung 3

Sind diese Sätze richtig geschrieben?

(1) Daher musste er sich die Leine **gefallen lassen**.
(2) Könnte er mir nicht den **Gefallen tun**, ohne Leine bei Fuß zu bleiben?

4. Zusammengesetztes Adverb und Verb

Verbindungen von **Adverb** und **Verb** werden **in der Regel getrennt geschrieben**, wenn das **Verb betont** wird.
→ *aufeinander* ***zugehen****, voneinander* ***lernen****, dazwischen* ***hindurchgehen***

Verbindungen von **Adverb** und **Verb** werden **in der Regel zusammengeschrieben**, wenn das **Adverb betont** wird.
→ ***daheim****bleiben,* ***durcheinander****laufen,* ***aufeinander****prallen*

Übung 1

Schreibe die folgenden Wörter konzentriert ab und präge dir die Schreibweise gut ein:

auseinandersetzen, **beiseite**legen, **vorwärts**kommen, aufeinander **achten**, rückwärts **einparken**, zusammen **singen**

Übung 2

Entscheide dich für die richtige Schreibweise. Am besten sprichst du die Wörter laut, damit du hörst, wo die Betonung liegt.

auseinander + nehmen:

Damit ich morgen an der Rad-Meisterschaft teilnehmen kann, muss ich meinen

Drahtesel ....

Wenn ich nicht am Start bin, werden mich die anderen (fertigmachen)

....

vorwärts + gehen:

Auch Leute, die langsam ...., kommen ans Ziel.

Leute, die vorwärts laufen, geraten schneller aus der Puste als die, die

....

zusammen + sitzen:

Manche Fußballfans können bequem auf teuren Plätzen ....,

finden es aber viel cooler, wenn sie auf billigen Plätzen zusammen stehen.

Wollen wir morgen beim Fußballspiel .... ?

davon + kommen:

Wenn wir Glück haben, können wir mit einem blauen Auge ....

Ob die Flecken .... dass die Schokolade geschmolzen ist?

5. Verbindungen mit *wie* oder *so*

Verbindungen mit ***wie*** oder ***so*** werden **meist getrennt geschrieben**, beispielsweise:
→ *wie viele, wie sehr, so lange, so wenig*

Einige Verbindungen mit ***wie*** oder ***so*** werden **zusammengeschrieben**, wenn sie als eine **gedankliche Einheit** zu verstehen sind, beispielsweise:
→ *inwiefern* (= auf welche Weise), *inwieweit* (= in welchem Maße)
solange (= während), *sooft* (= immer wenn), *soviel* (= wie)

Übung 1

Entscheide, ob die Sätze die Einzahl *wie viel* oder die Mehrzahl *wie viele* verlangen. Setze jeweils die passende Form ein.

.... Handys mag es wohl schon in Deutschland geben? Und .... Stunden verbringen Schüler wohl täglich mit Telefonieren? .... Taschengeld könnte man da sparen … Denn .... Gespräche sind wirklich so wichtig, dass sie nicht bis zum nächsten Tag Zeit hätten … Eigentlich sollten junge Leute vernünftiger sein als die Erwachsenen, die durch fortwährendes Telefonieren zeigen müssen, ... Bedeutung sie haben …

Übung 2

Korrigiere die falsch geschriebenen Wörter. Prüfe jeweils, ob der Normalfall der Getrenntschreibung vorliegt oder ob die Wörter eine gedankliche Einheit bilden.

Du hast mich solange nicht angerufen! Ich wusste ja nicht, dass du es sooft versucht hast. Soviel ich weiß, war ich meist zu Hause. Es hat aber soviel geklingelt, dass ich manchmal das Handy abgestellt habe … Solange es abgestellt war, bin ich durch das Internet gesurft.

Übung 3

Setze folgende Wörter an die passende Stelle.

so lange, wie oft, sooft, insofern

Ich wusste nicht, ... du versucht hast mich zu erreichen. .... du es vergeblich probiert hast, warst du sicherlich genervt. Deine Kritik ist .... berechtigt, als ich schuld an deinem Frust bin. Ich verstehe jetzt, dass du .... gewartet hast, bis du es noch einmal versucht hast.

6. Verbindungen mit *mal-/Mal*

Verbindungen mit *-mal* werden **zusammen**- und **kleingeschrieben**, wenn es sich um ein **Adverb** handelt. Man erkennt es unter anderem daran, dass es unveränderbar ist, beispielsweise:
→ *manch**mal**, erst**mals**, mehr**mals***

Mal wird **getrennt** und **großgeschrieben**, wenn es sich um ein **Substantiv** handelt, das **gebeugt**, also verändert werden kann, beispielsweise:
→ *manches* ***Mal*** (gebeugt z. B. *manche Mal**e***), *mehrere* ***Male*** (gebeugt z. B. *bei mehreren Mal**en***)

Übung 1

Füge folgende Wortteile zu Adverbien zusammen.

ein – vor – dies – nie – viel – alle

.... **mal**

.... **mals**

Übung 2

Verwandle folgende Adverbien in Wortverbindungen, bei denen *Mal* getrennt und großgeschrieben wird. (Im Lösungsteil findest du dazu auch Beispielsätze.)

dreimal das dritte Mal

diesmal ....

keinmal ....

vielmals ....

vormals ....

erstmals ....

Übung 3

Präge dir die Schreibweise der folgenden Wortverbindungen ein, indem du sie dreimal hinschreibst.

auf einmal, ein andermal ↔ ein paar Mal, jedes Mal (!)

....

....

....

Wörterverzeichnis

abends 44
achtgeben 35
Acht geben 35
allemal 54
alles beim Alten lassen 40
am besten 41
am höchsten 41
am meisten 48
am schnellsten 41
am schönsten 41
anfangs 30
angeblich 29
Angst haben 35
angst werden 36
Anteil nehmen 35
artig 29
Arzt 23
auf einmal 54
aufeinanderprallen 52
aufeinander achten 52
aufeinander zugehen 52
aus dem Vollen schöpfen 40
auseinandernehmen 52
auseinander nehmen 52
auseinandersetzen 52
Ausflug 34
äußerlich 11
Auto fahren 35
Axt 30

Ball 34
bange werden 36
bauchreden 49
Bäumchen 11
Beet 25
beim Essen 42
beiseitelegen 52
bejahen 14
beschäftigen 27
Beute 10
Bibel 12
Biber 12
Biene 12
blasen 17
bleiben lassen 51
bloßstellen 50
Blumenstiel 13
boxen 20
Brand 27
brandmarken 27
bräunlich 11
brav 31
breit 21
Brezel 24
Büchse 30

Dachs 30
daheimbleiben 52
dahinter kommen 52
das 19
das Beste 37
dass 19
das Weite suchen 40
das wenige 48
davonkommen 52
davon kommen 52
dazwischen hindurchgehen 52
denken 23
den Kürzeren ziehen 40
die Erste 47
die meisten 48
dienstags 44
diesmal 54
die vielen 48
Dorf 26
drehen 14
dreimal 54
drohen 14
Düne 25
durcheinanderlaufen 52

Echse 30
eigentlich 22
eilig 31
ein andermal 54
einmal 54
ein paar Mal 54
eine Acht 47
einkaufen gehen 51
Eis 17
eislaufen 49
Ekel 24
Endbetrag 28
Endergebnis 28
Endfassung 28
Endphase 28
Endrechnung 28
Entbehrung 28
Entgleisung 28
Enthaltung 28
Entschädigung 28
Entscheidung 28
Enttäuschung 28
Erbschaft 34
Ereignis 29
Erlaubnis 34
Erlebnis 34
ernst werden 36
Eroberung 34
erstmals 54
essen 18
extra 30

fahren 14
fallen lassen 51
falzen 23
Farn 34
Fass 17
fast 18
fertig 28
fertig 28
festnageln 50
Feuer 10
Feuertod 21
fix 30
Flachs 30
flehentlich 22
fliehen 12
fließen 18
Flop 20
flöten gehen 51
Folge leisten 35
Freiheit 34
freisprechen 50
Freitagabend 46
freitags 44
Freude 34
freundlich 29
Frieden 31
froh 14
früher 14
Fuchs 30
Funzel 23
Fuß 17

ganz 23
Gebäude 11
gefallen lassen 51
Geiz 24
gelegentlich 22
Gelübde 20
Gemäuer 11
genießen 18

geräumig 11
Geräusch 11
Geschäft 27
Geschwulst 27
Gespinst 27
Gestalt 27
gestern früh 45
gestern Morgen 45
Gesundheit 34
gießen 18
Glanz 23
gram sein 36
greifen 31
Gunst 27
Guss 17
gutgehen 50
gut gehen 50
gutschreiben 50

Haken 24
handhaben 49
Harke 23
hart 26
Häschen 10
Hass 17
hassen 18
Häuptling 11
Haus 17
Heft 26
heimfahren 49
heimlichtun 50
heimreisen 49
heizen 24
herrisch 29
Herrschaft 34
Herz 23
heute früh 45
heute Morgen 45
Hexe 30
Hindernis 34
hinterrücks 30
Hof halten 35
hoffentlich 22
hohl 15
höhnisch 29
holen 15
Holz 23
Hupkonzert 20

Igel 12
ihr 12
ihretwegen 12
im Allgemeinen 39
im Argen liegen 40
im Besonderen 39
Imbiss 17
im Dunkeln tappen 40
im Einzelnen 39
im Folgenden 39
im Großen und Ganzen . . . 39
im Klaren 39
im Reinen sein 40
im Trüben fischen 40
im Übrigen 39
im Unklaren sein 40
im Wesentlichen 39
insgesamt 27
insofern 53
ins Reine bringen 40
ins Schwarze treffen 40
inwiefern 53
inwieweit 53
irreführen 49
Irrtum 27

jedes Mal 54

Kahn 14
Kalb 20
kaltmachen 50
Kaninchen 12
Kätzchen 10
käuflich 11
Käuzchen 24
keinmal 54
Keks 30
kennenlernen 51
Kennzeichen 26
Kerbe 26
Kern 26
Klavier spielen 35
Klecks 30
Kleidung 34
Klugheit 34
Klümpchen 20
Knabe 25
Koks 30
kopfrechnen 49
kopfstehen 49
Korb 20
Korn 26
krächzen 23
krankschreiben 46
kraxeln 40
Krokodil 12
Kuchen backen 35
Kuhle 14
Kunde 27
Kunst 27
kürzen 23
kürzer treten 50

Lachs 30
Lake 24
lassen 18
Laub 20
laufen lassen 51
laufen lernen 51
launisch 29
leer 16
lehren 16
Leidenschaft 34
leid sein 36
Leidtragende 21
leidtun 247
Leitfiguren 21
lesen üben 47
Leute 10
Lid 13
Lied 13
liegen lassen 51
lila 12
links 30
logisch denken 50
Luchs 30
Luke 24
Luxus 30

mahlen 15
malen 15
manches Mal 54
manchmal 54
Maß 17
Maß halten 35
maßhalten 35
maßregeln 49
Mäuschen 11
Meer 16
mehr 16
mehrere Male 54
mehrmals 54
Meisterschaft 34
melken 23
merken 23
messen 18
Messung 34
Miene 13
mies 17
Mieze 24
Mine 13
mit Aufräumen 42
mit manchem 48
Mittag essen 35
mittags 44

Mord 21
morgen Abend 45
morgen früh 45
morgens 44
Musik machen 35
mutig 29

nachgiebig 12
nachmittags 44
nah 14
nämlich 14
nass 17
nehmen 14
Neid 21
Nelke 23
Nerz 23
neuerdings 30
niemals 54
notlanden 49
Not leiden 35
nottun 49
nummerieren 25
Nuss 17
nützlich 29

Ochse 30
öffentlich 22
Ohr 14
ordentlich 22

Päckchen 24
Paket 24
parken 23
Pauke 24
Perle 26
pieken 24
pleitegehen 49
pleite sein 36
Pullover 31
Pumpstation 20

Qual 25
Quirl 26

Rad 21
Rad fahren 35
Rad schlagen 35
Rahmen 14
Rat 21
Rätsel raten 35
räuchern 11
recht haben 247
Recht haben 247
recht sein 36
Recht sprechen 35
reißen 18
Reiz 24
richtigstellen 50
Richtung 34
Ring 26
Ross 17
rückwärts einparken 52
Ruhe 14
ruhen 16
Ruhm 14

salzen 23
Sammlung 27
Samstagmittag 46
sämtliche 27
satthaben 50
saubermachen 50
sauber machen 50
Schaf 25
Schaffner 27
Schal 25
Schatten 34
Schatten spenden 35
schätzen lernen 51
Schaukel 24
Schlaf 25
schlafwandeln 49
Schlange stehen 35
schließen 18
Schlittschuh laufen 35
schlitzohrig 29
Schloss 17
Schluss 17
schlussfolgern 49
Schmerz 23
Schnäbelchen 10
Schnäuzchen 11
Schnauze 24
Schönheit 34
Schubkarre 20
schuld sein 36
Schuld tragen 35
schutzimpfen 49
schwerfallen 50
segelfliegen 49
sehr 14
seid 22
seiltanzen 49
sein Bestes geben 40
seit 22
seit kurzem 39
seit langem 39
seit längerem 39
Sieb 20
sitzen bleiben 51
Ski 12
so lange 53
solange 53
Sonntagmorgen 46
sooft 53
so viele 53
soviel 53
so wenig 53
spähen 16
spät 16
spazieren 24
spazieren gehen 51
Spiel 34
spöttisch 29
spuken 24
stachlig 29
Stamm 34
standhalten 49
stattgeben 49
stecken bleiben 51
stehen bleiben 51
Stern 26
Stiel 13
stiften gehen 51
Stil 13
Stilblüten 13
Stilgefühl 13
Stoß 17
stürzen 23

Tanz 23
tatsächlich 29
Tiger 12
Tipp 25
Tod 21
todernst 21
todsicher 21
Ton 21
tot 21
totarbeiten 21
totschießen 21
totschlagen 21
träumen 11
treiben 20
Triebwerk 20
trinken 23
trotz allem 48

übriglassen 50
übrig lassen 50
unter zehn 47
unterwegs 30

verbieten 28
verbläuen 11

vergessen 18
Vergnügen 28
Versäumnis 34
verschieden 28
Videoclip 20
Vieh 12
viel 31
Viper 12
Vogel 31
von nah und fern 39
von neuem 39
von weitem 39
voneinander lernen 52
Vorgeschmack 31
vormals 54
vormittags 44
Vorstadt 31
vorstellen 31
vorwärtsgehen 52
vorwärts gehen 52
vorwärtskommen 52

wachsen 30
wählen 14
währen 16
wahr 16
Wahrheit 16
wahrsagen 50
Wald 34
walken 23
walzen 23
wanken 23
wehren 16
weichlich 29
Weizen 24
welken 23
werben 26
Wert legen auf 35
wert sein 36
wesentlich 22
Wetter 34
wettlaufen 49
wider 13
Widerhaken 13
Widerrede 13
Widerspruch 13
wieder 13
Wiederholung 13
Wiederkäuer 13
Wiederkehr 13
wie oft 53
wie sehr 53
wie viel(e) 53
Wind 54
wink(e)lig 29
wirken 23
Wisent 12
wissen 18
wissentlich 22
wundernehmen 49
Wurf 31
Wurzel 23
würzen 23

zäh 14
zählen 14
zänkisch 29
Zeugnis 29
zickig 29
ziehen 12
ziemlich 12
zum Besten geben 40
zum einen, zum anderen 48
zum Trinken 42
Zunahme 15
Zuname 15
zusammen singen 52
zusammensitzen 52
zusammen sitzen 52

Grammatische Begriffe

Fachwort:	Deutsche Bezeichnung:	Beispiele:
Adjektiv	Eigenschaftswort	lustig, rot, herrlich
Adverb	Umstandswort	da, morgen, hinten
Artikel	Geschlechtswort	der, die, das, ein, eine
Demonstrativpronomen	hinweisendes Fürwort	dieser, jeder, das
Diphthong	Doppellaut (Zwielaut)	au, äu, ei, eu
Genitiv	2. Fall der Beugung (wessen?)	des Waldes, der Wiese
Infinitiv	Grundform des Verbs	sehen, laufen, werfen
Komparativ	1. Steigerungsstufe des Adjektivs	besser, schöner, netter
Konjunktion	Bindewort	und, oder, sowie (verbindend) weil, dass, während (unterordnend)
Konsonant	Mitlaut	l, m, r, s (usw.)
Numerale	Zahlwort	einige, viele, alle (unbestimmt)
Plural	Mehrzahl	die Wälder, die Wiesen
Präposition	Verhältniswort	vor, auf, in
Relativpronomen	rückbezügliches Fürwort	der, die, das
Singular	Einzahl	der Wald, die Wiese
Substantiv, Nomen	Hauptwort	Wald, Stimmung, Sonne
Superlativ	2. Steigerungsstufe des Adjektivs (Höchststufe)	der beste (Freund), der schönste (Ball)
Verb	Tätigkeitswort, Zeitwort	wandern, schauen, spielen
Vokal	Selbstlaut	a, e, i, o, u
Wortstamm	Wort ohne Vorsilbe und Endung	(An)fang, spiel(en), abenteuer(lich)

Teil II:
Deutsch

Aufsatz: Bericht, Beschreibung, Brief

Regeln und Übungen

Themenübersicht Teil II

A Der Bericht: Überblick verschaffen ... 64
1. ... über den Aufbau eines Berichts ... 64
2. ... über die Arbeitsschritte: Checkliste ... 65

B Der Bericht ... 66
1. Von der Erzählung zum Bericht ... 66
2. Die verschiedenen Arten des Berichts unterscheiden ... 68
3. Der Veranstaltungsbericht I: Die W-Fragen ... 70
4. Der Veranstaltungsbericht II: Adverb, Adverbiale, Gliedsatz, Attribut ... 72
5. Der Veranstaltungsbericht III: Der Stichwortzettel ... 74
6. Der Unfallbericht I: Einleitung – Hauptteil – Schluss ... 76
7. Der Unfallbericht II: Stichwortnotizen verarbeiten ... 78
8. Der Unfallbericht III: Zeugenaussagen verarbeiten ... 80

C Die Beschreibung: Überblick verschaffen ... 82
1. ... über das Beschreiben ... 82
2. ... über die Arbeitsschritte: Checkliste ... 83

D Die Vorgangsbeschreibung ... 84
1. Vom Bericht zur Beschreibung ... 84
2. Das Kochrezept ... 86
3. Die Spielanleitung ... 88
4. Die Bastelanleitung ... 90
5. Bewegungsabläufe / sportliche Übungen beschreiben ... 92
6. Naturwissenschaftliche Versuche beschreiben ... 94

E Die Gegenstandsbeschreibung ... 96
1. Die Wegbeschreibung ... 96
2. Die Tierbeschreibung ... 98
3. Beschreibung eines technischen Geräts ... 100

F Die Personenbeschreibung ... 102

G Der sachliche Brief: Überblick verschaffen ... 104
1. ... über den formalen Aufbau eines Briefes ... 104
2. ... über die Arbeitsschritte: Checkliste ... 105

H Der sachliche Brief 106
1. Eine Einladung schreiben und beantworten 106
2. Eine Anfrage schreiben 108
3. Eine Beschwerde schreiben 110

Quellenverzeichnis 112

A Der Bericht: Überblick verschaffen

1. … über den Aufbau eines Berichts

Darum gehts!

Die Fähigkeit, einen sachlichen Bericht schreiben zu können, ist im Alltag häufig gefragt, z. B. für einen Unfallbericht an eine Versicherung. Auch in vielen Berufen wird sie verlangt, denke z. B. nur an den Polizeibericht oder den Zeitungsbericht.
In der Schule beschäftigen wir uns vor allem mit dem **Veranstaltungsbericht** und dem **Unfallbericht**. Sie haben folgenden Aufbau:

Veranstaltungsbericht

In der **Einleitung** beantwortest du knapp folgende W-Fragen:

- **Wann** und **wo** fand die Veranstaltung statt?
- **Wer** war der Veranstalter / beteiligte sich an der Veranstaltung?
- **Was** geschah?
- **Welches Ergebnis** / **Welche Folgen** hatte die Veranstaltung?

Im **Hauptteil** berichtest du Schritt für Schritt, **was** geschah. Du gehst auch auf Hintergründe der Veranstaltung ein.

Im **Schluss** behandelst du die **weiteren Folgen**. Dabei wendest du dich mehr oder weniger direkt an den Leser.

Unfallbericht

In der **Einleitung** informierst du knapp über den Unfall:

- **Wann** und **wo** hat er sich ereignet?
- **Wer** war an dem Unfall beteiligt?
- **Was** ist passiert?
- **Welche Folgen** hatte der Unfall?

Im **Hauptteil** berichtest du Schritt für Schritt, **wie** sich der Unfall ereignet hat, also den **Unfallhergang**:

- genaue Bezeichnung der Unfallzeit / des Unfallortes
- Tätigkeit des Verletzten / der Verletzten zur Zeit des Unfalls
- Unfallursache
- Unfallhergang im engeren Sinn
- Art der Verletzungen / Beschädigungen
- eventuell Ansprechen der Schuldfrage

Im **Schluss** behandelst du häufig die **weiteren Folgen** des Unfalls für die Verletzten. Und / Oder du bezifferst die Höhe des Sachschadens. Der Schluss kann aber auch einen Appell oder eine Warnung enthalten, je nachdem, wer Adressat (Empfänger) des Unfallberichts ist.

2. … über die Arbeitsschritte: Checkliste

So klappts!

1. Thema erschließen
- Themenstellung mehrmals aufmerksam lesen
- Worüber soll berichtet werden? (Über eine Veranstaltung? Einen Unfall? Soll auch die Schuldfrage behandelt werden?)
- Welchem Zweck dient der Bericht, wer ist sein Adressat? (Ein Freund? Ein anonymer Leser?)
- Soll in der Ichform oder in der Er-/Sieform berichtet werden?
- Wird ein knapper oder ein ausführlicher Bericht verlangt?

2. Stoff sammeln
- Stichpunkte notieren während einer Veranstaltung / nach einem Unfall, den du als Augenzeuge beobachtet hast
- Stichpunkte notieren nach der Zeugenvernehmung

3. Stoff ordnen
Die für den Bericht verwertbaren Notizen unterstreichen, herausschreiben, kürzen, ergänzen, sinnvoll ordnen

4. Bericht ausformulieren
- Einleitung und Schluss dürfen im Verhältnis zum Hauptteil nicht zu lang sein
- In der Einleitung alle verlangten W-Fragen berücksichtigen
- Die zeitliche (chronologische) Reihenfolge einhalten
- Den einzelnen „Geschehensschritt" möglichst als Folge des vorangehenden und Ursache für den nachfolgenden darstellen
- Sich aufs Wesentliche konzentrieren, dabei aber keine für den Empfänger wichtige Information vergessen
- Sachlich schreiben (keine Spannung aufbauen, keine wörtliche Rede verwenden; keine Gefühle, keine persönlichen Eindrücke)
- Vermutungen sprachlich kennzeichnen (indirekte Rede)
- Genau schreiben (z. B. mithilfe von Adverbien, Attributen)
- Verständlich schreiben (keine komplizierten Schachtelsätze)
- Wortwiederholungen vermeiden (nicht: *dann … und dann …*)
- Im Schluss den Adressaten besonders berücksichtigen
- Neuen Abschnitt mit neuem Absatz beginnen

5. Durchchecken
- Das Verhältnis von Einleitung / Schluss zum Hauptteil prüfen
- Überprüfen, ob der Bericht alle für den Adressaten wichtigen Informationen enthält (unwichtige Einzelheiten rausstreichen)
- Sätze nicht unverbunden nebeneinander stehen lassen, sondern mit *zunächst, darauf, außerdem, aber* usw. verbinden
- Rechtschreib- und Grammatikfehler verbessern

B Der Bericht

1. Von der Erzählung zum Bericht

Erzählen	Berichten
• lebendiger/anschaulicher Stil: auch inneres Geschehen (Gefühle, persönliche Eindrücke) wiedergeben, direkte Rede	• Sachstil: nur äußeres Geschehen wiedergeben, keine direkte Rede
• Spannung, die auf einen Höhepunkt zusteuert	• keine Spannung, kein Höhepunkt (linear)
• ausführliche Darstellung	• knappe Darstellung

Die Ermordung Cäsars

1. Cäsar wurde seine Ermordung durch deutliche Wunderzeichen angekündigt. 2. Der Seher Spurinna schärfte ihm ein, er solle sich vor einer Gefahr hüten, die ihn spätestens am 15. März treffen würde. 3. Daher beabsichtigte er zunächst, zu Hause zu bleiben und das, was er auf der Senatsversammlung noch erledigen wollte, zu verschieben. 4. Schließlich aber – er konnte die zahlreich versammelten Senatoren nicht einfach im Stich lassen – ging er doch zum Rathaus. 5. Dort machte er sich über Spurinna lustig: Seine Prophezeiung habe sich ja doch nicht erfüllt, der 15. März sei nun da, ohne dass ihm etwas passiert sei. 6. Der Tag sei zwar nun da, entgegnete dieser, aber noch nicht vorüber. 7. Als Cäsar sich niedersetzte, heuchelten die Verschwörer Diensteifer und stellten sich um ihn herum im Kreis auf. 8. Genau in diesem Augenblick trat Cimber Tullius an ihn heran, als ob er eine Bitte vorbringen wollte. 9. Als ihn Cäsar aber zurückweist, reißt er ihm die Toga von der Schulter. 10. Und als Cäsar schreit: „Das ist ja Gewalt!", verletzt einer der Casca-Brüder ihn von hinten knapp unterhalb der Kehle. 11. Cäsar bekam Casca am Arm zu fassen und durchbohrte ihn mit seinem Schreibgriffel; als er aber versuchte, aufzuspringen, wurde er durch eine zweite Verwundung daran gehindert. 12. Weil er nun merkte, dass er von allen Seiten mit gezückten Dolchen angegriffen wurde, bedeckte er seinen Kopf mit der Toga und zog sie zugleich mit der linken Hand bis über die Fußknöchel. 13. Das tat er, damit auch der untere Teil seines Körpers bedeckt wäre und er so in Ehren sterben könne. 14. Nach der Tat flohen die Mörder. 15. Insgesamt ist Cäsar 23 Mal durchbohrt worden, wobei ihm nur ein einziges Mal, nämlich beim ersten Hieb, ein lautloser Seufzer entfuhr.
(nach Sueton)

Übung 1

Obwohl ein Geschichtsschreiber den Text verfasst hat, gleicht er einer spannenden Erzählung. Markiere die Stelle, an der die Spannung ihren Höhepunkt erreicht hat, mit einem Kreuz. Kurz vor dem Höhepunkt steht statt des Präteritums (1. Vergangenheit) das Präsens (Gegenwart), um die Spannung zu steigern. Unterstreiche die betreffenden Verben im Präsens.

Übung 2

Der Text enthält auch Hinweise auf Cäsars innere Einstellungen. Welcher Satz macht deutlich, dass Cäsar …

1. … große Selbstbeherrschung besaß? Satz Nr. ....
2. … sich gern über seine Mitmenschen lustig machte? Satz Nr. ....
3. … auf seine Ehre bedacht war? Satz Nr. ....
4. … pflichtbewusst war? Satz Nr. ....

Übung 3

Stell dir nun vor, du bist römischer Rundfunkreporter und sollst die Nachricht über Cäsars Ermordung verlesen. Wie könnte die Meldung lauten? Wenn du mehr über Cäsar weißt als das, was im Text steht, darfst du es mit einfließen lassen.

....

....

....

....

....

....

....

....

....

....

....

....

....

2. Die verschiedenen Arten des Berichts unterscheiden

Es gibt viele Arten von Berichten, z. B.
- Veranstaltungsbericht
- Arbeitsbericht
- Unfallbericht
- Polizeibericht
- Zeitungsbericht

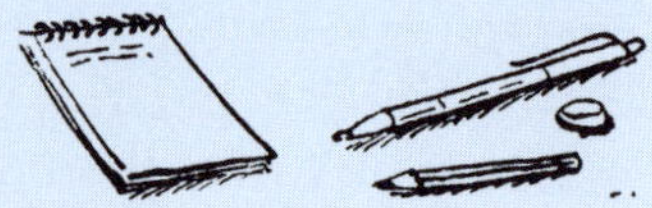

Text 1
Am Unfalltag arbeitete ich als Funkamateur auf der obersten Plattform meines 25 Meter hohen Antennenmastes. Als ich mit meinen Reparaturarbeiten fertig war, stellte ich fest, dass sich im Zuge meiner Arbeiten Werkzeuge und Ersatzteile mit einem Gewicht von etwa 150 kg auf der Plattform angesammelt hatten. Statt diese Teile einzeln über die Stehleiter nach unten zu schaffen, entschied ich mich dafür, sie in einem stabilen Korb hinabzubefördern, und zwar unter Verwendung eines Seils und einer oben am Mast befestigten Umlenkrolle. Über dieses altbekannte Hilfsmittel hatte ich nämlich alles problemlos nach oben transportieren können. Um jedoch alle Risiken mit Sicherheit auszuschließen zu können, begab ich mich zunächst nach unten und befestigte das untere Ende des Seils am Boden. Anschließend kletterte ich wieder nach oben und belud den Korb mit den erwähnten Gegenständen. Danach kehrte ich endgültig auf den Erdboden zurück und löste das Seil von seiner Befestigung …

Text 2
Im Rahmen der diesjährigen Projekttage zum Thema „Leben in Zentralasien“, die vom 25.–28.11. an unserer Schule stattfanden, habe ich zusammen mit weiteren 14 Schülern der 6. Jahrgangsstufe in der Projektgruppe „Wir bauen ein Nomadenzelt“ mitgearbeitet. Herr Rastlos, der die Gruppe leitete, stellte uns die für den Bau erforderlichen Materialien zur Verfügung: Holzpfähle und Holzstangen aus Birkenholz, Federgrasmatten, Filz, Lederriemen und Seile. Am ersten Projekttag galt es, die Holzstangen zu bearbeiten. Zu diesem Zweck wurden wir in drei Gruppen eingeteilt: Die Schüler der ersten Gruppe erhielten die Anweisung, die Birkenstangen auf eine bestimmte Länge zuzusägen, die der zweiten Gruppe sollten die noch unbehandelten Stangen mithilfe von Sandpapier glätten. Die Aufgabe der dritten Gruppe, zu der auch ich gehörte, bestand darin, die zurechtgesägten und geglätteten Stangen mit einem Schutzanstrich zu versehen …

Text 3
Vor ca. einer Woche erhielt ein international tätiger schweizerischer Briefmarkenhändler einen Anruf von einem ihm unbekannten Mann, der ihm eine mehrere Millionen Euro wertvolle Briefmarkensammlung anbot. Diese würde aus einem Nachlass stammen. Bereits bei den ersten Verhandlungen wurde von einer Anzahlung in Höhe von 250.000 € gesprochen. Es wurde in Starnberg am Bahnhof, am Donnerstag, dem 17.01.2002, ein Treffen vereinbart, zu dem der 55-jährige Händler aus der Schweiz anreiste. Dort stieg der

spätere Räuber, ein ca. 35- bis 40-jähriger Mann, in das Fahrzeug, einen blauen Chrysler Voyager, und wollte dem Geschäftsmann zunächst den Weg zu einem Haus zeigen, in dem die wertvolle Sammlung gelagert sei. Nach einer Walddurchfahrt ließ der Unbekannte anhalten, stieg aus, öffnete seinen Aktenkoffer und entnahm daraus eine abgesägte Schrotflinte …

Text 4

Gegen 8.40 Uhr schloss uns Frau Golding, die den Wettbewerb leitete, den Musiksaal auf. Zusammen mit Claudia, die auch die 6c besucht, betrat ich den ovalen, mit nach hinten aufsteigenden Sitzreihen ausgestatteten Raum. Frau Golding ließ uns beide und auch die übrigen acht Sechstklässler, die genau wie wir Klassensieger waren, in der vordersten Reihe Platz nehmen. Unsere Deutschlehrer, die die Jury bildeten, ließen sich auf den Sitzen hinter uns nieder. Nun erklärte uns Frau Golding noch einmal den Ablauf des Wettbewerbs. Zunächst solle jeder Teilnehmer den von ihm zu Hause vorbereiteten Text vorlesen. In einem zweiten Durchgang würde Frau Golding uns dann einen uns unbekannten Text vorlegen. Es musste nur noch die Reihenfolge ausgelost werden, in der wir vorlesen würden. Frau Golding ließ die Kandidaten Karten ziehen, die mit Nummern von eins bis zehn versehen waren. Ich zog die Karte mit der Nummer eins …

Text 5

Washington. Wegen Tierquälerei ist ein 19-Jähriger von einem Gericht im US-Bundesstaat North Carolina zum Lesen aller „Lassie"-Bücher verurteilt worden. Der Angeklagte behauptet, von dem Pitbull seiner Mutter mehrmals gebissen worden zu sein. Sie habe ihren Hund auf ihn losgelassen, weil sie mit seinem Lebenswandel nicht einverstanden gewesen sei. Schließlich habe er sich nicht mehr anders zu helfen gewusst und auf das Tier geschossen, ohne es aber töten zu wollen. Das Gericht sieht es hingegen als erwiesen an, dass der junge Mann den Pitbull seiner Mutter nicht nur erschossen, sondern auch gehäutet und geköpft hat. Das Urteil hat ein unterschiedliches Echo hervorgerufen …

Übung 1

Ordne die fünf Texte den fünf oben genannten Berichtarten zu.

Übung 2

Ergänze die Tabelle.

	Ichform / Er-/Sieform	**Adressat (Empfänger)**
Text 1	Ichform	
Text 2		z. B. ein Freund, die Schülerzeitung
Text 3		
Text 4		
Text 5		

Übung 3

Nenne zwei weitere Berichtarten.

B

3. Der Veranstaltungsbericht I: Die W-Fragen

In der **Einleitung** eines Veranstaltungsberichts gibst du eine knappe Antwort auf folgende W-Fragen:

- **Wann** und **wo** fand die Veranstaltung statt?
- **Wer** war der Veranstalter / beteiligte sich an der Veranstaltung?
- **Was** geschah?
- **Welches Ergebnis** / **Welche Folgen** hatte die Veranstaltung?

Im **Hauptteil** berichtest du Schritt für Schritt, **was** geschah. Du gehst auch auf Hintergründe der Veranstaltung ein.

Im **Schluss** behandelst du die **weiteren Folgen**. Dabei wendest du dich mehr oder weniger direkt an den Leser.

Erst spätabends kommt der zehnjährige Urs nach Hause. Er hat etwas Besonderes erlebt: Mutti, du hast dir doch hoffentlich keine Sorgen wegen mir gemacht! Weißt du, wo ich war? Unten an der Bundesstraße, wir haben Frösche über die Straße getragen, es hat riesig Spaß gemacht. Ständig kommen neue Frösche, die man rübertragen muss. Weißt du, die sind jetzt auf der Wanderung zu ihrem Laichgewässer – immer zwischen Mitte Februar und Mitte Mai. Du bist doch nicht böse, dass ich erst jetzt komme. Hab doch vielen Fröschen das Leben gerettet! Sonst wären sie vielleicht von Autos überfahren worden. Zusammen haben wir über 2200 Tiere in Sicherheit gebracht, dabei waren wir vielleicht gerade mal zu zehnt. Auch mehrere Jungen in meinem Alter waren dabei. Wenn du mir nicht glaubst, dann erkundige dich doch beim Naturkundeverein Bruck, der hat die Aktion geleitet …

Übung 1

Unterstreiche alle Stellen, die auf die W-Fragen eine Antwort geben.

Übung 2

Beantworte nun die folgenden Fragen.

1. Wann fand die Rettungsaktion für die Frösche statt?
2. Wo fand die Aktion statt?
3. Wer war der Veranstalter / beteiligte sich an der der Aktion?
4. Was geschah?
5. Welches Ergebnis / Welche Folgen hatte die Aktion?
6. Was ist der Hintergrund für die Aktion?

Übung 3

Welche beiden Angaben sind zu wenig genau für einen Bericht?

Übung 4

Zwei Tage später berichten zwei Zeitungen über die Froschaktion. In den Einleitungen der beiden Zeitungsartikel bleibt je eine W-Frage unberücksichtigt. Welche?

Froschträger gesucht

Bruck. Vorgestern Nacht folgte fast ein Dutzend Amphibienliebhaber einem Aufruf des Naturkundevereins der Marktgemeinde Bruck, der auch in diesem Jahr Freiwillige sucht, die die Frösche, die im Gruber Weiher ihr angestammtes Laichgewässer haben, über die Bundesstraße tragen. Rund 2200 der glitschigen Tierchen konnten vor dem Tod auf der Straße gerettet werden.

„Schon 144 Frösche hab ich nach drüben gebracht", weiß der 10-jährige Urs zu berichten, und hält seine Plastiktüte in die Höhe, in der es von Amphibien nur so wimmelt. Und flugs ist er wieder über den etwa einen halben Meter hohen Zaun geklettert, hinter dem sich die Frösche und Kröten tummeln. Inzwischen sind die meisten der eingegrabenen Eimer, in die die Frösche hineinplumpsen sollen, leer, aber die Knirpse verdrießt das nicht. Frösche sind auch so genügend zu finden.

Allerdings ist die Zahl fleißiger Froschträger seit Jahren rückläufig. Auch für die nächsten Tage werden noch händeringend Menschen gesucht, die ein Herz für Frösche haben.

Aktion zur Rettung von Fröschen verlief erfolgreich

Grub/Bruck. Auch vorgestern Abend gegen 20 Uhr trafen sich an der Bundesstraße 99 zwischen Grub und Bruck wieder rund 10 Personen, die teils bis zum frühen Morgen Frösche über die Straße trugen. Insgesamt wurden etwa 2200 Tiere auf die andere Straßenseite befördert, von wo aus sie ihre Wanderung zum Gruber Weiher fortsetzen konnten.

Jährlich zwischen Mitte Februar und Mitte Mai passieren Tausende von Fröschen und Kröten auf der Wanderung in ihre angestammten Laichgewässer die B 99. Um die Tiere am Überqueren der viel befahrenen Straße zu hindern, haben Tierschützer schon vor Jahren die nötigen Vorkehrungen getroffen. Zäune wurden errichtet und unmittelbar davor im Abstand von ca. 30 m Eimer eingegraben, in die die Tiere fallen, sobald sie ein Stück am Zaun entlanggewandert sind. Anschließend müssen sie eingesammelt und über die Straße getragen werden.

Allerdings ist die Zahl der Freiwilligen, die sich zu dieser Aufgabe bereitfindet, nach Auskunft des Naturkundevereins Bruck in den letzten Jahren rückläufig.

Übung 5

Nur einer der beiden Zeitungsartikel ist sachlich geschrieben. Welcher? Warum könnte der Autor des anderen Artikels eine unterhaltsame Schreibweise gewählt haben?

....

....

....

....

....

....

4. Der Veranstaltungsbericht II: Adverb, Adverbiale, Gliedsatz, Attribut

Verwende **Adverbien** (Umstandswörter wie *hier, jetzt*), **Adverbialen** (Umstandsbestimmungen wie *zu Hause, nach dem Unterricht*), **Gliedsätze** (Nebensätze) und **Attribute** (Beifügungen wie *groß, schnell*), wenn sie der Verständlichkeit und Genauigkeit des Berichts dienen. Meide sie jedoch, wenn sie persönliche Gefühle ausdrücken.

Übung 1

Um welche Art von Adverbien und Adverbialien handelt es sich? Kreuze an.

	Adverb / Adverbiale des Ortes	Adverb / Adverbiale der Zeit	Adverb / Adverbiale der Art und Weise
eilends	◯	◯	◯
am 18. Februar	◯	◯	◯
gern	◯	◯	◯
darauf	◯	◯	◯
in schriftlicher Form	◯	◯	◯
bald	◯	◯	◯
nach der ersten Pause	◯	◯	◯
an der Tafel	◯	◯	◯
in unserem Klassenzimmer	◯	◯	◯

Übung 2

Setze die Adverbien und Adverbialien in den Text.

Die Klassensprecherwahl

.... haben wir, die Klasse 5a, einen neuen Klassensprecher gewählt. Frau Burger, unsere beliebte Klassenlehrerin, hat die Wahl geleitet. Michael Wachter wurde erster Klassensprecher, Ruth Vogelsang Stellvertreterin. Die Wahl wurde unmittelbar .... durchgeführt. Zunächst wies Frau Burger darauf hin, dass die Wahl .... und geheim erfolgen müsse. Anschließend durften Wahlvorschläge gemacht werden. Insgesamt wurden sechs Mitschüler vorgeschlagen. Trotzdem standen schließlich nur drei Namen ....: Ruth Vogelsang, Jenny Hausmann und Michael Wachter. Die anderen lehnten es ab, zu kandidieren.

Bevor Frau Burger die kleinen, quadratischen Stimmzettel austeilte, erklärte sie noch, dass jeder nur einen Namen .... schreiben dürfe. Auch bat sie uns, die Zettel nur zweimal zu falten. Ein mühsames Öffnen bleibe uns dann erspart. Die Wahl konnte beginnen. Jeder schrieb .... einen Namen auf das Papier und .... lagen alle 26 Stimmzettel in der unansehnlichen Schirmmütze, die ein Mitschüler zur Verfügung gestellt hatte.

Während Franziska Ertl sich .... dazu bereitfand, die Stimmzettel zu öffnen und zu verlesen, setzte Erdal Özgün die Striche hinter die Kandidatennamen. Michael Wachter konnte sich mit 14 Stimmen klar gegen seine Mitbewerber durchsetzen. Ruth Vogelsang wurde mit neun Stimmen Stellvertreterin. Die arme Jenny Hausmann erhielt nur drei Stimmen.

Frau Burger beglückwünschte den freudestrahlenden Michael zur Wahl. Auch wir Mitschüler bekundeten durch lautes Klatschen und Stampfen unsere Zustimmung.

Übung 3

Formuliere die folgenden Satzpaare um, indem du Gliedsätze bildest.

Temporalsatz (Umstandssatz der Zeit: *nachdem, bevor*):
Zunächst wies Frau Burger darauf hin, dass die Wahl in schriftlicher Form und geheim erfolgen müsse. Anschließend durften Wahlvorschläge gemacht werden.

Kausalsatz (Umstandssatz des Grundes: *da, weil*):
Auch bat sie uns, die Zettel nur zweimal zu falten. Ein mühsames Öffnen bleibe uns dann erspart.

Konzessivsatz (Umstandssatz der Einräumung: *obwohl*):
Insgesamt wurden sechs Mitschüler vorgeschlagen. Trotzdem standen schließlich nur drei Namen an der Tafel.

Übung 4

In dem Text sind alle adjektivischen Attribute blau gedruckt. Streiche diejenigen durch, die persönliche Gefühle ausdrücken.

5. Der Veranstaltungsbericht III: Der Stichwortzettel

Bevor du über eine Veranstaltung berichtest, erstellst du einen **Stichwortzettel**. Ein guter Stichwortzettel
- berücksichtigt alle erforderlichen W-Fragen
- enthält nur Informationen, die für den Adressaten wichtig sind
- ist sinnvoll geordnet
- gebraucht (und erklärt) Fachausdrücke
- ist noch nicht in vollständigen Sätzen geschrieben

Die Klasse 5b der Eichendorff-Hauptschule besichtigt die Tropfsteinhöhle Schulerloch. Frau Leucht, ihre Lehrerin, bittet die Schüler, sich unterwegs Notizen zu machen, die später zu einem Bericht verarbeitet werden sollen. Die beste Arbeit wird im Jahresbericht veröffentlicht.

Sandras Stichwortzettel:	**Philipps Stichwortzettel:**
Besichtigung der Tropfsteinhöhle Schulerloch im Altmühltal durch die Klasse 5b der Eichendorff-Hauptschule in Regensburg in Begleitung von Frau Leucht am 6. Juli	Unser Besuch einer Tropfsteinhöhle bei Essing
– Regensburg mit dem Bus ab: 9.34 Uhr – Tropfsteinhöhle an: 10.06 Uhr	– gemütliche Busfahrt zur Tropfsteinhöhle (ca. halbe Stunde Fahrtzeit)
– vom Parkplatz zur Tropfsteinhöhle: 15 Minuten Gehzeit, ziemlich steil bergauf (50 m Höhenunterschied), durch Laubbäume	– vom Parkplatz aus kurze, aber schweißtreibende Wanderung zur Höhle
– vor der Höhle zu besichtigen: originalgetreuer Abguss der Felsgravur aus dem kleinen Schulerloch	– vor der Höhle: Bewunderung einer in einen Felsen geritzten Zeichnung, die aber nicht echt ist
Eintrittspreise: – Erwachsene: 3,00 € inkl. MwSt. – Kinder (4–13 Jahre): 2,00 € inkl. MwSt. – Gruppenkarte ab 20 Kinder (4–13 Jahre): je 1,80 € inkl. MwSt.	– Jeder Schüler muss 1,80 € bezahlen.
Öffnungszeiten: – geschlossen zum Schutz der Fledermäuse bis 31. März – ab 1.4. von 13.00 bis 16.00 Uhr	– Auf mich wirkt die Höhle nicht sehr unheimlich, da sie relativ flach ist und sandige, gut begehbare Wege sowie elektrische Beleuchtung hat.

Infos des Höhlenführers:	Wissenswertes:
– Höhlenlänge 420 m – größter Raum 793 m^3 – Temperatur: immer 9 Grad – Wohnhöhle des Neandertalers und eiszeitlicher Tiere – Stalagmiten: von unten nach oben wachsende Tropfsteine; Stalaktiten: von der Decke herabwachsende Tropfsteine	– ziemlich lang – ziemlich groß – auch im Sommer ziemlich kalt – schon von Menschen und Tieren der Eiszeit bewohnt – überall säulenartige Gebilde; teils von unten nach oben, teils von oben nach unten gewachsen – kurze Musikvorführung: beeindruckende Akustik
– kurz nach 11 Uhr: alle wieder im Bus – in Essing: noch kurze Eispause; Lehrerin fragt nach unseren Eindrücken	– nach knapper Stunde: alle wieder im Bus – Eisessen in Essing, weil wir brav waren

Übung 1

Unterstreiche auf den beiden Stichwortzetteln alle Angaben, die du für den Bericht brauchst. Wenn Sandra und Philipp zum selben Punkt Angaben gemacht haben, musst du dich für eine Seite entscheiden. Überlege dabei genau, welche Informationen einen Leser, der so alt ist wie du, im Jahresbericht interessieren.

Übung 2

Besonders gut an Sandras Stichwortzettel ist, dass er auch Fachausdrücke enthält, die sie unterwegs gelernt hat. Schreibe die Fachausdrücke auf.

....

....

Übung 3

Philipps Stichwortzettel enthält noch zwei vollständige Sätze. Formuliere sie in den Telegrammstil um.

....

....

....

....

Übung 4

Schreibe nun anhand des Stichwortzettels den Bericht.

6. Der Unfallbericht I: Einleitung – Hauptteil – Schluss

Folgender Aufbau ist zu empfehlen:

In der **Einleitung** informierst du knapp über den Unfall:
- **Wann** und **wo** hat er sich ereignet?
- **Wer** war an dem Unfall beteiligt?
- **Was** ist passiert?
- **Welche** Folgen hatte der Unfall?

Im **Hauptteil** berichtest du Schritt für Schritt, **wie** sich der Unfall ereignet hat, also den **Unfallhergang**:
- genaue Bezeichnung der Unfallzeit / des Unfallortes
- Tätigkeit des Verletzten / der Verletzten zur Zeit des Unfalls
- Unfallursache
- Unfallhergang im engeren Sinn
- Art der Verletzungen / Beschädigungen
- Unfallzeugen, eventuell Ansprechen der Schuldfrage

Im **Schluss** behandelst du meist die **weiteren Folgen** des Unfalls für die Verletzten. Und / Oder du bezifferst die Höhe des Sachschadens. Der Schluss kann aber auch einen Appell oder eine Warnung enthalten, je nachdem, wer Adressat des Unfallberichts ist.

Übung 1 **Lies die beiden Artikel und antworte im Telegrammstil.**

Neuwied. Weil er nicht auf die Straße schaute, prallte gestern ein 11-jähriger Junge mit seinem Fahrrad gegen einen parkenden Lkw. Mit schweren Kopfverletzungen wurde er in ein Krankenhaus eingeliefert.

Von einem Porsche erfasst und acht Meter weit durch die Luft geschleudert wurde am Dienstag eine Schülerin, die auf dem Weg zum Gymnasium war. Der Unfall ereignete sich gegen 7.45 Uhr. Die Zehnjährige war gerade dabei, die Saarstraße in Höhe des Amtsgerichts auf dem Zebrastreifen zu passieren, als der von links kommende Porschefahrer sie wegen eines parkenden Sattelschleppers übersah. Das Mädchen liegt ohne Bewusstsein und mit lebensbedrohlichen Verletzungen im Krankenhaus.

	1. Artikel	**2. Artikel**
Wann hat sich der Unfall ereignet?	gestern	
Wo hat sich der Unfall ereignet?		auf Zebrastreifen in Saarstraße Höhe Amtsgericht

Wer war das Unfallopfer?		
Was ist passiert?		
Welche Folgen hatte der Unfall?		

Übung 2

Formuliere für die Wandzeitung deiner Schule anhand der vorgegebenen Begriffe jeweils die Einleitung für einen Bericht.

7. Juli, Pausenhalle, Schüler der Klasse 6d, linker Arm ausgerenkt, bis zu den Sommerferien vom Sportunterricht freigestellt

5. Mai, Bushaltestelle vor der Schule, zwei Gastschülerinnen aus Frankreich, von Skinhead mit Messer leicht verletzt, sofortige Rückkehr nach Frankreich

27. Oktober, Physiksaal, Studienrat Gasmeier, Verbrennungen am Kopf durch Explosion von Wasserstoff-Sauerstoff-Gemisch, möglicherweise Narben im Gesicht

Übung 3

Verbinde die Stichpunkte zum Unfallhergang mit Linien.

Unfallort	Tätigkeit	Unfallursache	Unfallhergang	Verletzung
Türschwelle vor Turnhalle	Zahnradbahnfahren	Felsen auf Gleis	Aufprallen	Prellungen und Quetschungen
Schneejoch	Springen vom Fünfmeterbrett	Wasseroberfläche	Entgleisen und Umkippen	Hautaufschürfungen an Knie
Blausee	schnelles Laufen	Türschwelle	Stürzen	Aussetzen der Atemtätigkeit

Übung 4

Bestimme die Art des Schlusses und den Empfänger. Kreuze an.

	Warnung	Appell	Schulleiter	Versicherung
Sorgen Sie für eine Absperrung zwischen Gehweg und Straße, die es unmöglich macht, vom Pausenhof direkt zur Bushaltestelle zu laufen.	○	○	○	○
Ich habe nun nachgewiesen, dass meinem Sohn Krankengeld zusteht. Falls Sie sich weigern, zu zahlen, werde ich meinen Anwalt einschalten.	○	○	○	○

B 7. Der Unfallbericht II: Stichwortnotizen verarbeiten

Jörg ist Pferdenarr. Am liebsten verbringt er seine Osterferien in Idorf, wo sein Onkel einen Hof mit Pferdestall besitzt. Heute (21.4.2001) ist Jörgs letzter Ferientag. Er will sich von den Tieren verabschieden, da bemerkt er, dass die Nachbarscheune (Dorfstraße 20) brennt, in der auch ein Pferdestall untergebracht ist. Sein Onkel alarmiert die Feuerwehr. Jörg vermutet Brandstiftung, als er bemerkt, dass die Tür zum Pferdestall ordentlich verschlossen ist. Er will zur Aufklärung des Falls beitragen und schreibt für Polizei und Medien einen Unfallbericht. Mithilfe seiner Sofortbildkamera dokumentiert er alles.

Übung 1

Zu jedem der sechs Bilder macht sich Jörg Stichwortnotizen. Wie könnten sie lauten? Verwende die Begriffe im Kasten.

Tanklöschfahrzeuge	Pferde befreien	Strahlrohre	Einsturzgefahr
Nachbargemeinden	Atemschutzgeräte	Löscharbeiten	Dach

1. Scheune in Rauch gehüllt
2. Idorfer Feuerwehrmänner beginnen mit ....
3. ....
4. ....
5. ....
6. ....

Übung 2 **Berichte anhand der Stichwortnotizen den Unfallhergang. Sprich auch die Schuldfrage an. Schreibe in der Ichform.**

Übung 3 **Ein Artikel in der Regionalzeitung und das Untersuchungsergebnis der Kripo (siehe unten) bewegen Jörg dazu, einen zweiten Unfallbericht zu schreiben, den er ins Internet stellen will, um alle Pferdefreunde zu warnen.**

Scheune niedergebrannt – Pferde starben in den Flammen

Idorf. Ein Großfeuer vernichtete gestern Abend eine Scheune an der Dorfstraße 20 in Idorf. Insgesamt 60 Feuerwehrleute kämpften gegen die Flammen. Dennoch brannte die Scheune bis auf die Grundmauern nieder. In den Flammen starben mehrere Pferde, der Schaden beträgt etwa eine halbe Million Euro. Die Brandursache ist noch unklar.

Um 18.30 heulten die Sirenen. Obwohl die Idorfer Feuerwehr wenig später mit den Löscharbeiten begann, wurde das Dach des Gebäudes ein Raub der Flammen. Erst nach dem Eintreffen der Nachbarwehren, die eine Drehleiter und vier Tanklöschfahrzeuge in Stellung brachten, konnten die Flammen mit zahlreichen Strahlrohren unter Kontrolle gebracht werden. Mehrere Trupps drangen mit Atemschutzgeräten in das Innere des Gebäudes ein, um die Pferde zu retten. Der Versuch musste jedoch wegen Einsturzgefahr abgebrochen werden.

Jörg ist stolz darauf, dass ihm der Artikel in der Darstellung des Unfallhergangs weitgehend folgt, ärgert sich aber darüber, dass die Brandursache offen bleibt. Wenige Wochen später muss er erfahren, dass die Kripo zu dem Ergebnis gekommen ist, dass zwei zündelnde Kinder den Brand ausgelöst haben. Jörg hält in Stichwortnotizen fest, was dagegen spricht:

- Tür zu Pferdestall ordentlich verschlossen, als Feuerwehr eintrifft
- genauer Tatort kein Zufall: Feuer wahrscheinlich in leer stehender Pferdebox in Stallmitte gelegt (unter Hitzeeinwirkung von der Wand gefallener Putz), von hier aus für Flamme gute Möglichkeit, sich zu beiden Seiten der Stallgasse auszubreiten
- Tatzeit (gegen 18 Uhr) kein Zufall: Stallhilfe verlässt Gebäude gegen 17.15 Uhr, Pferdebesitzer schauen wochentags erst nach 19 Uhr nach Tieren
- Pferdeboxen zugenagelt

Diesmal fasst Jörg den Unfallhergang nur kurz zusammen, dafür behandelt er die Schuldfrage ausführlich. Statt der Ichform wählt er die Er-/Sieform. Wie könnte der Bericht (mit Einleitung und Schluss) lauten? Orientiere dich an der Regel auf S. 76.

8. Der Unfallbericht III: Zeugenaussagen verarbeiten

In der Schnorrstraße hat sich vor dem Haus mit der Nummer 13 ein Unfall ereignet. Als Polizeikommissar Hauner die Unfallstelle erreicht, weist nur noch das Fahrrad, ein blaues Citybike, auf das Ereignis hin: Die Gabel ist verbogen. Der Radfahrer liegt inzwischen im Kreiskrankenhaus. Der Polizist ist auf Zeugenaussagen angewiesen. Zunächst befragt er Frau Grämlich (79), die Hundehalterin. Dann wendet er sich an Frau Ehrlein (51), die in dem Haus gegenüber wohnt. Sie berichtet:

„Also, ich steh ganz friedlich auf meinem Balkon, halb sechs muss es gewesen sein, und gieße meine Geranien, da hör ich was scheppern. Ich denk natürlich, die Jungen von gegenüber machen Krach, und guck rüber. Aber die stehen mit ihren Tischtennisschlägern brav am Gartenzaun und gaffen auf die Straße. Oje, da liegt ja wer. Ist mit seinem Rad gestürzt. Ein junger Mann, vielleicht 20 Jahre alt. Kein Wunder, sehen Sie nur das Schlagloch dort, da muss er gar nicht mal schnell gefahren sein. Nur gut, dass ihm nichts weiter passiert ist, denk ich noch. Hab's kaum fertig gedacht, da taucht dieser Köter auf. Fällt den Mann von hinten an und beißt ihn in den Kopf. Aber damit nicht genug. Mit seiner hässlichen Fresse beißt er den hilflos am Boden Liegenden auch noch in den rechten Oberschenkel. Der kann nicht einmal mehr aufstehen. Vollkommen grundlos, im Blutrausch, ich hab's mit eigenen Augen gesehen, Herr Wachtmeister, ich schwör's Ihnen. Wie grimmig das Monster schon dreinschaut. Sie, ich sag Ihnen, das Biest ist gemeingefährlich, das gehört polizeilich erschossen. Na, und darum hab ich Sie angerufen. Und auch den Notarzt hab ich verständigt."

Übung 1

Als Gedächtnisstütze notiert Kommissar Hauner Stichpunkte. Notiere die Version von Frau Ehrleins Zeugenaussage selbst.

Unfallort: 31224 Peinstadt, Schnorrstraße, vor dem Haus mit der Nummer 13
Unfallzeit: 15.5., ca. 17.30 Uhr
Beteiligte: Radfahrer (junger Mann, ca. 20), Hund (Boxer)
Unfallgeschehen: Radfahrer stürzt, dann von Hund in Kopf und Oberschenkel gebissen
Unfallhergang:

Version Frau Grämlich: Gassi gehen wie jeden Abend, aus Garten von Haus Nr. 13 läuft kleines, rundes, weißes Tierchen über Gehsteig und zwischen zwei parkenden Autos hindurch auf Straße, Hund rennt hinterher, Radfahrer fährt ihm in Seite und stürzt, Kopfverletzung, Hund fühlt sich schuldlos angegriffen, beißt in Oberschenkel

Version Frau Ehrlein: ....

....

....

....

Die Sache mit dem kleinen, runden, weißen Tierchen kommt Polizeikommissar Hauner wenig glaubwürdig vor. Frau Ehrlings Darstellung des Unfallhergangs hält er für die wahrscheinlichere. Da er aber auch ihr nicht ganz traut, relativiert er seine Aussagen.

Übung 2

Formuliere den Unfallhergang anhand von Frau Ehrleins Zeugenaussage zu Ende. Relativiere mithilfe der vorgegebenen Wörter.

möglicherweise	könnte	offenbar
unter Umständen	womöglich	dürfte

Der junge Mann fuhr offenbar durch ein Schlagloch und verlor dadurch das Gleichgewicht, sodass er stürzte.

Frau Grämlichs Zeugenaussage lässt der Polizist in indirekter Rede folgen. Dadurch macht er deutlich, dass er sich davon distanziert.

Übung 3

Schreibe den Unfallhergang nach Frau Grämlichs Zeugenaussage zu Ende. Verwende zur Wiedergabe der indirekten Rede den Konjunktiv ohne *dass*.

Ganz anders allerdings stellt Frau Grämlich, die Hundehalterin, den Unfallhergang dar. Als sie mit ihrem Hund Gassi gegangen sei wie jeden Abend, sei aus dem Garten des Hauses mit der Nummer 13 plötzlich ein

Noch einmal untersucht Herr Hauner die Unfallstelle. Die beiden Autos vor dem Gehsteig sind inzwischen fortgefahren. Im Rinnstein entdeckt er etwas Kleines, Rundes, Weißes – einen Tischtennisball. Polizeikommissar Hauner geht ein Licht auf. Dir auch?

Übung 4

Verfasse den vollständigen Unfallbericht gemäß deinem neuen Erkenntnisstand. Orientiere dich an der Regel von S. 76. Den Schluss darfst du frei erfinden.

C Die Beschreibung: Überblick verschaffen

1. ... über das Beschreiben

Darum gehts!

Die **Vorgangsbeschreibung** begegnet dir im täglichen Leben immer wieder, zum Beispiel in Form einer Spielanleitung oder einer Gebrauchsanweisung. Ein Bewunderer deiner Kochkünste freut sich bestimmt über ein selbst geschriebenes Kochrezept von dir.
Durch die **Gegenstandsbeschreibung** lernst du, die Dinge um dich herum genau zu beobachten und mit den treffenden Worten zu bezeichnen. Wenn du gut darin bist, macht dir das sicher Spaß.

Vorgangs-beschreibung

Im Bericht informierst du über ein einmaliges (konkretes) Ereignis der Vergangenheit, das an einem bestimmten Ort stattgefunden hat. In der **Vorgangsbeschreibung** gibst du hingegen einen Vorgang **allgemeingültig** (abstrakt) wieder, sodass er in **Zukunft** an **verschiedenen** Orten durchgeführt werden kann. Vorgangsbeschreibungen sind fachliche Anleitungen. Das bedeutet, dass du

- statt des Präteritums das **Präsens** verwendest
- von allem Einmaligen und Zufälligen absiehst (abstrahierst)
- dich **klar** und **verständlich** ausdrücken musst
- nicht wie beim Bericht in bereits vorgegebener zeitlicher (chronologischer) Reihenfolge berichten kannst, sondern die Handlungsschritte selbst in eine **sinnvolle chronologische Reihenfolge** bringen musst
- dir bestimmte Fachausdrücke aneignen musst, vor allem auch Verben (Zeitwörter)

Gegenstands-beschreibung

Während du in der Vorgangsbeschreibung einen bewegten Vorgang allgemeingültig (abstrakt) wiedergibst, beschreibst du in der **Gegenstandsbeschreibung** einen **ruhenden** Gegenstand oder auch Tiere möglichst genau. Die einzelnen Bestandteile des Gegenstands kennt oft nur der Fachmann mit ihrem Namen. Das bedeutet, dass

- du dein Augenmerk vor allem auf das Besondere und Charakteristische richtest
- es keine chronologische Reihenfolge mehr gibt; beginne beim Gesamteindruck, beschreibe dann erst Einzelheiten
- du dir bestimmte Fachausdrücke aneignen musst, vor allem Substantive (Hauptwörter) und Adjektive (Eigenschaftswörter), die die Substantive näher charakterisieren

2. ... über die Arbeitsschritte: Checkliste

So klappts!

1. Thema erschließen
- Themenstellung mehrmals aufmerksam lesen
- Was soll beschrieben werden? (Ein Vorgang? Ein Gegenstand? Eine Person? Auch wie die Person angezogen ist?)
- Welchem Zweck dient die Bescheibung, wer ist ihr Empfänger?
- In der Ichform oder in der Er-/Sieform schreiben?
- Soll die Beschreibung knapp oder ausführlich sein?

2. Stoff sammeln und ordnen
- Alles, was dir zum Vorgang / Gegenstand einfällt, in Form ungeordneter Stichpunkte notieren
- Informationen über den Vorgang / Gegenstand aus Sachtexten, Wörterbüchern usw. herausschreiben
- Benötigte Fachausdrücke aus Lexika usw. herausschreiben
- Stichpunkte notieren
- Die für die Beschreibung verwertbaren Notizen unterstreichen, herausschreiben, kürzen, ergänzen, sinnvoll ordnen

3. Passende Einleitung und passenden Schluss finden
- Einleitung: das Interesse des Lesers für die Beschreibung wecken; Angaben machen, die für den beschriebenen Vorgang / Gegenstand von allgemeiner Bedeutung sind
- Schluss: ergänzende Tipps geben

4. Beschreibung ausformulieren
- Einleitung und Schluss dürfen nicht zu lang sein
- Auf die Einhaltung einer sinnvollen Reihenfolge achten
- Die einzelnen Handlungsschritte möglichst auch begründen (Vorgangsbeschreibung) bzw. auf die Funktion des beschriebenen Gegenstandes eingehen (Gegenstandsbeschreibung)
- Sich aufs Wesentliche konzentrieren, dabei aber keine für den Empfänger wichtige Information vergessen
- Sachlich schreiben (keine Gefühle oder persönlichen Eindrücke)
- Genau schreiben (z. B. mithilfe von Adverbien, Attributen)
- Verständlich schreiben (keine komplizierten Schachtelsätze)
- Wortwiederholungen vermeiden

5. Durchchecken
- Überprüfen, ob die Beschreibung alle für den Adressaten wichtigen Informationen enthält (unwichtige Einzelheiten streichen)
- Sätze möglichst nicht unverbunden nebeneinander stehen lassen, sondern mit Wörtern wie *nun, darauf, aber* verbinden
- Rechtschreib- und Grammatikfehler verbessern

D Die Vorgangsbeschreibung

1. Vom Bericht zur Beschreibung

Der Bericht	Die Vorgangsbeschreibung
• informiert über ein bestimmtes Ereignis in der Vergangenheit, das an einem bestimmten Ort stattgefunden hat • steht im Präteritum	• informiert über einen wiederholbaren Vorgang, der nicht an eine bestimmte Zeit und einen bestimmten Ort gebunden ist • steht im Präsens

Lea hat eine Halloween-Party veranstaltet. Alle waren begeistert. Am nächsten Tag erhält sie eine E-Mail von Olaf. Am meisten haben ihn die riesigen Kürbislampen beeindruckt. Er bittet sie, ihn in die Kunst des Kürbiszüchtens einzuweihen. Lea mailt zurück:

1. Gern will ich dir Schritt für Schritt berichten, wie ich es in diesem Jahr geschafft habe, so riesige Kürbisse zu ernten.
2. Zunächst kümmerte ich mich um die für die Anzucht erforderlichen Dinge: Komposterde, Düngemittel, Joghurtbecher und natürlich Kürbiskerne. 3. Dabei stand mir aus unserem hauseigenen Komposthaufen gewonnene Erde zur Verfügung, geeignetes Düngemittel entdeckte ich im Keller. 4. Die Joghurtbecher, insgesamt 7, zog ich einfach aus dem Küchenmüll. 5. Nur die Kürbiskerne musste ich kaufen.
6. Am 1. April, einem sehr sonnigen Tag, konnte ich dann beginnen. 7. Ich füllte die Joghurtbecher mit der Komposterde und steckte je drei Kürbiskerne hinein. 8. Anschließend stellte ich das Ganze an einen möglichst sonnigen und geschützten Platz für die Keimung. 9. Einen solchen fand ich auf der Fensterbank unseres nach Süden gelegenen Wohnzimmers. 10. Nur gut eine Woche später, nämlich am 10. April, hatten bereits alle Kerne zu keimen begonnen, was gewiss auch an dem schönen Wetter lag.
11. Nun gab ich den jungen Pflanzen bereits zum ersten Mal Dünger, um dies von jetzt an alle zwei bis drei Tage zu wiederholen. 12. Am 20. Mai schließlich setzte ich die kräftigsten Pflanzen aus. 13. Von den insgesamt 21 allerdings nur 7 – mehr Kürbisse anzubauen hatten mir meine Eltern aus Platzgründen verboten. 14. Ich steckte sie rings um den Komposthaufen im Abstand von ca. 70 cm in Pflanzlöcher, die ich zuvor ausgehoben und mit Komposterde angefüllt hatte. 15. Von nun an hieß es: Nur nicht vergessen, die Kürbisse ausreichend zu gießen. 16. Aber mit Gießen allein war es nicht getan. 17. Ich düngte meine Kürbisse auch mit einer Jauche aus Brennnesseln und Beinwell, einem sehr wirksamen Düngemittel. 18. Dabei folgte ich einem Ratschlag meines Großvaters. 19. Am 15. Oktober war es dann so weit: Ich erntete sieben riesige Kürbisse.

Die Biologielehrerin bekommt Wind von der erfolgreichen Kürbiszucht. Sie bittet Lea, für die Wandzeitung im Biologiesaal eine Vorgangsbeschreibung über das Züchten von Kürbissen zu verfassen. Lea beschließt, ihre E-Mail einfach umzuformulieren.

Übung 1

Welche Sätze der E-Mail kann Lea in der Beschreibung nicht verwenden, da sie nur persönliche Umstände (Einmaliges und Zufälliges) widerspiegeln? Streiche sie durch.

Übung 2

Für eine Beschreibung sind viele Zeitangaben in dem Bericht zu präzise. Wandle sie in weniger präzise Zeitangaben um.

am 1. April — Ende März bis Anfang April

am 10. April ....

am 20. Mai ....

am 15. Oktober ....

Übung 3

Leas Bericht an Olaf enthält kaum Begründungen für die einzelnen Arbeitsschritte. Nach welchen Sätzen könnten folgende Begründungen stehen?

	nach Satz
Kürbisse sind nämlich immer hungrig; man kann sie kaum überdüngen.	Nr. ....
Wenn die Kürbisse in der Nähe des Komposthaufens wachsen, bekommen sie nämlich genügend Nährstoffe.	Nr. ....
Kürbiskerne keimen nämlich am besten bei 22 bis 25 Grad.	Nr. ....

Übung 4

Wie könnte Leas Beschreibung für die Wandzeitung lauten? Formuliere den Bericht in eine Vorgangsbeschreibung in der Ichform um. Berücksichtige die bisherigen Ergebnisse.

Übung 5

Setze folgende Arten der Vorgangsbeschreibung in die Lücken: Arbeitsanweisung, Bastelanleitung, Kochrezept.

Wenn ich beschreibe, wie man ...

... aus Kürbissen eine Suppe zubereitet, verfasse ich ein ....

... Kürbiskernöl herstellt, verfasse ich eine ....

... aus dem Kürbis die Kürbislampe macht, den sogenannten „Jack O'Lantern", verfasse ich eine ....

D 2. Das Kochrezept

In der **Einleitung** weckst du Interesse für das Gericht.

Im **Hauptteil**
- zählst du die Zutaten mit Mengenangaben auf; dabei gibst du auch an, für wie viele Personen das Rezept berechnet ist
- zählst du eventuell auch die Geräte (Geschirr, Besteck, Küchenmaschinen) auf, die du benötigst
- beschreibst du die Zubereitung Schritt für Schritt

Im **Schluss** kannst du einen Serviervorschlag machen und Tipps geben, wie das Gericht am besten gelingt.

Übung 1

Setze die Verben (Zeitwörter) in die Lücken des folgenden Hauptteils eines Kochrezepts.

ausrollen, hineinbröckeln, mischen, begießen, gehen lassen, hochdrücken, verkneten, drücken, dazugeben, auslegen

Die Zubereitung des Pizzateigs

400 g Weizenvollkornmehl mit einem halben Teelöffel Salz .... In die Mitte eine Mulde ...., 20 g Hefe ...., mit vier Esslöffeln lauwarmen Wassers .... Warten, bis sich die Hefe aufgelöst hat, dann 200 ml Wasser und 4 Esslöffel Olivenöl .... Alle Zutaten schnell zu einem Hefeteig .... Den Teig an einem warmen Ort zugedeckt 15 Minuten ...., noch einmal durchkneten. Dann auf einem bemehlten Brett ...., ein gefettetes Backblech damit ...., den Rand .... Weitere 15 Minuten gehen lassen.

Übung 2

Schreibe eine Einleitung zu dem Rezept für den Pizzateig. Folgende Stichwörter können dir dabei helfen:

- Grundlage für die Pizza, vor allem bei Kindern und Jugendlichen beliebt
- gesund, falls aus Vollkornmehl gebacken, weil ballaststoffreich

....

....

....

....

Übung 3

Zähle die Zutaten auf, die du für den Pizzateig brauchst. Nenne auch die Mengenangaben, aber nicht abgekürzt wie in Übung 1, sondern ausgeschrieben.

Zur Herstellung eines Pizzateigs für 4 Personen brauche ich folgende Zutaten:

400 Gramm Weizenvollkornmehl

....

....

....

....

....

Übung 4

Schreibe das Rezept aus Übung 1 in die Ichform um. Verwende dabei Zeitadverbien (Umstandswörter der Zeit) und Nebensätze.

Zunächst mische ich 400 g Weizenvollkornmehl mit einem halben Teelöffel Salz. Nun drücke ich in die Mitte des Gemisches eine Mulde und bröckele 20 g Hefe hinein, die ich mit 4 Esslöffeln lauwarmen Wassers begieße. Sobald sich die Hefe aufgelöst hat, …

Übung 5

Die abgebildeten Zutaten können als Pizzabelag dienen. Du musst sie nur noch zerkleinern. Ordne zu.

Den Käse reibe ich.

.... schneide ich in dünne Scheiben.

Die Salami schneide ich in ....

.... schneide ich in Scheiben.

.... presse ich durch.

.... hacke ich.

Die belegte Pizza brauchst du nur noch in das auf 220 Grad vorgeheizte Backrohr zu schieben. In 20 Minuten ist sie fertig. Guten Appetit!

Übung 6

Welcher Schluss gefällt dir am besten? Kreuze an.

- ○ Am besten schmeckt die Pizza, wenn sie ganz frisch aus dem Ofen kommt.
- ○ Ich rate davon ab, die Pizza in der Mikrowelle zu backen. Im Backrohr kann sie ihr Aroma viel besser entfalten.
- ○ Man kann die Pizza mit verschiedenen Käsesorten belegen. Dabei darf Mozzarella niemals fehlen.

3. Die Spielanleitung

In der **Einleitung**
- weckst du Interesse für das Spiel
- nennst du Spielort, Spieldauer und Spielerzahl
- gibst du eine Altersempfehlung

Im **Hauptteil**
- zählst du die benötigten Gegenstände auf
- beschreibst du die Spielvorbereitung mit der Aufteilung der Spieler
- beschreibst du den Spielverlauf und zählst alle Gebote und Verbote auf

Im **Schluss**
- benennst du das Ziel des Spieles (Wer ist Sieger?)
- gehst du eventuell auf Spielvarianten ein

Eure Klasse veranstaltet eine Feier. Zu diesem Zweck soll jeder Schüler eine Spielanleitung für ein interessantes Spiel schreiben. Der Lehrer entscheidet, welche der vorgeschlagenen Spiele auf der Fete gespielt werden. In einem Spielebuch deiner Großmutter entdeckst du folgende altertümlich geschriebene Spielanleitung:

Montagsmaler

Spielerzahl: 4 bis 20, ein Spielleiter
Mindestalter: 8 Jahre
Spielvorbereitung: Der Spielleiter schreibe auf 20 leere Kärtchen je ein Hauptwort, z. B. „Hund", er teile die Spieler in zwei gleich große Gruppen auf, Gruppe A und Gruppe B.
Spielverlauf: Der Spielleiter lasse nun abwechselnd einen Mitspieler aus Gruppe A und einen aus Gruppe B eines der Kärtchen ziehen. Wer ein Kärtchen gezogen hat, skizziere den Begriff so an der Tafel, dass seine eigene Gruppe ihn möglichst schnell errät. Es ist jedoch nicht gestattet, durch Worte oder Gesten der eigenen Partei auf die Sprünge zu helfen. Gelingt es einem Mitspieler der eigenen Gruppe, den Gegenstand innerhalb der festgesetzten Zeit (z. B. 2 Minuten) zu erraten, bekommt die ganze Gruppe einen Strich, den der Spielleiter unter einem großen A für Gruppe A bzw. einem großen B für Gruppe B an der Tafel vermerke.
Gewonnen hat die Gruppe, die nach der Darstellung aller Begriffe mehr Striche erzielt hat.

Übung 1

Viele Verben (Zeitwörter) stehen hier im Konjunktiv (Möglichkeitsform). So schreibt man eine Spielanleitung heute nicht mehr. Unterstreiche die betreffenden Verben.

Übung 2

Welche der oben in der Regel genannten Bestandteile fehlen in der Spielanleitung? Kreuze an.

○ Interesse für das Spiel wecken
○ Spielort (und Spieldauer) nennen
○ Spielerzahl nennen
○ Spielgegenstände aufzählen
○ Spielvorbereitung beschreiben
○ Spielverlauf beschreiben

Übung 3

Im Schluss kannst du auf Spielvarianten eingehen. Welcher der drei folgenden Vorschläge dazu gefällt dir am besten?

Du probierst das Spiel in einer Freistunde zusammen mit ein paar Freundinnen aus, aber es wird bald langweilig: Zu schnell werden die meisten Begriffe erraten. Ihr diskutiert darüber, wie man es verbessern kann.

Anja schlägt vor, statt irgendwelcher Substantive (Hauptwörter) nur „Teekessel" zu verwenden, also Substantive, die zwei verschiedene Bedeutungen haben (z. B. Bank = 1. Sitzbank, 2. Geldinstitut).

Beate schlägt vor, statt der Gegenstände selbst nur ihre Attribute zeichnen zu lassen, also z. B. statt eines Königs eine Krone.

Clara schlägt vor, statt einfacher Substantive zusammengesetzte Substantive zu verwenden. Man könne den Begriff dann entweder als ganzen zeichnen oder aber seine Bestandteile einzeln.

Der Verbesserungsvorschlag von .... gefällt mir am besten.

Übung 4

Verbessere nun die Spielanleitung aus dem Buch der Großmutter, indem du

- **sie als durchgehenden Text formulierst**
- **keinen Konjunktiv verwendest (s. Übung 1)**
- **die fehlenden Bestandteile selbstständig ergänzt (s. Übung 2)**
- **den Verbesserungsvorschlag, der dir am besten gefällt, am Ende der Spielanleitung als Spielvariante anführst (s. Übung 3)**

D 4. Die Bastelanleitung

In der **Einleitung**
- weckst du Interesse für die Bastelarbeit
- gibst du eventuell eine Altersempfehlung

Im **Hauptteil**
- zählst du die benötigten Materialien und das benötigte Werkzeug auf (eventuell auch Hilfsmittel, wie z. B. Klebstoff)
- beschreibst du die Arbeitsschritte in der richtigen Reihenfolge

Im **Schluss**
- kannst du auf die künstlerische Ausgestaltung eingehen
- weist du eventuell auf anfallende Wartungsarbeiten hin

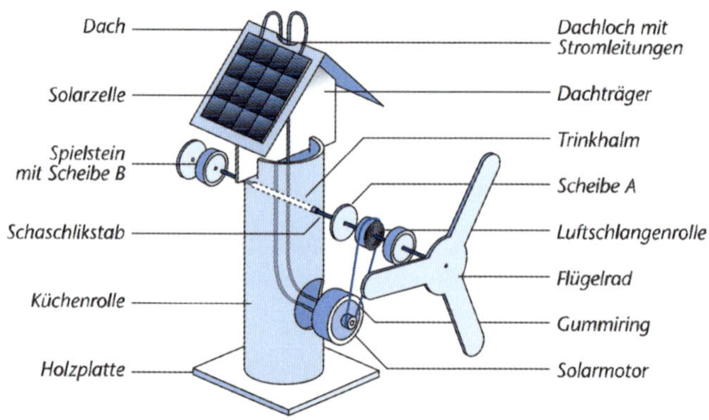

Abb. 1

Übung 1

Formuliere folgende Aufzählung der beim Basteln eines Solarrads benötigten Gegenstände um, indem du diese in Materialien, Werkzeug und sonstige Hilfsmittel unterteilst.

Zum Basteln eines Solarrads brauchst du folgende Gegenstände:
einen Solarmotor mit Triebrad (sollte ab 0,15 Volt / 0,01 Amper laufen), eine eingebettete Solarzelle (Spannung mindestens 0,5 Volt), eine Schere, einen Bleistift, eine quadratische Holzplatte (Seitenlänge ca. 10 cm), Klebstoff, eine Küchenrolle (ohne Papier, auf 13 cm Länge gekürzt), dünnen Karton, einen Kunststofftrinkhalm (auf 5 cm gekürzt), nach Möglichkeit eine Lochzange, einen Schaschlikstab (auf 72 mm gekürzt), zwei Spielsteine aus dem Mühlespiel, eventuell Farben bzw. Aufkleber, eine Luftschlange und einen dünnen Gummiring (Durchmesser 5 cm).

Übung 2

Formuliere den zweiten Arbeitsschritt aus.
Formuliere den dritten Arbeitsschritt mithilfe der Abbildungen.

1. Arbeitsschritt: Den Mantel des Solarrads herstellen
In die Küchenrolle, die der Mantel des Solarrads wird, sind drei Löcher zu schneiden, deren Mittelpunkte du dir am besten zunächst mit einem Bleistift markierst. Der Mittel-

punkt des größeren Loches (für den Motor) liegt 3 cm oberhalb des unteren Mantelrands. Die Mittelpunkte der beiden kleineren Löcher (für den Trinkhalm) liegen 2 cm unterhalb des oberen Rands: Das eine muss sich senkrecht über dem größeren Loch befinden, das andere ihm gegenüber. Die Durchmesser der drei Löcher sind so zu wählen, dass Motor bzw. Trinkhalm festen Halt darin finden, auch ohne angeklebt zu werden. Außerdem schneidest du am oberen Rand die beiden zwei Zentimeter langen, senkrechten Schlitze in den Mantel, in die später der Dachträger gesteckt wird. Auch sie liegen einander gegenüber, und zwar zu den beiden kleineren Löchern um eine viertel Drehung versetzt. Den so präparierten Mantel klebst du auf die Holzplatte und steckst Motor und Trinkhalm in die Löcher.

2. Arbeitsschritt: Das Dach mit der Solarzelle montieren

aus Karton ausschneiden:
Dach

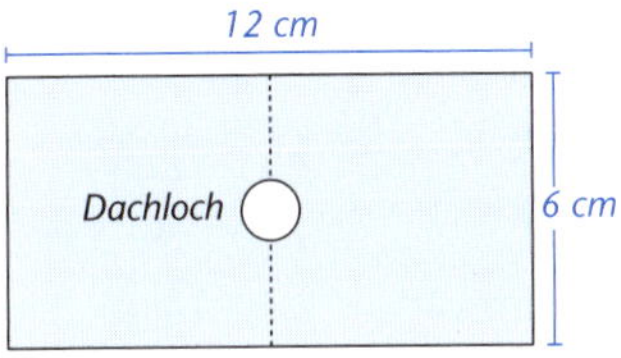

Abb. 2

aus Karton ausschneiden:
Dachträger

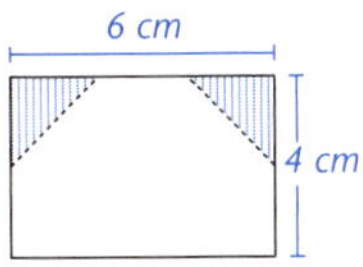

Abb. 3

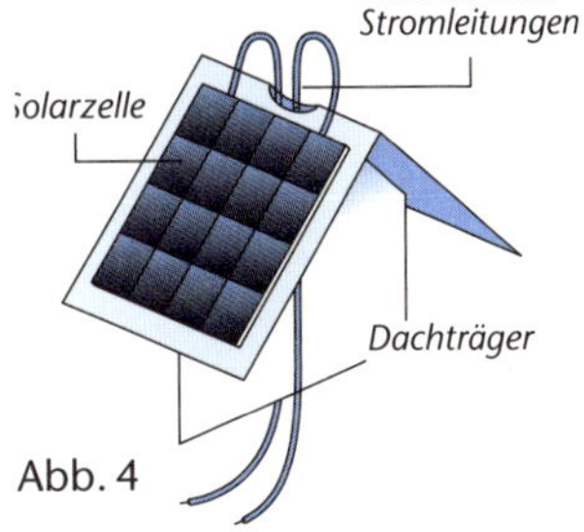

Abb. 4

- Dach (Abb. 2) aus Karton ausschneiden und in Mitte abknicken
- Stromleitungen der Solarzelle von oben durch Dachloch führen
- Solarzelle auf eine der beiden Dachhälften kleben, schraffierte Dachträger-Dreiecke (Abb. 3) abknicken, als Klebeflächen verwenden
- Dachträger von unten in Dach hineinkleben (Abb. 4)
- warten bis Klebstoff trocken, Dachträger in Mantelschlitze stecken
- Stromleitungen von Solarzelle mit Stromleitungen von Motor verbinden, Enden der gleichfarbigen Leitungen miteinander verdrehen

3. Arbeitsschritt: Das Flügelrad mit Achse herstellen

aus Karton ausschneiden:

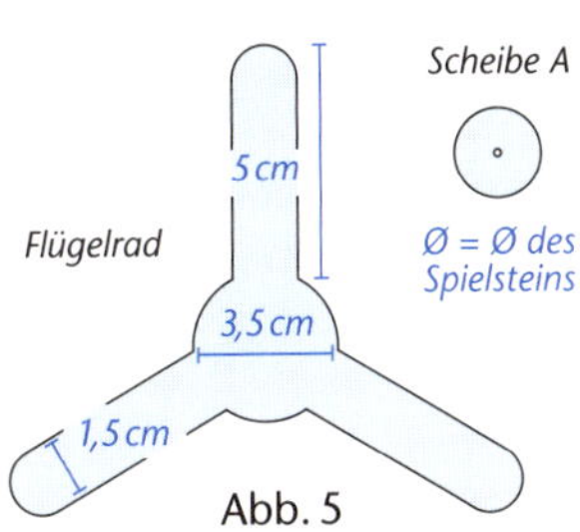

Abb. 5

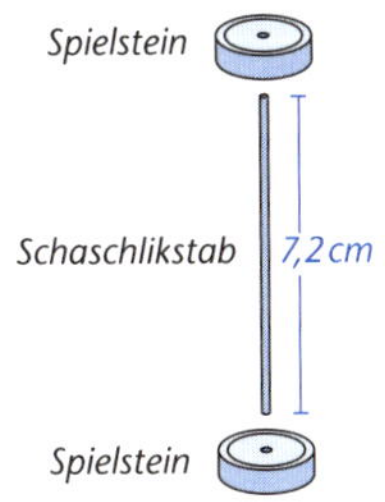

Abb. 6

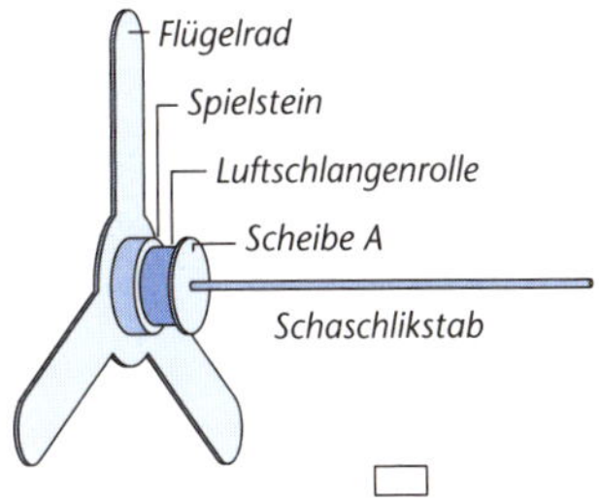

Abb. 7

4. Arbeitsschritt: Das Solarrad fertigstellen
Was jetzt noch zu tun ist, kannst du dir wahrscheinlich schon denken, wenn nicht, sieh mal im Lösungsteil nach.

D 5. Bewegungsabläufe / sportliche Übungen beschreiben

In der **Einleitung** weckst du Interesse für den Bewegungsablauf / die sportliche Übung.

Im **Hauptteil**
- beschreibst du die Vorbereitungen und benennst die dabei erforderlichen Gegenstände
- beschreibst du Schritt für Schritt den Bewegungsablauf. Dabei betrachtest du
  - die Formationen einzelner Körperteile in verschiedenen Bewegungsphasen
  - die Positionen mehrerer Körperteile zueinander und im Raum
  - die Positions- und Formationsveränderungen der Körperteile von Bewegungsphase zu Bewegungsphase

Im **Schluss** kannst du eigene Erfahrungen einbringen, z. B. Tipps geben, wie eine Übung besonders gut gelingt.

Übung 1

Unterstreiche das Verb und die Geschwindigkeitsangabe, die dir am besten zum Anlauf zu passen scheinen.

Zunächst	trippelt eilt läuft	der Weit- springer	zügig mit möglichst großer Geschwindigkeit mit einem Affenzahn	zum Absprung- balken.

Übung 2

Ordne den Abbildungen zu.

1. Sprungbein gestreckt, Schwungbein stark angewinkelt — Nr. ....
2. Sprungbein und Schwungbein parallel und leicht gestreckt — Nr. ....
3. Sprungbein stark gestreckt, Schwungbein angewinkelt — Nr. ....
4. Sprungbein und Schwungbein gestreckt — Nr. ....
5. Sprungbein und Schwungbein leicht angewinkelt — Nr. ....

Übung 3

Betrachte die Positionen der Arme zueinander und im Raum. Ergänze.

In Phase 1 zeigt der linke Arm nach vorn oben, während der rechte Arm nach unten weist.
In Phase 2 ....

....

In Phase 3 ....

....

In Phase 4 zeigen beide Arme nach vorn.

In Phase 5 ....

Übung 4

Betrachte die Positions- und Formationsveränderungen der Körperteile von Phase zu Phase. Ergänze.

Von Phase 1 zu 2: Während sich das Sprungbein nach vorn bewegt und dabei seine Gestalt nicht ändert, schwingt das Schwungbein nach hinten, wobei es angewinkelt bleibt.
Von Phase 2 zu 3: ....

....

Von Phase 3 zu 4: ....

....

Von Phase 4 zu 5: Beide Beine bewegen sich nach hinten.

Übung 5

Natürlich erwähnst du in deiner Beschreibung nur, was eine Bewegungsphase besonders auszeichnet. Jede der folgenden Aussagen gilt nur für eine der fünf Sprungphasen. Ordne zu.

Der Körper hat die sogenannte Klappmesserhaltung eingenommen.	Phase Nr.
Es sieht so aus, als ob der Springer mit Siebenmeilenstiefeln über den Erdboden schreiten würde.	Phase Nr.
Absprungbein und Oberkörper liegen auf einer Linie.	Phase Nr.
Der Rumpf hat sich ein wenig nach rechts gedreht.	Phase Nr.
Der Springer befindet sich in einer Art Liegestützstellung.	Phase Nr.

Übung 6

Beschreibe den Bewegungsablauf beim Weitsprung. Nenne auch Ursachen für das, was du beobachtest. Gib an, worauf der Weitspringer besonders zu achten hat.

D 6. Naturwissenschaftliche Versuche beschreiben

In der **Einleitung** weckst du Interesse für den Versuch.

Im **Hauptteil**
- zählst du die Stoffe und Geräte auf, die du für den Versuch brauchst
- beschreibst du Schritt für Schritt die Durchführung des Versuchs

Im **Schluss**
- kannst du erklären, was bei der Versuchsdurchführung besonders zu beachten ist
- kannst du Sicherheitshinweise geben

Luftballon aufblasen durch ein Vakuum

Die Schüler der Klasse 5e erfahren anhand eines Versuchs, den der Lehrer durchführt, wie mithilfe eines Vakuums (luftleerer Raum), das in einer Flasche erzeugt wird, ein Luftballon aufgeblasen werden kann. Sie sollen sich Notizen machen und anschließend eine Versuchsbeschreibung verfassen. Lydia hat folgende Stichpunkte notiert:

Lehrer schüttet heißes Wasser in rotes Gefäß – stellt große, farblose Glasflasche hinein – Marek warnt, Flasche könnte zerspringen, was nicht passiert – ein paar Minuten warten – Luft in Flasche erwärmt sich und dehnt sich dadurch aus – Lehrer erzählt inzwischen, wo sonst noch Vakuum vorkommt: z. B. bei Konservendosen oder in der Lunge – ermahnt Rolf, nicht ständig zu schwätzen – stülpt blauen Luftballon über Flaschenhals – nimmt Flasche aus Wasser – stellt Flasche auf Pult – geht mit dem Gefäß zum Wasserhahn – füllt Schale mit frischem, kaltem Wasser – stellt Flasche hinein – Rolf muss schon wieder ermahnt werden – Luft in Flasche kühlt ab und zieht sich dadurch zusammen: teilweises Vakuum entsteht – Ballon wird nach und nach in Flasche hineingezogen, verschwindet mit hörbarem Blubb im Inneren, bläst sich etwas auf – Mirjam, die Streberin, sagt, dass sie das schon vorher wusste

Übung 1

Unterstreiche die für die Versuchsbeschreibung erforderlichen Stichpunkte.

Übung 2

In den für die Versuchsbeschreibung erforderlichen Stichpunkten kommen drei Adjektive (Eigenschaftswörter) vor, die für den Versuch ohne Bedeutung sind. Streiche sie durch.

Übung 3

Formuliere nun den Hauptteil der Versuchsbeschreibung.

Übung 4

Welche der drei folgenden Einleitungen wird wohl am ehesten das Interesse für den Versuch wecken?

Beim Aufblasen eines Luftballons durch ein Vakuum handelt es sich um einen Versuch, der weder großes physikalisches Wissen voraussetzt noch handwerkliches Geschick erfordert. Zudem ist er völlig ungefährlich. ○

Könnt ihr euch vorstellen, dass ein Luftballon, wie von Geisterhand bewegt, in einer Flasche verschwindet und in ihrem Inneren auch noch aufgeblasen wird? Nein? Dann müsst ihr den folgenden Versuch unbedingt mal selbst ausprobieren. ○

Der im Folgenden beschriebene Versuch ist sehr zu empfehlen, da er praktisch keinerlei Kosten verursacht. Eine geeignete Flasche wird man in jedem Haushalt vorfinden und Luftballons werden in manchen Geschäften sogar kostenlos abgegeben. ○

Übung 5

Simon hat den Versuch durchgeführt und festgestellt, dass er nur gelingt, wenn folgende Punkte beachtet werden:
- **Die Flasche darf nicht zu klein sein.**
- **Der Flaschenhals darf nicht zu eng sein.**

Formuliere nun den Schluss der Versuchsbeschreibung. Berücksichtige dabei diese beiden Punkte und nenne auch Begründungen.

E Die Gegenstandsbeschreibung

1. Die Wegbeschreibung

1. Deine Wegbeschreibung muss sicher zum Ziel führen.
2. Du solltest auffällige Dinge erwähnen (z. B. auffällige Häuser).
3. Mache auf Gefahrenpunkte aufmerksam.
4. Verwende nicht immer wieder dieselben Verben (Zeitwörter) der Fortbewegung *(einbiegen ... einbiegen ... einbiegen).*
5. Verwende nicht immer wieder dieselben Zeitadverbien (Umstandswörter der Zeit: *dann ... dann ... dann*).

① Bahnhof
② Güterhalle
③ Gymnasium
④ Turnhalle
⑤ Hauptschule

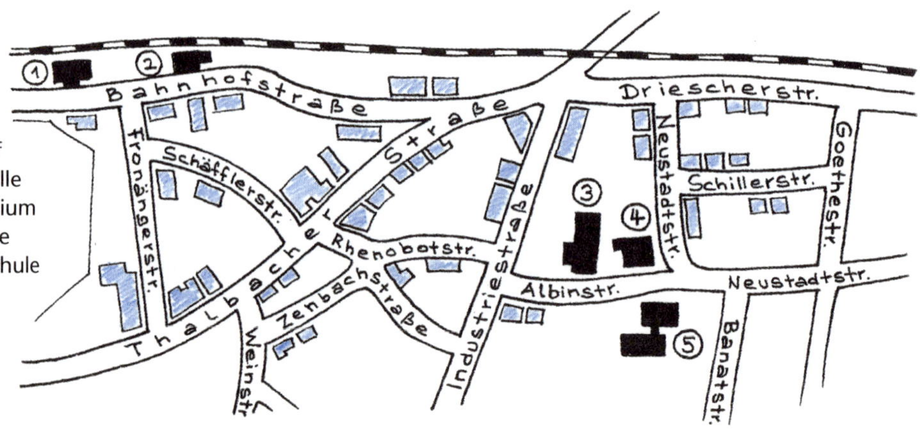

Erster Schultag im neuen Schuljahr: Simon weiß nicht, wie er vom Bahnhof zur Hauptschule kommt, die er nun besuchen soll. Lea und Jakob beschreiben ihm den Weg.

Leas Wegbeschreibung:
Zunächst gehst du die Straße hier entlang bis vor zur Thalbacher Straße. Das sind ungefähr 400 Meter. Überquere sie erst und wende dich anschließend nach links, um ihr ein paar Schritte weit zu folgen. Nun musst du nach rechts abbiegen. Daraufhin schwenkst du nach etwa 100 Metern in die Neustadtstraße ein. Wenn du bis zur Goethestraße gelangen solltest, bist du schon viel zu weit marschiert. Die Neustadtstraße brauchst du jetzt nur noch ganz hinunterzulaufen, dann kommst du direkt zur Hauptschule.

Jakobs Wegbeschreibung:
Ein paar Meter nur gehst du hier an der Straße entlang. Benutze dabei den Gehsteig auf der gegenüberliegenden Straßenseite, denn hier gibt es keinen. Dann biegst du rechts in die Fronängerstraße ein, die kurz vor dem hohen, fensterlosen Gebäude dort drüben beginnt. Dann biegst du nach wiederum nur ein paar Metern links in die Schäfflerstraße

ein. Auf ihr gehst du bis vor zur Thalbacher Straße. Drücke wegen des starken Verkehrs auf jeden Fall die Fußgängerampel, bevor du über die Straße gehst. Dann biegst du in die ein wenig nach links versetzte Rhenobotstraße ein. Gehe auf ihr bis vor zur Industriestraße und beachte dabei, dass sie schon nach wenigen Metern einen Knick nach links macht. Schau nach links und nach rechts, bevor du über die Industriestraße gehst, denn auch hier fahren viele Autos. Dann biegst du in die ein wenig nach rechts versetzte Albinstraße ein. Nachdem du am Gymnasium vorbeigegangen bist, steht rechts vor dir die Hauptschule.

Übung 1

Welche drei der fünf Regeln hat Lea nicht eingehalten?

Regel Nr. ...., ... und ....

Übung 2

An welcher Stelle wird sich Simon möglicherweise verlaufen, weil Lea Regel Nr. 1 nicht gewissenhaft eingehalten hat?

Übung 3

Leas Wegbeschreibung enthält zehn Verben der Fortbewegung. Schreibe sie im Infinitiv (Grundform) heraus.

....

....

Übung 4

Leas Wegbeschreibung enthält auch sieben Zeitadverbien. Schreibe sie heraus.

....

....

Übung 5

Welche zwei der fünf Regeln hat Jakob nicht eingehalten?

Regel Nr. .... und ....

Übung 6

Welcher der beiden beschriebenen Wege erscheint dir empfehlenswerter? Begründe.

Übung 7

Formuliere Jakobs Wegbeschreibung unter Beachtung von Regel 4 und 5 um. Du darfst das in Übung 3 und 4 aufgelistete Material verwenden, aber auch andere Verben der Fortbewegung und andere Zeitadverbien.

2. Die Tierbeschreibung

1. Achte vor allem auf die für das Tier charakteristischen Merkmale, durch die es sich von verwandten Tieren unterscheidet. Deine Beschreibung wird anschaulich, wenn du immer wieder den Vergleich mit anderen Tieren ziehst.
2. Versuche auch zu begründen, warum ein Tier ein bestimmtes Merkmal aufweist.
3. Gebrauche die für die Körperteile des Tieres üblichen Begriffe.
4. Gib zunächst den Gesamteindruck (Körperproportionen) wieder, beschreibe dann erst Details, wobei du am besten mit dem Kopf (Maul, Augen, Ohren) beginnst.

Übung 1 **Welches ist das charakteristische Merkmal? Kreuze an.**

Der Fuchs (Pferd) unterscheidet sich von Schimmel und Rappen durch

○ seine Schläue
○ sein feuriges Temperament
○ sein rotbraunes Fell

Die Wespe unterscheidet sich von Biene und Hummel durch

○ ihre glasigen Flügel
○ ihren unbehaarten Körper
○ ihren Giftstachel

Der Dachs unterscheidet sich von Iltis und Wiesel durch

○ beiderseits der Schwanzwurzel gelegene Stinkdrüsen
○ sein nachtaktives Verhalten
○ den weißen Kopf mit schwarzen Längsstreifen

Der Tiger unterscheidet sich von Jaguar und Leopard durch

○ sein gestreiftes Fell
○ seine kleinen Ohren
○ seine Schnurrhaare

Übung 2 **Werner kommt zu spät in den Unterricht: Ein Hund habe ihm den Weg verstellt. Welchen Hund beschreibt Werner?**

Der Hund, der mir den Weg verstellt hat, ist vielleicht so groß wie ein Schäferhund, hat jedoch einen kürzeren Rumpf, eine breitere Brust und höhere Vorder- und Hinterbeine. Und vor allem: Sein Fell ist hellbraun und dabei ganz glatt. Am leichtesten erkennt man ihn aber an der breiten Mund-Nasen-Gegend und den Lippen, die die Form eines auf dem Kopf stehenden U haben. Sie geben dem Hund einen sehr grimmigen und dabei auch sehr traurigen Gesichtsausdruck. Aber auch an den kurzen, spitzen, etwas nach vorn gerichteten Ohren und dem sehr kurzen Schwanz kann man ihn gut erkennen. Nur gut, dass die langen Fingernägel an Händen und Füßen nicht sehr scharf sind.

Übung 3

Werner hat sich in seiner Beschreibung nicht sehr fachmännisch ausgedrückt. Ersetze die im Text blau markierten Körperteile möglichst durch ihre Fachbegriffe.

Vorderbein → Vorderlauf

.... → ....

.... → ....

.... → ....

.... → ....

.... → ....

Übung 4

Verfasse eine Beschreibung des Tyrannosaurus Rex. Vergleiche ihn dabei mit dem Brachiosaurus und versuche auch Gründe zu finden für die Unterschiede, die du feststellen kannst.

Brachiosaurus, ein Pflanzenfresser, Länge 22 m

Tyrannosaurus Rex, ein Fleischfresser, Länge 15 m

3. Beschreibung eines technischen Geräts

1. Beschreibe zunächst die Gesamtbeschaffenheit (Größe, Form, Material, Oberfläche) und dann erst die einzelnen Bestandteile des technischen Geräts.
2. Verwende in deiner Beschreibung nach Möglichkeit Fachbegriffe.
3. Versuche für die Beschaffenheit der Bestandteile des Geräts eventuell auch Gründe zu finden.

Übung 1

Bilde Gegensatzpaare aus folgenden Adjektiven (Eigenschaftswörtern), die du für die Beschreibung der Gesamtbeschaffenheit eines technischen Geräts brauchst.

glänzend breit spitz genoppt eckig lang schmal kurz matt
geriffelt brüchig stumpf rund stabil porös undurchlässig

Größe:

.... – .... – ....

Form:

.... – .... – ....

Material:

.... – .... – ....

Oberfläche / Farbe:

.... – .... – ....

Übung 2

Ordne Discman bzw. Handy die folgenden Bezeichnungen zu.

Telefonbuchtaste – Tastensperre – Pausentaste – Verbindungstaste – Wiedergabetaste – Löschtaste – Zählwerk – Informationstaste – Rückspultaste – Ein-, Aus-, Endetaste – Kopfhörerbuchse – Kopfhörerlautstärkeregler

Discman:	**Handy (Mobiltelefon):**
....	....
....	....
....	....
....	....
....	....
....	....

Übung 3

Du hast beim Turnen deine neue Armbanduhr verloren. Als du dich deswegen an den Hausmeister wendest, stellt er dir mehrere Fragen. Beantworte sie mithilfe der Abbildung.

Handelt es sich um eine Herrenuhr?
Hat die Uhr ein aus schmalen Metallplättchen zusammengesetztes Armband?
Hat sie ein ovales Gehäuse?
Hat sie einen Knopf an der Seite oder zwei?
Hat sie ein Zifferblatt mit Zeigern oder eine Digitalanzeige?
Hat sie römische Ziffern?
Besitzt die Uhr einen Sekundenzeiger?
Sind Sekunden- und Minutenzeiger am Ende spitz?
Besitzt sie eine Wochentagsanzeige?

Übung 4

Dein Rad wurde dir geklaut. Wie gut, dass du einen Fahrradpass besitzt! Damit willst du sofort zur Polizei gehen. Außerdem beschließt du, Freunde und Bekannte per Rundmail über den Diebstahl zu informieren. Verfasse für die E-Mail eine Beschreibung des Fahrrads anhand der Angaben im Fahrradpass.

Fahrrad-beschreibung:

Bitte alles Zutreffende ankreuzen

Art des Rades:

- ☐ Damenrad
- ☐ Herrenrad
- ☐ Jugendrad
- ☐ Kinderrad
- ☐ Klapprad
- ☐ Rennrad
- ☐ Sportrad
- ☐ Trekkingrad
- ☐ Mountainbike
- ☒ Citybike

Marke und Modell des Rades: Sattler / Rasant
Aluminiumrahmen

Farbe des Rahmens: pink

Farbe der Schutzbleche: schwarz

Reifengröße: 26 Zoll

Kaufdatum: 24.12. Kaufpreis: 530,- €

Rahmen-Nummer: Y 702 28469

- Nummer ist entweder am Tretlager oder am Sattelkopf.
- Falls nicht vorhanden, nachträglich mit Individualnummer kennzeichnen.

Gangschaltung:

- ☒ Nabenschaltung mit 7 Gängen
- ☐ Kettenschaltung mit ____ Gängen
- ☐ Ohne
- ☐ Marke der Gangschaltung: Manuba

Zubehör/Besonderheiten:

- ☐ Lenkerumwicklung, Farbe ____
- ☐ Trommelbremse ☒ Felgenbremse

Sonstiges: Mittelständer, Fahrradcomputer

Beschädigungen: Lackkratzer im Rahmen

F Die Personen-beschreibung

1. Die Personenbeschreibung (im Rahmen des Steckbriefs / der Suchmeldung) sollte folgende Angaben enthalten:
   Alter, **Größe**, **Figur**, **Kopf** (Gesicht, Haare, Augen usw.), **Kleidung**, eventuell **besondere Merkmale**.
2. Verzichte bei der Personenbeschreibung auf persönliche Eindrücke und eine beleidigende Ausdrucksweise.

Übung 1

Streiche alle Ausdrücke durch, die innere Eigenschaften oder persönliche Eindrücke wiedergeben oder aber beleidigend sind. Du kannst sie bei der Beschreibung der abgebildeten Personen nicht verwenden.

Narbe auf der rechten Wange – intelligent – ca. 50 Jahre – mutig – dumm – Jeans – Lederjacke mit Fransen – Muttermal auf der Stirn – etwa 1,80 m – unsympatisch – Ohrringe – fett – Stöckelschuhe – beleibt – schwarzes Abendkleid – cool – ca. 30 Jahre – dürr – gewissenhaft – etwa 1,50 m – Turnschuhe – schlank – schwarzes Halstuch mit weißen Punkten – streng

Übung 2

Ordne die nicht durchgestrichenen Wörter zu.

	Ilse	Otto
Alter	ca. 50 Jahre	
Größe		
Figur		
Kleidung		
besondere Merkmale		

Übung 3 **Ordne die jeweils passenden Ausdrücke zu.**

Gesicht: schmal, breit; knochig, aufgedunsen
Haar: schulterlang, kurz, ganz kurz; glatt, leicht gewellt, gelockt, struppig
Haarfarbe: blond, aschblond, rötlich, grün gefärbt, grau meliert, schwarz, weiß
Bart: Vollbart, Kinnbart, Schnauzbart, Dreitagebart, Oberlippenbart
Ohren: anliegend, abstehend, fleischig, bedeckt
Augenfarbe: blau, grün, grau, hellbraun, dunkelbraun
Nase: kurz, lang, spitz, platt, knollig, schmal, hakenförmig

	Ilse	**Otto**
Gesicht	schmal, knochig	
Haar		
Haarfarbe		
Bart	—	
Ohren		
Augenfarbe		
Nase		

Übung 4 **Verfasse für den regionalen Hörfunk eine Personenbeschreibung Ottos zu folgender Suchmeldung. Verwende die wichtigsten der in den letzten beiden Übungen erarbeiteten Angaben.**

Gestern Abend gegen 22 Uhr ist in der Nähe von Viecht die Scheune eines großen Gutshofes in Flammen aufgegangen. Schuld an dem Unglück ist aller Wahrscheinlichkeit nach der 27-jährige Otto W. aus Hasbach, der in die Scheune eingedrungen war, offenbar um darin zu übernachten. Als er sich mithilfe eines Gaskochers sein Abendessen zubereiten wollte, fing das Stroh sofort Feuer, wenig später ging die ganze Scheune in Flammen auf. Die Beschreibung des flüchtigen Täters: Der Mann ist etwa 1,50 m groß …

Übung 5 **Nach vier Wochen ist Otto noch immer nicht gefasst. Die Rundfunkredaktion muss erneut eine Suchmeldung verfassen. Welche der in den Übungen 2 und 3 ermittelten Angaben zu Ottos Aussehen sind nun womöglich nicht mehr aktuell?**

G Der sachliche Brief: Überblick verschaffen

1. … über den formalen Aufbau eines Briefes

Darum gehts!

Stell dir vor, du hast dich über ein Geschenk deiner Großmutter sehr gefreut und willst dich nun in einem Brief bedanken. Oder stell dir vor, du hattest ein spannendes Ferienerlebnis, das du einem Freund schildern möchtest: In beiden Fällen ist es wichtig, dass du weißt, wie man in einem **persönlichen Brief** seine Gefühle zum Ausdruck bringt. Es gibt aber auch **sachliche Briefe**, und um die geht es im Folgenden. Schon in der **Einladung** werden weniger Gefühle ausgedrückt, sondern vor allem Informationen vermittelt: z. B. über Zeit und Ort der Veranstaltung. Bei **Anfrage** und **Beschwerde** steht die sachlich korrekte Information ganz im Mittelpunkt. Das macht auch die Verwendung einer sachlichen Sprache erforderlich sowie die Einhaltung bestimmter formaler Besonderheiten.

Sachlicher Brief an Behörden usw.

Name und
Adresse des
Absenders

Ort, Datum

Name und
Adresse des
Empfängers

Betreff (z. B. *Anfrage wegen eines Aufenthalts in Ihrer Herberge*)
Bezug (nur in Antwortbriefen; z. B. *Ihr Schreiben vom 18.9.20..*)

Anrede (z. B. *Sehr geehrte Damen und Herren,*)

……………………………………………………………

……………………………………………………………

……………………………………………………………

Grußformel (z. B. *Mit freundlichen Grüßen*)

Unterschrift (*Ihr/e …*)

2. … über die Arbeitsschritte: Checkliste

So klappts!

1. Thema erschließen

- Themenstellung mehrmals aufmerksam lesen
- Was für eine Art von Brief wird verlangt? (Brief persönlichen Inhalts? Brief sachlichen Inhalts?)
- Welchem Zweck dient der Brief (Einladung? Anfrage? Beschwerde?)
- Wer ist Empfänger des Briefes? (Ein Freund? Eine Person des öffentlichen Lebens? Eine Behörde?)
- Wird ein knapper oder ein ausführlicher Brief verlangt?

2. Stoff sammeln

Brief aufsetzen (nicht gleich ins Reine schreiben) bzw. alles, was dir zum Thema einfällt, in Stichpunktform notieren

3. Stoff ordnen

Die für den Brief verwertbaren Notizen unterstreichen, herausschreiben, kürzen, ergänzen, sinnvoll ordnen

4. Brief ausformulieren

- Auf die Einhaltung einer sinnvollen Reihenfolge achten
- Aussagen gegebenenfalls auch begründen
- Sich aufs Wesentliche konzentrieren, dabei aber keine für den Empfänger wichtige Information vergessen
- Sachlich schreiben (keine Spannung aufbauen; keine Gefühle, keine persönlichen Eindrücke)
- Genau schreiben (z. B. mithilfe von Adverbien, Attributen)
- Verständlich schreiben (keine komplizierten Schachtelsätze)
- Wortwiederholungen vermeiden
- Aufdringlichkeit und Übertreibungen, Beleidigungen und Schmeicheleien vermeiden
- Neuen Abschnitt mit neuem Absatz beginnen

5. Durchchecken

- Überprüfen, ob Einleitung und Schluss im Verhältnis zum Hauptteil nicht doch zu lang geworden sind
- Überprüfen, ob der Bericht alle für den Adressaten wichtigen Informationen enthält (unwichtige Einzelheiten rausstreichen)
- Sätze möglichst nicht unverbunden nebeneinander stehen lassen, sondern mit kleinen Wörtern wie *nun, darauf, außerdem, aber* miteinander verbinden
- Rechtschreib- und Grammatikfehler verbessern (*Sie, Ihrer* usw. großschreiben)

H Der sachliche Brief

1. Eine Einladung schreiben und beantworten

Folgender Aufbau ist zu empfehlen:
1. In der **Einleitung** benennst du die Art der Veranstaltung sowie Zeit und Ort.
2. Im **Hauptteil** informierst du kurz über den Ablauf der Veranstaltung.
3. Im **Schluss** versuchst du, den Adressaten zur Annahme der Einladung zu bewegen.

Achte besonders auch darauf, dass
- die äußere Form stimmt (Ort und Datum nicht vergessen)
- du nicht zu distanziert und unpersönlich schreibst, aber dich auch nicht aufdrängst und übertreibst

Berlin, 5. Juni 20..

Liebe Vanessa,

hiermit ergeht die Einladung zu meiner Geburtstagsfeier an Dich. Sie findet am Samstag, dem 15. Juni statt.
Die Geburtstagsgäste finden sich gegen 15 Uhr zunächst in unserem Gartenhäuschen bei Wansdorf ein. Dort wird die Geburtstagstorte verteilt und auch sonst für das leibliche Wohl gesorgt werden. Nach dem Essen machen die Beteiligten dann einen Verdauungsspaziergang in den nahe gelegenen Wald, wo sie spannende Geländespiele erwarten. Man lasse sich überraschen! Gegen 18 Uhr werden dann alle wieder zurück sein. Nun steht noch der Besuch eines Schnellrestaurants auf dem Programm. Vater wird alle in seinen Kleinbus packen und nach Wedding zu McNature fahren, einem Schnellrestaurant, das auch Vollkornburger anbietet – ich weiß nicht, wer schon mal dort war.
Die Einladung ergeht übrigens an noch sechs weitere Klassenkameraden. Vielleicht kommt ja auch der eine oder andere. Wenn nur das Wetter auch mitspielt!

Vielleicht bis bald

Dein Rezzo

Berlin, 5. Juni 20..

Allerliebste Vanessa,

hiermit lade ich Dich ganz, ganz herzlich zu meiner Geburtstagsfeier ein.
Vor allem steht der Besuch eines Fast-Food-Restaurants auf dem Programm. Papa wird uns in seinen niegelnagelneuen Kleinbus packen und nach Wedding zu McNature fahren, einem Schnellrestaurant, das auch Vollkornburger anbietet – ich weiß nicht, ob Du schon mal dort warst. Falls nicht, musst Du es auf jeden Fall mal kennenlernen. Zuvor aber erwarten Dich hochspannende Geländespiele.
Was Du unbedingt auch wissen musst: Ich habe noch sechs weitere Klassenkameraden eingeladen, mit denen Du Dich blendend verstehst. Also, ich glaube, jetzt wirst Du gar nicht mehr anders können, als die Einladung anzunehmen.
Zunächst treffen wir uns übrigens in unserem allerliebsten Gartenhäuschen bei Wansdorf. Dort verspeisen wir meine absolut leckere Geburtstagstorte und auch sonst wird für alles gesorgt sein. Nach dem Essen machen wir dann einen Verdauungsspaziergang in den nahe gelegenen Wald, wo uns die bereits erwähnten hochspannenden Geländespiele erwarten. Lass Dich ordentlich überraschen!

Ganz sicher dann bis bald

Dein Rezzo

Übung 1

Vergleiche die beiden Briefe. Jeder der folgenden Kritikpunkte trifft nur auf einen der beiden Briefe zu. Kreuze an.

	1. Brief	2. Brief
Orts- und Zeitangaben fehlen.	○	○
Das Pronomen *du* fehlt fast ganz, daher zu unpersönlich.	○	○
Der Aufbau ist durcheinandergeraten.	○	○
Der Briefschreiber schmeichelt zu sehr.	○	○
Der Brief enthält viele Übertreibungen.	○	○
Das Pronomen *wir* fehlt ganz, daher zu distanziert.	○	○
Zu viele Verbindungen aus Substantiven und leeren Verben.	○	○
Der Brief wirkt zu aufdringlich.	○	○

Übung 2

Formuliere die Einladung nun selbst. Vermeide dabei die in den beiden Briefen festgestellten Mängel.

Übung 3

Schreibe Vanessas Absage. Die Begründung: Sie habe am 15. Juni, zwei Tage vor der letzten Mathematikschularbeit, eine Nachhilfestunde, die nicht verlegt werden kann.

2. Eine Anfrage schreiben

Folgender Aufbau ist zu empfehlen:
1. Stelle dich selbst vor und beschreibe kurz die Umstände, die zu der Anfrage geführt haben.
2. Formuliere deine Fragen/Wünsche.
3. Bitte um Beantwortung der Fragen / Verwirklichung der Wünsche.
4. Bedanke dich im Voraus.

Ritter-von-Frisch-Gymnasium
Lilli Ludwig, 6d
Albinstr. 5
85999 Mossing

Mossing, 10.01.20..

An die
Jugendlichen der Moschee des
Diyanet Türkisch Islamischen Kulturvereins
Riesengebirgsstr. 6
85999 Mossing

Anfrage wegen Informationen zur Bedeutung der Moschee für jugendliche Muslime

Liebe Jugendliche,

im Rahmen der Projekttage an unserer Schule, die in diesem Jahr dem Thema „Islam" gewidmet sind, haben wir, die Arbeitsgruppe „Junge Muslime in unserer Stadt", die Aufgabe erhalten, uns darüber zu informieren, welche Bedeutung die Moschee unserer Stadt für Euch jugendliche Muslime hat. Im Einzelnen interessieren uns folgende Fragen:
- Welche Bedeutung hat die Moschee für Euer religiöses Leben?
- Dient die Moschee nur religiösen Zwecken?
- Warum sieht Eure Moschee wie ein gewöhnliches Haus aus, nicht wie eine Kirche?
- Müsst Ihr, wenn Ihr Mädchen seid, in der Moschee ein Kopftuch tragen?
- Dürfen auch Christen die Moschee betreten?

Da keiner von uns einen muslimischen Freund oder Bekannten hat, hoffen wir, dass jemand von Euch unsere Fragen beantwortet. Für Eure Mühe vorab vielen Dank!

Im Auftrag der Arbeitsgruppe „Junge Muslime in unserer Stadt"
Eure Lilli

Übung 1

Lilli stellt alle Fragen direkt. Formuliere den Fragenteil um, indem du auch Aussage- und Aufforderungssätze verwendest.

Übung 2

Ergänze mithilfe des obigen Briefes. Gib statt des Betreffs einen Bezug an.

.... Mossing, 17.01.20..

....

....

....

85999 Mossing

....

....

....

....

85999 Mossing

....

....

vielen Dank für Eure Anfrage. Die Aufgabe, Eure Fragen zu beantworten, habe ich gern übernommen, da mir mein Glaube sehr viel bedeutet.
Die Moschee ist vor allem ein Ort des Gebets und das sollte sie auch für uns jugendliche Muslime sein. Ihr wisst ja wahrscheinlich, dass gläubige Muslime fünf Mal am Tag beten. Aber es wird nicht nur gebetet. Es gibt bei uns auch so etwas Ähnliches wie Predigten: Der Hodscha, so nennen wir unseren Pastor, übersetzt für uns Koranverse aus dem Arabischen ins Türkische und legt sie anschließend aus. Das tut er besonders am Freitag, unserem wöchentlichen Feiertag. Gesungen wird bei uns hingegen nicht so oft wie in einer christlichen Kirche, sondern nur zu besonderen Anlässen. Aber die Moschee dient nicht nur religiösen Zwecken. Viele von uns verbringen dort auch ihre Freizeit. Deshalb haben wir auch eine Teeküche und – für uns Jugendliche noch wichtiger – einen Freizeitraum mit Tischfußball und einem Computer mit Internetanschluss.
Nun zu der Frage nach dem Kopftuch: Das müssen Mädchen und Frauen auch in der Moschee nicht immer tragen, sondern nur, wenn ein Mann dabei ist.
Christen sind uns übrigens sehr willkommen. Schaut doch einfach mal bei uns vorbei, dann werden wir Euch noch mehr von unserem Glauben erzählen.

Im Auftrag der muslimischen Jugendlichen Mossings
Fatma Gürses

3. Eine Beschwerde schreiben

Folgender Aufbau ist zu empfehlen:
1. Stelle dich selbst vor.
2. Beschreibe kurz den Missstand.
3. Nenne Gründe für den Missstand und beschreibe seine Folgen, bringe Belege (z. B. konkrete Beispiele).
4. Nenne die Schritte, die zur Beseitigung des Missstandes bereits unternommen wurden.
5. Bitte um Abhilfe.
6. Unterbreite eigene Vorschläge zur Abhilfe.
7. Bedanke dich im Voraus.

Keplergymnasium
Klasse 6a
Am Stadtweiher 3
37707 Bühlen

Bühlen, 5. Mai 20..

Stadtverwaltung Bühlen
Herrn Bürgermeister Theodor Dingel
Unter den Ahornbäumen 8

37707 Bühlen

Probleme wegen direkter Sonneneinstrahlung im Klassenzimmer

Sehr geehrter Herr Bürgermeister Dingel,

lassen Sie uns, die Klasse 6a des Keplergymnasiums, heute mit einem Problem vor Sie treten, das uns seit ca. drei Monaten beschäftigt. Uns macht die direkte Sonneneinstrahlung zu schaffen, der wir in unserem neuen Klassenzimmer Vormittag um Vormittag ausgesetzt sind.
...
Wir haben uns bereits mehrmals beim Direktor unserer Schule beschwert. Aber es hat nichts geholfen. Nun wenden wir uns an Sie, da Sie als Bürgermeister unserer Stadt für den sogenannten Sachaufwand unserer Schule letztlich verantwortlich sind.
Sorgen Sie schleunigst für Abhilfe, schließlich werden Sie dafür bezahlt!
Wir sind Ihnen auch schon unendlich dankbar, wenn Sie uns bei Gelegenheit die Erlaubnis erteilen, selbst für Abhilfe sorgen zu dürfen.
Wir würden uns dann selbst um die Montage von Vorhangstangen kümmern und auch die Vorhänge aus der eigenen Tasche bezahlen.
Vielen Dank für Ihre Bemühungen.

Mit freundlichem Gruß

Klasse 6a

1. Selbstvorstellung
2. Kurze Beschreibung des Missstandes
3. (fehlt)
4. Schritte, die zur Beseitigung des Missstandes unternommen wurden
5. Bitte um Abhilfe
6. Unterbreiten eigener Vorschläge zur Abhilfe

7. Danksagung

Übung 1

Ordne die folgende Stoffsammlung zu Teil 3 des Beschwerdebriefs, indem du die Stichpunkte in das Schema einträgst.

hitzebedingte Konzentrationsschwierigkeiten, Fehlen jeglichen Sonnenschutzes, steigendes Hautkrebsrisiko, Ausrichtung der Fenster nach Südosten, schlechte Note beim Abfragen englischer Vokabeln, Einsatz des Tageslichtprojektors nicht möglich, Bestätigung des Hautkrebsrisikos durch den Biologielehrer, Erdkundelehrer verärgert

Missstand:
Direkte Sonneneinstrahlung im Klassenzimmer

Gründe für den Missstand:	
Fehlen jeglichen Sonnenschutzes	....

Folgen in der Vergangenheit:	Folgen in der Gegenwart:	Folgen in der Zukunft:
....	....	....
Beleg (konkretes Beispiel):	Beleg (konkretes Beispiel):	Beleg (Berufung auf Autorität):
....	....	....

Übung 2

Formuliere den fehlenden 3. Teil des Briefes anhand des Schemas.

Übung 3

Die Bitte um Abhilfe ist in einem beleidigenden Ton abgefasst. Formuliere sie freundlicher.

Übung 4

Die eigenen Vorschläge zur Abhilfe sind zu bescheiden. Suche einen Kompromiss, der beide Seiten zufriedenstellt.

Quellenverzeichnis

Seite	Quelle
90/91	Solarrad nach einer Idee von Markus Beubl, Solarfreunde Moosburg: www.solarfreunde-moosburg.de Solarmotor mit Triebrad und Solarzelle z. B. erhältlich bei www.lemo-solar.de (Preis zusammen ca. 13 €)

Teil III:
Mathematik

Textaufgaben, Sachrechnen

Regeln und Übungen

Benutzerhinweis

***Sternchen** Die mit einem **Sternchen (*)** gekennzeichneten Aufgaben können schwieriger als die anderen sein. Vielleicht kannst du sie auch noch nicht lösen, weil ihr den Stoff noch nicht durchgenommen habt.

Themenübersicht Teil III

1. **Textaufgaben leicht gemacht!** ... 116
   Checkliste: Die 5 Schritte ... 117
2. **Lösungswege I – Gesamtansatz oder kleine Schritte?** ... 118
3. **Gewicht – Eine Menge Kies** ... 120
4. **Lösungswege II – Die Sache mit dem „*x*"!** ... 122
5. **Längen – Rennfahrer, Radler, Wanderer** ... 124
6. **Gewicht – Flugzeug** ... 126
7. **Geld – Christian als Zeitungsjunge** ... 128
8. **Geld – Prozente** ... 130
9. **Zeit – Fernsehen** ... 132
10. **Geschwindigkeit – Harry Hurtig auf Achse** ... 134
11. **Fläche – Pferdekoppel** ... 136
12. **Volumen – Eiszeit in Europa** ... 138
13. **Kleinstes gemeinsames Vielfaches (kgV) – Trainingsrunden** ... 140
14. **kgV und ggT (größter gemeinsamer Teiler) – Holz sägen** ... 142
15. **Direkte und indirekte Proportionalität** ... 144
16. **Zahlenterme** ... 146
17. **Noch mehr Terme** ... 148
18. **Sport – Spiel – Freizeit I** (G, Gew, H, Vert, Z) ... 150
19. **Sport – Spiel – Freizeit II** (G, L, P, V, Z) ... 152
20. **Handel und Gewerbe I** (G, P, Z) ... 154
21. **Handel und Gewerbe II** (G) ... 156
22. **Transport und Verkehr I** (G, Gew, L, Z) ... 158
23. **Transport und Verkehr II** (G, Gew, L, V) ... 160
24. **Energie und Rohstoffe I** (F, G, Gew, V) ... 162
25. **Energie und Rohstoffe II** (G, P, V, Z) ... 164
26. **Natur und Umwelt I** (G, Gew, L, V, Z) ... 166
27. **Natur und Umwelt II** (Gew) ... 168
28. **Urlaub und Reisen I** (G, L, P, V) ... 170
29. **Urlaub und Reisen II** (G) ... 172
30. **Länder und Völker I** (F, Gew, L, T, Z) ... 174
31. **Länder und Völker II** (F, L, Z) ... 176
32. **Technik und Weltraum** (Gew, L, V, Z) ... 178
33. **Bauen und Heimwerken** (F, G, L, V) ... 180

Abkürzungen: F = Fläche, G = Geld, Gew = Gewicht, H = Häufigkeit, L = Längen, P = Prozent, T = Temperatur, V = Volumen, Vert = Verteilung, W = Wahrscheinlichkeit, Z = Zeit

1 Textaufgaben leicht gemacht!

Vielleicht geht es dir so wie vielen deiner Mitschüler: Jedes Mal, wenn in der Mathe-Stunde das Wort „Textaufgabe“ fällt, läuft es dir heiß und kalt den Rücken herunter. Aber keine Angst – das wirst du mit diesem Buch in den Griff bekommen! Hast du dir eigentlich schon mal klargemacht, dass gerade diese Sorte Aufgaben am meisten mit dem richtigen Leben zu tun hat? Denn hier lernst du Probleme zu lösen, die im Alltag immer wieder auf dich zukommen und noch nicht als fertige Rechenaufgabe formuliert sind.

Eine Textaufgabe ist eine Aufgabe, bei der die eigentliche Fragestellung und alle nötigen Informationen in einem Text verpackt sind. Diese musst du „entpacken“.
Dazu musst du die im Aufgabentext gegebenen Informationen heraussuchen und systematisch zusammenstellen. Außerdem musst du die Fragestellung verstehen.

Um die Frage(n) zu beantworten, musst du eigentlich immer eine Rechenaufgabe lösen, in welcher die gegebenen Informationen verwendet werden. Das Schwierige an den Textaufgaben ist meist, dass du die Rechenaufgabe selber richtig zusammenstellen musst. Das Ausrechnen ist dann normalerweise kein Problem mehr, wenn sich nicht hier und dort ein Fehler bei den Größenordnungen oder den Einheiten einschleicht.
Die gestellte(n) Frage(n) soll(en) zum Schluss immer in einem ganzen Satz beantwortet werden.

Damit du nicht durcheinanderkommst und an alles denkst, ist es am besten, wenn du systematisch vorgehst – schrittweise.
Auf der rechten Seite findest du das Vorgehen beim Verstehen und Lösen von Textaufgaben systematisch in einer Checkliste dargestellt. Die 5 Schritte helfen dir, den Überblick zu behalten und die Ruhe zu bewahren.

Ein ausführliches Beispiel mit den 5 Schritten findest du auf den Seiten 118–119. Und auch in den vielen durchgerechneten Beispielen des Buches findest du meistens die Schritte 2 bis 5 wieder.

Checkliste: Die 5 Schritte

Erster Schritt

Verstehen

- Lies den ganzen Text (lieber mehrmals) genau durch!
- Informiere dich über unklare Begriffe (Lexikon usw.)!

Zweiter Schritt

Gegeben – gesucht

- Schreibe alle Sachinformationen (Stichwörter, Zahlen) heraus!
- Wie heißt die Fragestellung?
- Musst du dir Zwischenfragen überlegen?
- Schreibe die Fragen auf!

Dritter Schritt

Lösungsplan

- Denke die Aufgabe schrittweise durch und notiere die Schritte in Stichwörtern!
- Oft kann eine Skizze helfen.
- Baue aus diesen Schritten ggf. den Gesamtansatz oder die Gleichung zusammen!
- Notiere den Ansatz in Stichwörtern!

Vierter Schritt

Ausrechnen

- Schreibe die Rechnung(en) auf:
  - schrittweise
  - im Gesamtansatz
  - als Gleichung (x-Ansatz)
- Berechne die Lösung(en) nach deinem Plan.
- Schreibe übersichtlich!
- Achte auf Benennungen!
- Nebenrechnungen auf das Blatt!
- Kann das Ergebnis richtig sein? (Schätzung)

Fünfter Schritt

Antwortsatz

- Schreibe die Antwort in einem ganzen Satz!
- Verwende Begriffe, die in der Fragestellung der Aufgabe vorkommen!

❷ Lösungswege I – Gesamtansatz oder kleine Schritte?

Erinnere dich an die 5 Schritte aus dem vorigen Kapitel:
1. Schritt: Verstehen
2. Schritt: Gegeben – Gesucht
3. Schritt: Lösungsplan
4. Schritt: Ausrechnen
5. Schritt: Antwortsatz

Diese Vorgehensweise wollen wir jetzt ausführlich an einem Beispiel ausprobieren. Dabei wirst du für die Stichwörter im Schritt „Lösungsplan" im Schritt „Ausrechnen" **2 Möglichkeiten** kennenlernen, wie du zur Lösung deiner Rechnung(en) kommst: mit **kleinen Schritten** oder mit einem **Gesamtansatz.**

Beispiel

Ein LKW soll mit großen blauen Kisten und kleinen roten Kisten beladen werden. Es werden 12 blaue Kisten zu je 650 kg aufgeladen. Für 30 rote Kisten ist noch Platz. Die ganze Ladung wiegt 15 t. Welches Gewicht hat eine rote Kiste?

Schritt 1: Text und Begriffe verstanden? – Dann los!

Schritt 2: Welche Informationen hast du?

Gegeben: 12 blaue Kisten; je 650 kg
30 rote Kisten;
ganze Ladung: 15 t = 15 000 kg

Wie heißt die Frage? – Suche Zwischenfragen!

Gesucht: Frage: Was wiegt eine rote Kiste?
Zwischenfragen:
Was wiegen die 12 blauen Kisten zusammen?
Welches Gewicht bleibt für die 30 roten Kisten übrig?

Schritt 3: Aus den Zwischenfragen ergibt sich der Lösungsweg:

Plan:
Berechne das Gewicht der 12 blauen Kisten.
Berechne den Unterschied zwischen dem Gewicht der ganzen Ladung und den 12 blauen Kisten. Der Unterschied entspricht dem Gewicht der 30 roten Kisten.

Schritt 4: Die Lösung berechnen
Den Lösungsplan kann man auf **zwei** verschiedene Arten umsetzen.

1. Möglichkeit: Schrittweise Lösung (Einzelrechnungen)

Bei der schrittweisen Lösung verwendest du das Ergebnis eines Rechenschrittes beim nächsten Schritt:

Blaue Kisten: 650 kg · 12 = 7800 kg
(eine blaue Kiste · 12)

Unterschied: 15000 kg – 7800 kg = 7200 kg
(ganze Ladung – blaue Kisten)

Eine rote Kiste: 7200 kg : 30 = 240 kg
(Unterschied : 30)

2. Möglichkeit: Lösung mit dem Gesamtansatz

Beim Gesamtansatz werden alle Informationen zu einem einzigen Rechenausdruck zusammengestellt. **Überlege die Einzelschritte wie oben, aber rechne sie nicht aus!** Setze deine Schritte nun zusammen! (Begriffe schrittweise ersetzen!) Das geht sehr gut von rückwärts. Vergleiche mit oben. Setze die Einzelschritte zur Sicherheit jeweils in Klammern!

Eine rote Kiste:
Unterschied : 30 =

Was ist der Unterschied?
(Ganze Ladung – blaue Kisten) : 30 =

Was sind die blauen Kisten?
[Ganze Ladung – (blaue Kiste · 12)] : 30 =

Alle Begriffe durch Zahlen ersetzt:
[15 000 kg – (650 kg · 12)] : 30 = 240 kg

Schritt 5: Die Antwort nicht vergessen: Eine rote Kiste wiegt 240 kg.

Übung 1

Löse die folgende Aufgabe, wie oben beschrieben, nach der Methode der kleinen Schritte.
Ein Lkw soll mit braunen, blauen und roten Kisten beladen werden. Es wurden bereits 15 braune Kisten zu je 100 kg und 50 blaue Kisten zu je 40 kg aufgeladen. Für wie viele rote Kisten zu je 50 kg ist noch Platz, wenn die ganze Ladung 7,5 t wiegen darf?

3 Gewicht – Eine Menge Kies

Beispiel

Christian wohnt an einer viel befahrenen Straße. Er hat einmal in einer Stunde 20 Kieslastzüge gezählt, die vollbeladen durch den Ort donnerten. Sein Freund erzählte ihm, dass diese durchschnittlich mit 35 Tonnen Kies beladen sind.

a) Wie viel Tonnen Kies werden an einem Tag durch den Ort gefahren, wenn Christian annimmt, dass seine Zahl den ganzen Tag (8 Stunden) gleich bleibt?

b) Welche Länge hätte ein Güterzug, der die ganze Tagesmenge Kies geladen hat, wenn ein Güterwaggon 14 m lang ist und 25 t laden kann?

a) **Gegeben:** Anzahl Lkw: 20 pro Stunde
Ladung: 35 t
Dauer: 8 Stunden
Gesucht: Gesamtgewicht

b) **Gegeben:** Länge Waggon: 14 m
Ladung: 25 t
Gesucht: Länge des Güterzuges

a) **Plan:**
Berechne die Zahl der Kieszüge in 8 Stunden und dann das Gewicht!
Oder: Gewicht der Ladung in einer Stunde, dann in 8 Stunden!
$(20 \cdot 8) \cdot 35\ t = 160 \cdot 35\ t = 5600\ t$
Oder $(20 \cdot 35\ t) \cdot 8$ (Faktoren darfst du vertauschen)
Die Tagesmenge wiegt 5600 t.

b) **Plan:**
Berechne die Anzahl der Waggons (Wie oft ist die Ladung eines Waggons in der Tagesmenge enthalten?) und damit die Gesamtlänge!
$5600\ t : 25\ t = 224$
$224 \cdot 14\ m = 3136\ m = 3\ km\ 136\ m$
Oder als Gesamtansatz: $(5600\ t : 25 t) \cdot 14\ m = 3136\ m$
Der Güterzug wäre 3 km 136 m lang.

Übung 1

Brücke

Ein Lastkraftwagen wiegt ohne Ladung 2,8 t. Er hat 108 Pakete zu je 38 kg und 9 Fässer zu je 50 kg geladen. Darf er über eine Brücke fahren, die 7,5 t Gesamtgewicht zulässt? (Kleine Schritte)

Übung 2

Biomarmelade

Im Garten von Familie Schreber gibt es in diesem Jahr viele Erdbeeren. Daher möchte Frau Schreber selbst Erdbeermarmelade machen. Die Kinder Erna und Peter helfen beim Pflücken mit. Anschließend wiegen alle drei ihre Erdbeeren auf der Küchenwaage. Erna hat 1 kg 200 g, Peter 850 g und Frau Schreber 1 kg 450 g geerntet. Zusammen mit dem Inhalt von 6 Paketen Zucker zu je 500 g werden die Erdbeeren einige Minuten gekocht und dann in Gläser zu je 450 g abgefüllt. Was übrig bleibt, dürfen die Kinder gleich verzehren. Wie viele Gläser kann Frau Schreber abfüllen? (Gesamtansatz)

Übung 3

Der starke Mann

Ein Gewichtheber hat bei einem Wettkampf ein Gewicht von 260 kg gestemmt und damit den Weltrekord im sogenannten „Stoßen" geschafft.

a) Wie viele Kisten Limonade könnte er aufeinandergestapelt anheben, wenn eine Kiste 20 volle Flaschen zu je 920 g enthält und die leere Kiste 1 kg 600 g wiegt? (Kleine Schritte)

b) Wie hoch wäre der Stapel, wenn eine Kiste 26 cm hoch ist?

Übung 4

Gewichtsproblem

Ein LKW soll mit großen blauen Kisten und kleinen roten Kisten beladen werden. Es werden 12 blaue Kisten zu je 650 kg aufgeladen. Eine rote Kiste wiegt 240 kg. Die ganze Ladung wiegt 15 t. Für wie viele rote Kisten ist noch Platz? (Gesamtansatz)

4 Lösungswege II – Die Sache mit dem „x“!

Hier lernst du die 3. Möglichkeit kennen, mit der du bestimmte Aufgaben, in denen nach einer Unbekannten „x“ gefragt wird, bearbeiten und lösen kannst.
Ein Ausdruck mit Platzhalter, meist x genannt, und genau einem Gleichheitszeichen (=) heißt Gleichung. Wir unterscheiden bei der Gleichung eine linke und eine rechte Seite.

Tipp

Verwende für jeden Rechenschritt eine neue Zeile und schreibe die Gleichheitszeichen exakt untereinander.

Beispiel

Von welcher Zahl muss man die Summe der Zahlen 48 und 27 subtrahieren, um die Differenz der Zahlen 25 und 12 zu erhalten?

Info

Kennst du die Begriffe noch?
Summand + Summand = Summe
Minuend – Subtrahend = Differenz
1. Faktor · 2. Faktor = Produkt
Dividend : Divisor = Quotient

Plan:
Die gesuchte Zahl ist x. Das Wort „um“ (… zu erhalten) zeigt dir die Lage des Gleichheitszeichens (=). Es bestimmt auch die linke Seite (Zahl und Summe) und die rechte Seite (Differenz) der Gleichung. Das Wort „von“ setzt die gesuchte Zahl x an die erste Stelle der Differenz. (Erinnere dich: Wir subtrahieren von der gesuchten Zahl!)

x – Summe = Differenz;	Zahlen einsetzen!
$x - (48 + 27) = 25 - 12;$	beide Seiten berechnen!
$x - 75 = 13;$	Probe auf den Minuenden x!
$x = 13 + 75;$	
$x = 88$	

Die Zahl heißt 88.

Ausrechnen: Probeschritte bei Gleichungen (Beispiele)

Summe:	$x + 5 = 8$	Probe auf den 1. Summanden:	$x = 8 - 5 = 3$
Summe:	$7 + x = 9$	Probe auf den 2. Summanden:	$x = 9 - 7 = 2$
Differenz:	$x - 9 = 5$	Probe auf den Minuenden:	$x = 5 + 9 = 14$
Differenz:	$8 - x = 2$	Probe auf den Subtrahenden:	$x = 8 - 2 = 6$
Produkt:	$x \cdot 3 = 6$	Probe auf den 1. Faktor:	$x = 6 : 3 = 2$
Produkt:	$2 \cdot x = 8$	Probe auf den 2. Faktor:	$x = 8 : 2 = 4$
Quotient:	$x : 4 = 8$	Probe auf den Dividenden:	$x = 8 \cdot 4 = 32$
Quotient:	$6 : x = 3$	Probe auf den Divisor:	$x = 6 : 3 = 2$

Übung 1

a) Welche Zahl muss man zur Differenz der Zahlen 189 und 45 addieren, um die Summe der Zahlen 123 und 234 zu erhalten?

b) Welche Zahl muss man von der Differenz der Zahlen 95 und 24 subtrahieren, um die Summe zu erhalten, deren 1. Summand die Differenz der Zahlen 67 und 35 und deren 2. Summand die Zahl 19 ist?

c) Zu welcher Zahl muss ich die größte zweistellige Zahl addieren, um den Unterschied (Differenz) zwischen der größten dreistelligen Zahl und 222 zu erhalten?

Übung 2

a) Ich denke mir eine Zahl. Wenn ich diese Zahl mit dem Quotienten aus 128 und 16 multipliziere, so ergibt sich der gleiche Wert wie bei einer Differenz, deren Minuend das Produkt der Zahlen 4 und 125 und deren Subtrahend der Quotient der Zahlen 720 und 12 ist. Wie heißt die Zahl?

b) Welche Zahl muss man durch die Summe der Zahlen 18 und 82 dividieren, um das Produkt aus der Summe der Zahlen 11 und 19 und der Differenz der Zahlen 29 und 18 zu erhalten?

Übung 3*

a) Mit welcher Zahl muss man $2\frac{3}{4}$ multiplizieren, um $4\frac{1}{8}$ zu erhalten?

b) Von welcher Zahl muss man die Summe der Zahlen $20\frac{1}{2}$ und $18\frac{3}{4}$ subtrahieren, um die Differenz der Zahlen $212\frac{2}{3}$ und $195\frac{5}{6}$ zu erhalten?

Übung 4*

a) Welche Zahl muss man durch die Summe der Zahlen $1\frac{2}{3}$ und $\frac{5}{12}$ dividieren, um $1\frac{3}{5}$ zu erhalten?

b) Durch welche Zahl muss man 8,5 dividieren, um das Produkt der Zahlen 3,4 und 0,25 zu erhalten?

5 Längen – Rennfahrer, Radler, Wanderer

Beispiel

Beim großen Preis von Traumland starten auch die Rennfahrer Gabriel Sockenstricker (Socki) und Simon Hügel. Die Strecke ist 308 km lang. Socki ist nach 44 Runden der große Sieger, während Simon Hügel nach 224 km – zum Glück unverletzt – im Gebüsch landete.

a) Wie lang ist eine Runde?
b) Nach wie vielen Runden ist Hügel ausgeschieden?

a) **Gegeben:** Strecke: 308 km
44 Runden
Gesucht: Länge einer Runde

Plan:
Die ganze Strecke wird in 44 Teile geteilt.
Beachte, dass das Ergebnis der Teilung wieder eine Strecke ist.
308 km : 44 = 7 km

b) **Gegeben:** Strecke: 224 km
Länge einer Runde: 7 km
Gesucht: Anzahl der Runden

Plan:
Berechne, wie oft die Strecke 7 km in der Strecke 224 km enthalten ist. Das Ergebnis ist eine Zahl ohne Maßeinheit.
224 km : 7 km = 32 (keine Benennung!)

a) Eine Runde ist 7 km lang.
b) Hügel ist nach 32 Runden ausgeschieden.

Beachte: Bei dieser Sorte Aufgaben darfst du nur Zahlen mit gleichen Benennungen teilen.

Übung 1

Harry nimmt Maß

Harry Hurtig plant eine Radtour.

a) Seine erste Etappe hat auf einer Karte im Maßstab 1 : 50 000 eine Länge von 52 cm. Wie lang ist sie in Wirklichkeit?

b) Die zweite Etappe soll 30 km lang sein. Welche Strecke misst er dafür auf der Karte?

c) Auf einer anderen Karte ist die zweite Etappe 40 cm lang. Welchen Maßstab hat diese?

Der Maßstab ist 1 :

Hilfe:

a) Die wirkliche Länge ist 50 000-mal so groß!

b) In der Karte der 50 000te Teil! (Teilung!)

c) Wie oft ist die Strecke auf der Karte in der wirklichen Strecke enthalten?

Übung 2

Wanderung

Zwei Freunde unternehmen eine viertägige Wanderung zu einem 132 km entfernten Ziel. Am 1. Tag legen sie 29 km, am 2. Tag 31 km, am 3. Tag 35 km zurück. Wie lang ist die letzte Strecke? Stelle eine Gleichung auf!

Tipp:

Alle Strecken zusammen (linke Seite) ergeben die ganze Strecke (rechte Seite).

Gleichung: ____ + ____ + ____ + ____ = ____

6 Gewicht – Flugzeug

Beispiel

Das Kurzstreckenflugzeug City-Hopper darf beim Start höchstens 14,6 t wiegen. Es hat ein Leergewicht einschließlich Besatzung von 8 t 98 kg, der Tank ist mit 2,94 t Kerosin (Treibstoff) gefüllt. Das Durchschnittsgewicht eines Passagiers wird mit 72 kg angenommen und pro Person sind ein Koffer mit 20 kg Gewicht sowie 5 kg Handgepäck erlaubt. Wie viele Passagiere kann das Flugzeug aufnehmen? Löse die Aufgabe mit einem Gesamtansatz!

Gegeben:	Höchstgewicht:	14,6 t
	Passagier:	72 kg
	Leergewicht:	8 t 98 kg
	Koffergewicht:	20 kg
	Treibstoff:	2,94 t
	Handgepäck:	5 kg
Gesucht:	Anzahl der Passagiere	

Plan:
Die Anzahl der Passagiere ergibt sich, wenn du ermittelst, wie oft das Gesamtgewicht einer Person (mit Gepäck!) in dem Gewicht enthalten ist, welches das Flugzeug noch aufnehmen kann (Zuladung). Die Zuladung ist der Unterschied zwischen Höchstgewicht und Leergewicht einschließlich Treibstoff.

Zuladung = Höchstgewicht – (Leergewicht + Treibstoff)
Person = Passagier + Koffer + Handgepäck
Anzahl = Zuladung : Person
Gesamtansatz: Ersetze jetzt die Begriffe Zuladung und Person! Klammern!

[Höchstgewicht – (Leergewicht + Treibstoff)]
: (Passagier + Koffer + Handgepäck)
= [14,6 t – (8 t 98 kg + 2,94 t)] : (72 kg + 20 kg + 5 kg)
= [14 600 kg – (8098 kg + 2940 kg)] : 97 kg
= [14 600 kg – 11038 kg] : 97 kg = 3562 kg : 97 kg = 36 Rest 70 kg

Der Rest ist für eine weitere Person zu wenig.
Antwort: Es können 36 Personen mitfliegen.

Übung 1

Weniger Gepäck

Wie viele Passagiere könnten im City-Hopper (siehe linke Seite) zusätzlich fliegen, wenn alle nur Handgepäck mitführen dürften? (Gesamtansatz)

Gegeben: siehe linke Seite (verwende auch die Ergebnisse!)

Gesucht: Zahl der zusätzlichen Passagiere

Tipp:

Teile die Summe aus dem Gesamtgewicht der 36 Koffer und dem Restgewicht durch das Gewicht eines Passagiers mit Handgepäck. Oder: Teile die Zuladung durch das Gewicht eines Passagiers mit Handgepäck.

Übung 2*

Warenauslieferung

Moritz Schnell liefert Ware aus. Beim ersten Kunden lädt er drei Kisten zu je 64 kg ab, das sind $\frac{2}{5}$ der Gesamtladung. Dem zweiten Kunden liefert er 25 Kisten zu je 3,52 kg. Die Kisten für den dritten Kunden wiegen je 12,5 kg.

a) Wie schwer ist die ganze Ladung (Zwischenergebnis: 480 kg)

b) Wie viele Kisten erhält der dritte Kunde?

c) Welcher Bruchteil des Gesamtgewichts entfällt auf den dritten Kunden (runde auf eine ganzzahlige Prozentzahl)?

Übung 3*

Saubermann

Großhändler Saubermann bezieht eine Lieferung Seifen mit einem Gesamtgewicht von 11,655 t. Es handelt sich um 250 Kisten mit Seifen der Marke „Dufti" und 200 Kisten mit Spezialseifen der Marke „Fleckweg". Jede Kiste wiegt ohne Inhalt 3,4 kg. Alle Kisten sind mit Inhalt gleich schwer.

a) Wie schwer ist der Inhalt einer Kiste? (Gesamtansatz)

b) Wie viele Seifenstücke jeder Marke sind es pro Kiste, wenn ein Stück „Dufti" 125 g und ein Stück „Fleckweg" 75 g wiegt?

7 Geld – Christian als Zeitungsjunge

Beispiel 1

Christian verdient sich als Zeitungsausträger ein Taschengeld. Neben dem wöchentlichen Grundbetrag von 13,30 € kann er sein Einkommen mit Prämien aufbessern, wenn er zusätzlich Prospekte einer Werbefirma verteilt. Im Februar hat er eine Prämie zu 4,75 € und zwei Prämien zu 3 € 90 ct erhalten. Im März bekam er drei Prämien zu 4,35 €.
a) Wie viel hat Christian in diesen 8 Wochen verdient?
b) Wie viel verdiente er durchschnittlich in einer Woche (rechne mit 4 Wochen pro Monat)?

Gegeben: Grundbetrag: 13,30 €
Prämien: 4,75 €, zwei je 3 € 90 ct, drei je 4,35 €
Anzahl der Wochen: 8
Gesucht: a) Gesamtverdienst in 8 Wochen
b) Wöchentlicher Durchschnittsverdienst

Plan:
Die Gesamteinnahmen ergeben sich aus dem achtfachen Grundbetrag und allen Prämien. Durchschnitt heißt: Die Gesamteinnahmen werden rechnerisch gleichmäßig auf die 8 Wochen verteilt.
a) 13,30 € · 8 + 4,75 € + 3 € 90 ct · 2 + 4,35 € · 3
= 10 640 ct + 475 ct + 780 ct + 1305 ct = 13 200 ct = 132 €
Christian hat insgesamt 132 € verdient.
b) 13 200 ct : 8 = 1650 ct = 16,50 €
In einer Woche verdiente er durchschnittlich 16,50 €.

Beispiel 2

Kasten oder Flasche?
Eine Flasche Limonade kostet einzeln 45 Cent ohne Pfand. Otto kauft einen ganzen Kasten mit 20 Flaschen und bezahlt dafür 9,10 €, wobei 2,50 € Pfand für den Kasten und die Leerflaschen enthalten sind. Um wie viel ist die Flasche im Einzelverkauf teurer (rechne mit Gesamtansatz)?

Gegeben: Einzelpreis: 45 Cent,
Kastenpreis: 9,10 €; Pfand: 2,50 €
Gesucht: Preisunterschied für eine Flasche

Plan:
Preis der Einzelflasche – Preis einer Flasche vom Kasten
Preis der Einzelflasche – [(Gesamtpreis minus Pfand) : Anzahl der Flaschen]
45 ct – [(9,10 € – 2,50 €) : 20] = 45 ct – 660 ct : 20
= 45 ct – 33 ct = 12 ct
Die Einzelflasche ist um 12 Cent teurer.

Übung 1

Schreibwaren

Christina kauft zum Schulanfang ein: Ein Schreibmäppchen für 7,90 €, 8 große Hefte zu je 65 Cent, 15 kleine Hefte zu je 40 Cent, einen Zirkel für 13,50 €, ein Geodreieck für 1,75 € und Farbstifte für 5,65 €. Ihre Mutter hat ihr einen 50-Euro-Schein mitgegeben.
Wie viel Geld muss sie wieder mitbringen? (Gesamtansatz)

Übung 2

Ausflug

Susi und Christiane unternehmen einen viertägigen Ausflug. Susi hatte anfangs 74,40 €, Christiane hatte 23,90 € mehr als Susi.
Bei der Rückkehr hatte Susi noch den 6ten Teil ihres Geldes übrig, bei Christiane fehlten noch 1,70 € zu 10 €.
Wie viel hat jede von beiden durchschnittlich pro Tag ausgegeben?

Übung 3

Bergwanderung

Ein Klasse mit 25 Schülern plant eine zweitägige Bergwanderung. Fahrtkosten und Übernachtung betragen zusammen 635 €. Die Übernachtung auf der Berghütte kostet pro Schüler 11 €.
a) Wie hoch sind die Fahrtkosten für jeden Schüler? (Gesamtansatz)

b) Ein Schüler wird krank und kann nicht mitfahren. Die Übernachtungskosten entfallen, aber der Preis für den Bus bleibt gleich. Welchen Betrag müssen die übrigen Schüler für den Bus dazuzahlen? Zwei Rechenwege sind möglich!

Übung 4

Guthabenhandy

Lisa hat zum Geburtstag ein Guthabenhandy mit Karte geschenkt bekommen. Die Eltern haben dafür 88 € bezahlt. Lisa berechnet die Gesamtkosten, die innerhalb von 2 Jahren mindestens anfallen werden. Sie weiß, dass 15 € Startguthaben beim Kauf enthalten ist, aber noch einmal 25 € für das Aufladen der Karte anfallen, damit diese im Zeitraum von 2 Jahren nicht verfällt.
a) Welche Gesamtkosten ermittelt Lisa?
b) Lisa nimmt sich vor, nur im Notfall zu telefonieren, und rechnet mit einem Anruf pro Monat von je 2 Minuten Dauer. Den Rest des Guthabens auf der Karte will sie für SMS verwenden. Wie viele SMS kann sie in dem Zeitraum verschicken, wenn die SMS 0,19 € kostet und eine Minute Telefongespräch mit 0,49 € zu Buche schlägt?

8 Geld – Prozente

Beispiel

Herr Glückspilz gewinnt im Lotto. Nun kauft er sich ein Auto, für das er nach Abzug von 3 % Skonto (= Preisnachlass) 33 950 € bezahlen muss. Für die 3 % Skonto kauft er sich ein Fernsehgerät. Die Hälfte des Gewinns legt er bei seiner Bank zu einem Zinssatz von 6 % an. Er erhält dafür monatlich 350 € Zinsen. Mit dem Rest seines Gewinns kauft er sich ein Grundstück.

a) Wie teuer war das Auto?

b) Was kostet das Fernsehgerät?

c) Wie hoch war der ganze Lottogewinn?

d) Wie teuer war das Grundstück?

e) Wie viel Prozent seines Gewinns macht der Preis für das Grundstück aus?

Gegeben: Skonto 3 %
Kosten des Autos abzüglich Skonto 33 950 €
Geldanlage der Hälfte zu 6 %
monatlicher Zins 350 €

Info

Prozentwert = Prozentsatz · Grundwert oder
Prozentsatz = Prozentwert : Grundwert oder
Grundwert = Prozentwert : Prozentsatz

Jahreszins = Zinssatz · Kapital oder
Zinssatz = Jahreszins : Kapital oder
Kapital = Jahreszins : Zinssatz

a) 33 950 € entspricht 97 % des Kaufpreises
(Tipp: 97 % = 0,97 = $\frac{97}{100}$)
33 950 € = Prozentwert; Kaufpreis = Grundwert
Kaufpreis = 33 950 € : 0,97 = 35 000 €
Das Auto kostet 35 000 €.

b) Skonto: 35 000 € – 33 950 € = 1050 €
(oder: 3% von 35 000 € = 0,03 · 35 000 €)
Das Fernsehgerät kostet 1050 €.

c) Jahreszins: 350 € · 12 = 4200 €
Kapital = 4200 € : 0,06 = 70 000 €
(Lottogewinn = doppeltes Kapital)
Der gesamte Lottogewinn beträgt 140 000 €.

d) Grundstück: 140 000 € – (70 000 € + 35 000 €) = 35 000 €
Das Grundstück kostet 35 000 €.

e) Grundstückspreis = Prozentwert; Lottogewinn = Grundwert;
Prozentsatz = 35 000 € : 140 000 € = 0,25
Der Preis für das Grundstück macht 25 % des Gewinns aus.

Übung 1*

Schnäppchen

Franz Schön und seine Freundin Lisa Hübsch sind auf Schnäppchenjagd. Er kann einen mit 385 € ausgezeichneten Anzug 30 % billiger bekommen. Sie erhält beim Kauf eines Kleides 35 % Preisnachlass und muss noch 135,85 € bezahlen. Außerdem findet Frau Hübsch noch ein Paar Schuhe zum Preis von 84 €, die vorher 120 € gekostet haben.

a) Was muss Herr Schön für den Anzug bezahlen?

b) Wie teuer war das Kleid von Frau Hübsch ursprünglich?

c) Um wie viel Prozent (des ursprünglichen Preises) sind die Schuhe billiger geworden?

Übung 2*

Herr Glückspilz lässt sein Geld wachsen

Herr Glückspilz hat bei seiner Bank 140 000 € zu 6 % angelegt.

a) Wie viel Zins erhält er nach einem Jahr?

b) Wie viel Geld (einschließlich Zinsen) besitzt er nach dem zweiten Jahr, wenn er den Zins des 1. Jahres zu seiner Geldeinlage hinzufügt?

Übung 3*

Geldanlage

Frau Money hatte zum Jahresbeginn ihr Geld zu 6 % angelegt. Am Jahresende lässt sie sich das Kapital samt Zinsen ausbezahlen und erhält 26 500,00 €. Wie hoch war das ursprüngliche Kapital am Jahresanfang? (Beachte: Sie hat am Ende des Jahres 106 % ihres Kapitals.)

Übung 4*

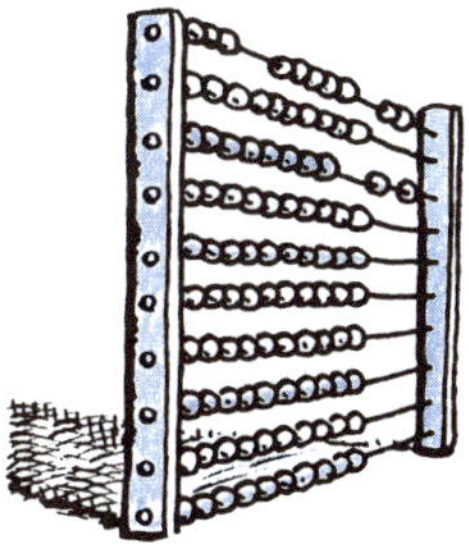

Ausgetrickst

Ein Händler hat den Preis einer Ware um 20 % heraufgesetzt. Da er diese Ware aber nicht verkaufen kann, hat er den neuen Preis wieder um 15 % gesenkt. Die Ware kostet nach dieser Preissenkung 2040 €. Wie hoch war der heraufgesetzte Preis und was kostete die Ware ursprünglich?

Tipp: Der letzte Preis entspricht 85 % des heraufgesetzten Preises; der heraufgesetzte Preis entspricht 120 % des ursprünglichen Preises.

9 Zeit – Fernsehen

Beispiel

David schaut durchschnittlich pro Tag zwei Sendungen im Fernsehen an. Eine Serie geht täglich von 17.00 Uhr bis 17.25, die zweite Sendung geht von 18.00 Uhr bis 18.30 Uhr. Wie viel Zeit verbringt David in einem Monat vor der Flimmerkiste (rechne mit 30 Tagen), wie viel Zeit in einem Jahr?

Gegeben: 1. Serie: 17.00 – 17.25 Uhr: Zeit: 25 min
2. Serie: 18.00 – 18.30 Uhr: Zeit: 30 min
Monat: 30 Tage

Gesucht: Gesamtzeit in einem Monat und in einem Jahr.

Plan:
Berechne die Dauer der Sendungen pro Tag, dann pro Monat und Jahr. Achte auf die verschiedenen Umrechnungszahlen bei Minuten, Stunden, Tagen, Monaten und Jahren.

täglich: 25 min + 30 min = 55 min;
monatlich: 55 min · 30 = 1650 min = 27 h 30 min
jährlich: 1650 min · 12 = 19 800 min = 330 h = 13 Tg 18 h
(oder: 27 h 30 min · 12 = 324 h 360 min = 330 h)

David verbringt monatlich 27 Stunden 30 Minuten und jährlich 13 Tage 18 Stunden vor dem Fernsehapparat.

Übung 1

Dauernd Werbung!
Wie viel Werbungszeit muss David bei seiner täglichen Fernsehzeit (siehe linke Seite) monatlich und jährlich über sich ergehen lassen, wenn in der Serie 4 min 42 s und in der zweiten Sendung 4 min 38 s Werbung eingeschoben werden?

Übung 2

Videorecorder
Hansi Glotz möchte sich eine 12-teilige Krimiserie mit seinem Videorecorder aufnehmen. Er hat zwei Kassetten für jeweils 300 Minuten zur Verfügung. In Programmheft steht als Sendezeit 20.15 Uhr bis 21.10 Uhr.

a) Hansi rechnet die ganze Sendezeit für alle Folgen aus. Was muss er feststellen?

b) Er möchte nicht während einer Folge die Kassette wechseln. Wie viele ganze Folgen bringt er auf eine Kassette und wie viele Minuten bleiben ihm auf jeder Kassette ungenutzt übrig?

c) Hansi hat eine Idee: Da jede Folge von drei Werbeblöcken unterbrochen wird, stoppt er in dieser Zeit die Aufnahme. Die Werbeblöcke dauern 4 min 50 s, 3 min 20 s und 4 min 10 s. Reichen ihm jetzt die zwei Kassetten?

Übung 3

Spritztour
Harry Hurtig macht eine Spritztour mit seinem Fahrrad. Er startet um 8.10 Uhr. In 3 Stunden 30 Minuten legt eine Strecke von 63 km zurück.
Nach einer 40-minütigen Mittagspause macht er sich auf den Heimweg. Weil die Strecke leicht bergab geht, bräuchte er 30 Minuten weniger Fahrzeit. Leider zwingt ihn eine Reifenpanne zu einem Zwischenhalt von 25 Minuten. Wann ist Harry Hurtig wieder zu Hause?

10 Geschwindigkeit – Harry Hurtig auf Achse

Beispiel 1

Harry Hurtig hat bei einer Spritztour für die Strecke von 63 km auf dem Hinweg 3 h 30 min gebraucht. Wie viele Meter legt Harry auf dem Hinweg durchschnittlich in einer Minute zurück, wie viele Kilometer in einer Stunde?

Gegeben: Hinweg: 63 km, Fahrzeit: 3 h 30 min
Gesucht: Hinweg: Wie viele m pro min, km pro h?

Plan:
Wandle die Strecke in Meter und die Zeit in Minuten um!
Meter pro Minute: Teile die Strecke durch die Anzahl der Minuten;
Kilometer pro Stunde: Rechne Meter pro Stunde (1 h = 60 min), wandle das Ergebnis in Kilometer um!
3 h 30 min = 210 min und 63 km = 63 000 m
63 000 m : 210 = 300 m (in 1 Minute)
300 m · 60 = 18 000 m = 18 km
Harry legte in einer Minute 300 m, in einer Stunde 18 km zurück.

Info

$$\text{Geschwindigkeit} = \frac{\text{Länge der Strecke}}{\text{benötigte Zeit}} = \frac{\text{Strecke}}{\text{Zeit}} \quad \text{oder} \quad v = \frac{s}{t}$$

Beispiel 2

Herr Schnell legt mit seinem Pkw in 2 Stunden 180 km zurück.
a) Wie schnell ist er durchschnittlich in einer Stunde, in einer Minute und in einer Sekunde unterwegs?

$$v = \frac{180\text{ km}}{2\text{ h}} = 90\,\frac{\text{km}}{\text{h}} = 90\,\frac{1000\text{ m}}{60\text{ min}} = 1500\,\frac{\text{m}}{\text{min}} = 1500\,\frac{\text{m}}{60\text{ s}} = 25\,\frac{\text{m}}{\text{s}}$$

b) Wie weit kommt er in 3,6 Stunden?

Tipp:
Strecke = Geschwindigkeit · Zeit oder $s = v \cdot t$

$$90\,\frac{\text{km}}{\text{h}} \cdot 3{,}6\text{ h} = 324\text{ km}$$

c) Wie lange benötigt er für eine Strecke von 405 km?

Tipp:
Zeit = Strecke : Geschwindigkeit oder $t = s : v$

$$405\text{ km} : 90\,\frac{\text{km}}{\text{h}} = 4{,}5\text{ h}$$

Übung 1

Harrys Rückweg

Harry Hurtig hat für die gleiche Strecke auf dem Rückweg 3 h gebraucht. Um wie viel Meter in der Minute fährt er auf dem Rückweg schneller als auf dem Hinweg?

Übung 2

Socki gibt Gas

Der Rennfahrer Socki hat den großen Preis von Traumland in einer Zeit von 1 h 28 min gewonnen. Wie schnell war er auf der 308 km langen Strecke durchschnittlich unterwegs (wie viel Meter in einer Minute, wie viel Kilometer in einer Stunde)?

Übung 3

Autofahrt

Herr Renner braucht für die 221 Kilometer lange Strecke von A-Stadt nach B-Dorf 3,4 Stunden. Mit der gleichen Durchschnittsgeschwindigkeit geht die Fahrt weiter nach C-Hausen, welches nach 2,8 Stunden erreicht wird. Wie lang hätte er für die gesamte Strecke bei einer Durchschnittsgeschwindigkeit von 80 km/h gebraucht?

Übung 4

Schneckentempo

Schnecke Erna besucht ihre Freundin Eulalia. Auf ihrem Weg schafft sie 54 cm in 2 Minuten.

a) Wie viel Millimeter schafft sie pro Sekunde, wie viel Meter pro Minute?

b) Welche Strecke (in cm) hat sie zurückgelegt, wenn sie nach 35 min 24 s am Ziel ist?

11 Fläche – Pferdekoppel

Beispiel

Ein Bauer besitzt eine 205 m lange und 87 m breite rechteckige Wiese und einen Elektrozaun mit der Gesamtlänge von 528 m.

a) Wie lang ist das Rechteck, das er einzäunen kann, wenn er die ganze Wiesenbreite nutzen will?

b) Wie groß ist der Flächeninhalt a der restlichen, nicht eingezäunten Wiese?

c) Wie viele Meter Zaun muss der Bauer dazukaufen, um die ganze Wiese einzäunen zu können?

Tipp:

Eine Skizze erleichtert dir bei vielen Aufgaben das Verständnis und führt dich zur richtigen Lösung.

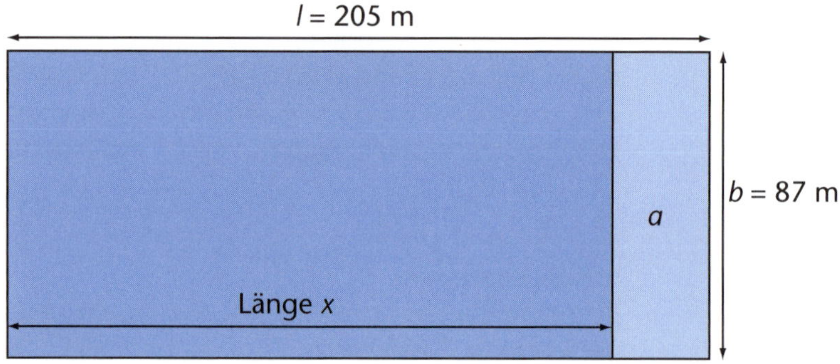

Zaunlänge = 528 m

Die Skizze enthält nur die für die Aufgabe wesentlichen Angaben.

Gesucht: a) Länge x
b) Flächeninhalt a
c) Länge des fehlenden Zaunes

a) **Plan:**

Die Länge x ergibt mit der Breite b die halbe Länge des Zaunes.

$x + 87 = 528 : 2$; $x = 528\text{ m} : 2 - 87\text{ m} = 177\text{ m}$

Es kann ein Rechteck von 177 m Länge eingezäunt werden.

b) **Plan:**

Subtrahiere von der Gesamtfläche der Wiese die eingezäunte Fläche!

$(205\text{ m} - 177\text{ m}) \cdot 87\text{ m} = 2436\text{ m}^2$

Es bleibt eine Fläche von 2436 m^2 übrig.

c) **Plan:**

Berechne die fehlenden Stücke der Länge des Grundstücks!

$(205\text{ m} - 177\text{ m}) \cdot 2 = 28\text{ m} \cdot 2 = 56\text{ m}$

Der Bauer muss 56 m Zaun dazukaufen.

Übung 1

Terrasse

Eine rechteckige Terrasse ist 8 m lang und 3 m 50 cm breit. Sie soll mit quadratischen Platten belegt werden. Die Kantenlänge einer Platte beträgt 50 cm. Wie viele Platten braucht man?

Übung 2*

Flächenvergleich

Ein Quadrat mit der Seitenlänge 120 dm ist so groß wie ein Rechteck mit der Breite 15 m. Wie lang ist das Rechteck? Stelle eine Gleichung auf!

Übung 3

Umgehungsstraße

Nach dem Bau der Umgehungsstraße sollen zwei Felder eines Bauern zu einem rechteckigen flächengleichen Feld zusammengelegt werden. Das erste Feld ist rechteckig mit den Seitenlängen 315 m und 35 m, das zweite Feld ist quadratisch mit einer Seitenlänge von 45 m. Wie breit muss das neue Feld werden, wenn es 145 m lang sein soll?

Übung 4

ICE-Trasse

Die Hochgeschwindigkeitsstrecke Hannover–Würzburg ist 327 km lang. Für die Trasse (= Bahnlinie mit den Böschungen) wurde ein Gelände von 1046 ha 40 a eingeplant. Wie groß ist die durchschnittliche Trassenbreite?

Übung 5

Reihenhaus

Auf einem Gelände von 40 a werden 7 Reihenhäuser errichtet. Für Straßen und Garagen werden 1080 m^2 benötigt. Die beiden Eckhäuser erhalten jeweils 480 m^2 Grund. Wie viel Grund entfällt auf jedes der untereinander gleichen Mittelhäuser?

Übung 6*

Start zur Badesaison

Fritz Flosse will sein Schwimmbecken für die Badesaison herrichten. Es ist 6 m lang, 5,5 m breit und 2,5 m tief und soll innen mit einer wasserfesten Farbe gestrichen werden. Wie groß ist die Fläche, die gestrichen werden muss?

12 Volumen – Eiszeit in Europa

Beispiel

Die „Informationszentrale Eiscreme" meldet für das Jahr 1995 folgenden Speiseeis-Verbrauch pro Kopf (d. h. auf alle Bewohner des jeweiligen Landes berechnet):

Dänemark	10 l 300 ml
Deutschland	8 l 200 ml
Griechenland	4 l 500 ml
Irland	10 l 700 ml
Italien	9 l 100 ml
Frankreich	6 l 900 ml
Niederlande	8 l 300 ml
Portugal	3 l 900 ml
Österreich	7 l 100 ml
Schweden	13 l

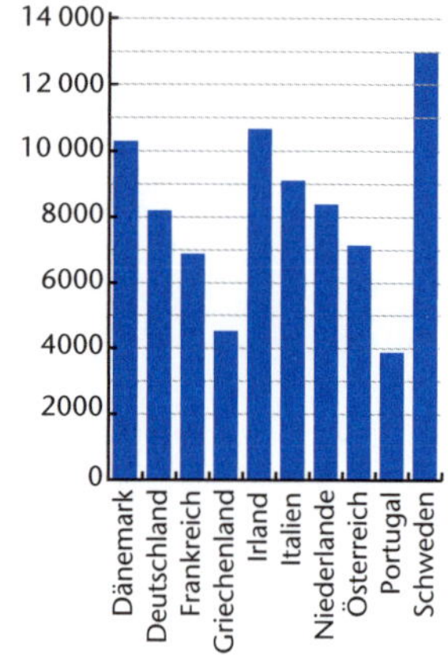

a) Zeichne in dein Heft ein Balkendiagramm (1 l entspricht 1 cm).
b) Wie groß ist der durchschnittliche Pro-Kopf-Verbrauch für alle angegebenen Länder?

b) **Gegeben:** Anzahl der Länder: 10
Pro-Kopf-Verbrauch siehe Tabelle
Gesucht: durchschnittlicher Pro-Kopf–Verbrauch

Plan:
Teile die Summe aller Verbrauchswerte durch die Anzahl der Länder.
(10 l 300 ml + 8 l 200 ml + 4 l 500 ml + 10 l 700 ml + 9 l 100 ml
+ 6 l 900 ml + 8 l 300 ml + 3 l 900 ml + 7 l 100 ml + 13 l) : 10
= 78 l 4000 ml : 10
= 82 000 ml : 10
= 8200 ml
= 8 l 200 ml
Der durchschnittliche Pro-Kopf -Verbrauch beträgt 8 l 200 ml.

Übung 1

Eisturm
Verwende die Angaben des Beispiels.
a) Wie viele Eispackungen zu je 500 ml verbraucht eine deutsche Stadt mit 20 000 Einwohnern durchschnittlich pro Jahr?

b) Wie hoch wäre der Eisturm, wenn man alle 5 cm hohen Eispackungen aufeinanderstapeln würde?

Übung 2

Im Weinkeller

Winzermeister Werner Fassbund füllt Wein aus einem 12-hl-Fass in Weinflaschen ab. Er hat 820 Flaschen zu je 700 ml und 378 Ein-Liter-Flaschen zu Verfügung. Außerdem werden 11 Fässchen zu je 20 Liter gefüllt.

a) Wie viele Liter Wein bleiben in dem großen Fass noch übrig? (Gesamtansatz)

b) Wie viele 700-ml-Flaschen muss Herr Fassbund noch besorgen, damit das große Fass vollständig geleert ist?

Übung 3

Durst löschen

Frau Sorge hat gelesen, dass Kinder im Alter von 11 Jahren pro Tag durchschnittlich zwischen 900 ml und 1 l Flüssigkeit zu sich nehmen sollen. Sie beschließt, dies bei ihrer Tochter Kathrin zu überprüfen, und notiert eine Woche lang deren Getränkeverbrauch. Zusätzlich zu dem täglichen halben Liter (= 500 ml) Milch hat sie nach 7 Tagen für Wasser und Säfte folgende Zahlen notiert: 350 ml, 575 ml, 375 ml, 1 l 50 ml (ein heißer Tag), 375 ml, 280 ml und 250 ml.

a) Kann Frau Sorge zufrieden sein?

b) Wie viel Flüssigkeit würde Kathrin bei einem Tagesverbrauch von 900 ml in einem Monat (30 Tage), in einem Jahr trinken?

c) Wie viele Kisten zu je 12 Flaschen mit je 750 ml Inhalt ergibt das in einem Jahr? Verwende das Ergebnis von b).

Übung 4*

Wasserbecken

Ein Wasserbecken ist 4,5 m lang und 2,4 m breit. Wie viel Hektoliter enthält es, wenn das Wasser 1,5 m hoch steht?

13 Kleinstes gemeinsames Vielfaches (kgV) – Trainingsrunden

Beispiel

Die drei Sportler Flink, Schnell und Sprinter laufen nebeneinander. Dabei beträgt die Schrittlänge von Flink 1 m 30 cm, die von Schnell 1 m 20 cm und die von Sprinter 90 cm. Den Lauf haben alle drei mit dem gleichen Bein begonnen.

a) Nach welcher Strecke kommen alle jeweils gleichzeitig mit dem gleichen Bein auf?

b) Wie viele Schritte muss jeder bis dahin machen?

Gegeben: Flink: 1 m 30 cm,
Schnell: 1 m 20 cm,
Sprinter: 90 cm

Gesucht: a) zurückgelegte Strecke
b) Anzahl der Schritte

Plan:

a) Suche die kleinste Strecke, in der alle Strecken enthalten sind; also das kgV! Achte auf gleiche Benennungen! Wende die Primfaktorzerlegung an!

Info

Das kgV ist das Produkt aller vorkommenden Primzahlen. Die einzelnen Primfaktoren müssen aus der Zerlegung genommen werden, in der sie am häufigsten vorkommen.

Primfaktorzerlegung:

$130 = 2 \cdot 5 \cdot 13$

$120 = 2 \cdot 2 \cdot 2 \cdot 3 \cdot 5$

$90 = 2 \cdot 3 \cdot 3 \cdot 5$

kgV (130, 120, 90) $= 2 \cdot 2 \cdot 2 \cdot 3 \cdot 3 \cdot 5 \cdot 13 = 4680$ (cm)

Nach 46 m 80 cm kommen alle gleichzeitig mit dem gleichen Bein auf.

b) Berechne, wie oft die einzelnen Schrittlängen in dieser kleinsten Strecke enthalten sind.

Tipp: Streiche die Primfaktoren der Zahl 130 aus den Primfaktoren des kgV, so ergibt das Produkt der restlichen Primfaktoren die Zahl 36! Versuche es selbst!

4680 cm : 130 cm = 36
4680 cm : 120 cm = 39
4680 cm : 90 cm = 52

Flink muss 36, Schnell 39 und Sprinter 52 Schritte machen.

Übung 1

Holzklötzchen-Turmbauspiel

Susi, Berti und Maxi bauen Türmchen aus quaderförmigen Holzklötzchen. Je zwei gegenüberliegende Seitenflächen der Klötzchen sind gelb, grün und rot. Susi stellt ihre Klötzchen auf die gelbe Seite, sie sind dann 42 mm hoch. Berti stellt die Klötzchen auf die grüne Seite, sie sind dann 30 mm hoch. Maxi stellt sie auf die rote Seite, sie sind dann 36 mm hoch. Die drei vergleichen immer die Höhen und hören mit dem Turmbau auf, sobald alle drei Türme gleich hoch geworden sind.

a) Welche Höhe erreichen sie?

b) Wie viele Klötzchen braucht jeder der drei?

Übung 2

Modelleisenbahn

Benny lässt die drei Lokomotiven Schnauf, Zisch und Knatter seiner Modelleisenbahn gleichzeitig vom Bahnhof losfahren. Sie fahren auf verschiedenen Strecken. Schnauf kommt jeweils nach 25 Sekunden, Zisch nach 30 Sekunden und Knatter nach 40 Sekunden wieder am Bahnhof vorbei.

a) Nach welcher Zeit kommen sie wieder gemeinsam an?

b) Wie viele Runden hat jede Lokomotive bis dahin geschafft?

14 kgV und ggT (größter gemeinsamer Teiler) – Holz sägen

Beispiel

Herr Säger hat eine Lieferung mit drei verschieden langen Holzstämmen erhalten. Sie besteht aus 5 kurzen, 7 mittleren und 3 langen Stämmen. Er möchte diese in möglichst große gleich lange Stücke sägen, damit sie anschließend passend gestapelt werden können. Er kann an seiner Sägemaschine die gewünschte Länge einstellen.

a) Welche Länge muss er wählen, wenn die Stämme 36 dm, 63 dm und 45 dm lang sind?

b) Aus wie vielen Stücken besteht sein Holzstapel?

Gegeben: Länge der Stämme: 36 dm, 45 dm, 63 dm

Gesucht: a) Länge der gleichen Stücke
b) Gesamtzahl der gleichen Stücke

a) **Plan:**
Die Holzstämme müssen zersägt werden; also ggT aller Längen.

Info

Der ggT ist das Produkt der Primzahlen, die in allen Primfaktorzerlegungen gleichzeitig vorkommen.

Primfaktorzerlegung:
$36 = 2 \cdot 2 \cdot 3 \cdot 3$
$45 = 3 \cdot 3 \cdot 5$
$63 = 3 \cdot 3 \cdot 7$
ggt (36, 45, 36) = 9 (dm)
Die Stücke sind 9 dm lang.

b) **Plan:**
Berechne die Stücke pro Stamm, dann für alle Stämme!

36 dm : 9 dm = 4;	5 Stämme: $4 \cdot 5 = 20$ Stücke
45 dm : 9 dm = 5;	7 Stämme: $5 \cdot 7 = 35$ Stücke
63 dm : 9 dm = 7;	3 Stämme: $7 \cdot 3 = 21$ Stücke
	insgesamt: 76 Stücke

Der Holzstapel besteht aus 76 gleichen Stücken.

Übung 1

Platten verlegen

Herr Flieser möchte den Boden eines rechteckigen Raumes, der 6 m 6 dm lang und 4 m 2 dm breit ist, mit möglichst großen quadratischen Platten auslegen. Wie viele Platten braucht er?

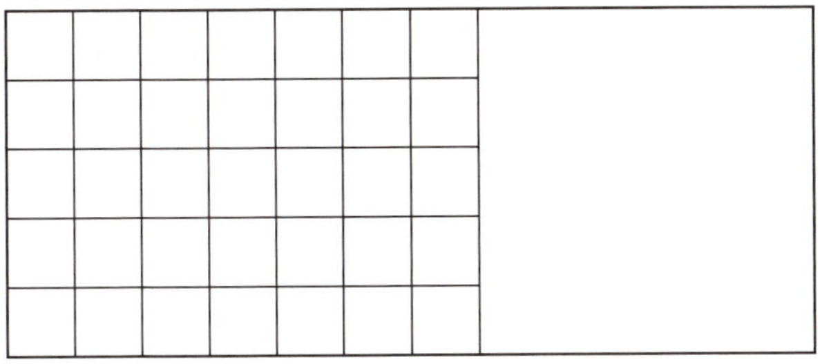

Tipp:

Die Länge einer Platte muss in die Länge und in die Breite des Raumes ohne Rest passen! Aus der Anzahl der Platten in der Länge und der in der Breite erhältst du die Gesamtzahl!

Übung 2

Pfosten aufstellen

Herr Gärtner möchte sein rechteckiges Grundstück einzäunen. Die Länge beträgt 66 m, die Breite 42 m, und auf einer Breitseite fallen 6 m für ein großes Tor weg. Die für den Zaun benötigten Pfosten möchte er auf allen Seiten im gleichen Abstand setzen. Da ihm der größtmögliche Abstand zu groß ist, halbiert er diesen.
Welchen Abstand für die Pfosten nimmt er dann?

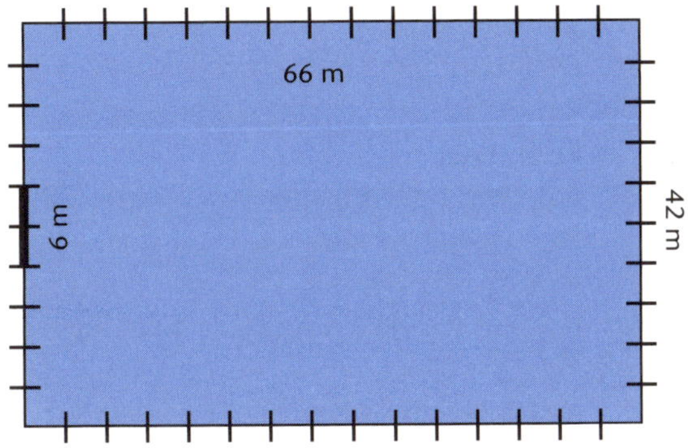

15 Direkte und indirekte Proportionalität

Beispiel 1

Lottogewinn

Max und Tina haben im Lotto zusammen 12 000 € gewonnen. Der Gewinn wird entsprechend den Einsätzen aufgeteilt. Max hatte 4,50 € und Tina 7,50 € eingesetzt. Wie viel Gewinn erhält jeder?

Tipp:

Je größer der Einsatz, desto größer der Gewinnanteil: also **direkte Proportionalität**! Der Gesamtgewinn entspricht dem Gesamteinsatz von 4,50 € + 7,50 € = 12 €.

12 € bringen 12 000 € Gewinn
1 € bringt 12 000 € : 12 = 1000 € Gewinn
4,50 € bringen 4,50 € · 1000 = 4500 € Gewinn
7,50 € bringen 7,50 € · 1000 = 7500 € Gewinn
(oder 12 000 € – 4500 €)

Beispiel 2

Hausbau

Die Arbeiten an einem Neubau können bei täglicher Arbeitszeit von 9 Stunden von 6 Arbeitern in 32 Tagen ausgeführt werden. Nach 8 Tagen werden noch 2 Arbeiter eingestellt und gleichzeitig die tägliche Arbeitszeit auf 8 Stunden herabgesetzt. In wie vielen Tagen ist die Arbeit fertig?

Tipp:

Mehr Arbeiter brauchen weniger Zeit: also **indirekte Proportionalität**! Bei weniger Arbeitszeit pro Tag dauert die Arbeit länger: also **indirekte Proportionalität**! 8 Tage wird normal gearbeitet. Es geht also um die restlichen 32 Tage!

6 Arbeiter brauchen bei täglich 9 Stunden 32 Tage
1 Arbeiter braucht bei täglich 1 Stunde 32 · 6 · 9 = 1728 Tage
8 Arbeiter brauchen bei täglich 8 Stunden = 27 Tage
Die Arbeit wird damit nach 8 + 27 = 35 Tagen beendet.

Beispiel 3

Lieferfrist

8 Arbeiter montieren in 5 Tagen 200 Werkstücke, z. B. Motoren. Eine Lieferung von 500 Werkstücken wird bestellt. Der Kunde möchte die Ware in 10 Tagen bekommen. Ist diese Frist einzuhalten, wenn noch 3 Arbeiter hinzukommen?

Tipp:

Mehr Arbeiter brauchen weniger Tage: also **indirekte Proportionalität**! Mehr Arbeiter schaffen mehr: also **direkte Proportionalität**!

8 Arbeiter montieren 200 Werkstücke in 5 Tagen
1 Arbeiter montiert 200 Werkstücke in 5 · 8 = 40 Tagen
1 Arbeiter montiert 1 Werkstücke in $\frac{40}{200}$ Tagen
11 Arbeiter montieren 500 Werkstücke in $\frac{40 \cdot 500}{200 \cdot 11} = 9\frac{1}{11}$ Tagen.
Die Frist kann eingehalten werden.

Übung 1

Schnelle Lieferung
12 Arbeiter montieren 200 Schaltschränke in 6 Tagen. Ein Kunde bestellt eine Lieferung von 500 Schaltschränken, möchte diese aber schon nach 9 Tagen geliefert haben. Wie viele Arbeiter müssen zusätzlich an diesem Auftrag mitarbeiten, wenn die Frist eingehalten werden soll?

Tipp:
Berechne zuerst die Anzahl der benötigten Arbeiter! Formuliere so, dass die gesuchten Arbeiter am Ende des Satzes stehen. Also:
200 Schaltschränken werden in 6 Tagen von 12 Arbeitern montiert.
Setzte nun entsprechend fort!

Übung 2

Bauplatzkosten
Ein Bauplatz von 35 m Länge und 25 m Breite kostet 70 000 €. Was kostet ein Bauplatz gleicher Breite, der aber 7,5 m länger ist?

Tipp:
Die Fläche ist zum Preis direkt proportional! Oder: Die Länge ist zum Preis direkt proportional, da die Breite gleich ist!

Übung 3

Gerecht verteilt
Herr Dreher kauft eine Maschine für 3500 €, sein Nachbar, Herr Schreiner, kauft bei der gleichen Firma eine Maschine für 4750 €. Beide Maschinen werden gemeinsam geliefert. Die Transportkosten von 165 € werden je nach Kaufpreis der Maschinen aufgeteilt.

Tipp:
Vergleiche Beispiel 1! Die Transportkosten entsprechen dem Gesamtpreis der Lieferung.

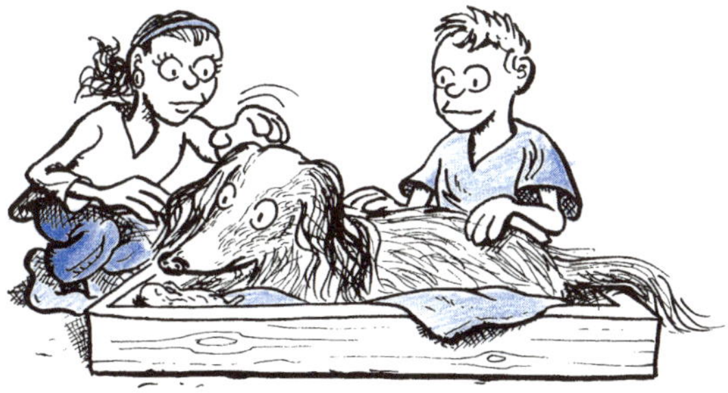

16 Zahlenterme

Addiere, subtrahiere, multipliziere und **dividiere** sind Rechenbefehle (vgl. S. 122). Summe, Differenz, Produkt und Quotient heißen die dazugehörigen Rechenausdrücke. Sie werden auch Terme genannt.

Beachte: Setze die durch die Begriffe Summe, Differenz, Produkt und Quotient beschriebenen Rechenausdrücke stets in Klammern, wenn diese nicht durch die Regel „Punkt vor Strich“ überflüssig sind. Im Zweifelsfall ist es besser, eine unnötige Klammer zu viel als eine notwendige Klammer zu wenig zu haben.

Achte auf die Reihenfolge der einzelnen Rechenausdrücke:
- Wir addieren … **zu**
- Wir subtrahieren … **von**
- Wir multiplizieren … **mit**
- Wir dividieren … **durch**

Beispiel 1

Addiere zur Differenz der Zahlen 93 und 14 die Summe der Zahlen 78 und 32. Löse mit einem Gesamtterm.
Beachte: Bei einem Gesamtterm (oder Gesamtansatz) wird die ganze Aufgabe in **einen** Rechenausdruck übersetzt. Nicht einzelne Teile vorher ausrechnen!
„**Addiere zur Differenz …**“ heißt, die Differenz steht an erster Stelle.

In Worten:	Differenz	+	Summe	=
Mit Zahlen (achte auf Klammern!):	(93 – 14)	+	(78 + 32)	=
Klammern zuerst rechnen!	79	+	110	= 189

Beispiel 2

Subtrahiere vom Produkt der Zahlen 7 und 14 den Quotienten der Zahlen 72 und 12. Löse mit einem Gesamtterm.
Beachte: „**Subtrahiere vom Produkt …**“ heißt: Das Produkt steht an erster Stelle. Wegen „Punkt vor Strich“ kannst du hier die Klammern weglassen.

In Worten:	Produkt	–	Quotient	=
Mit Zahlen (achte auf Klammern!):	7 · 14	–	72 : 12	=
Punkt vor Strich beachten!	98	–	6	= 92

Beispiel 3

Multipliziere die Differenz der Zahlen 37 und 14 mit dem Quotienten der Zahlen 84 und 12. Löse mit einem Gesamtterm.
Beachte: „**Multipliziere die Differenz … mit dem Quotienten …**“ heißt: Die Differenz steht an erster Stelle. Wegen „mal“ und „geteilt“ steht auch der Quotient in Klammern.

In Worten:	Differenz	·	Quotient	=
Mit Zahlen (achte auf Klammern!):	(37 – 14)	·	(84 : 12)	=
Klammern zuerst!	23	·	7	= 161

Beispiel 4

Dividiere die Summe der Zahlen 136 und 14 durch das Produkt der Zahlen 5 und 15. Löse mit einem Gesamtterm.
Beachte: „Dividiere die Summe … durch das Produkt …“ heißt: Die Summe steht an erster Stelle. Wegen „geteilt“ und „mal“ steht auch das Produkt in Klammern.

In Worten:	Summe : Produkt =
Mit Zahlen (achte auf Klammern!)	$(136 + 14) : (5 \cdot 15) =$
Klammern zuerst!	$150 : 75 = 2$

Übung 1

a) Dividiere die Differenz der Zahlen 85 und 15 durch die Summe der Zahlen 17 und 18.

b) Subtrahiere die Summe der Zahlen 34 und 47 von der Differenz der Zahlen 126 und 39.

c) Addiere zum Produkt aus 9 und 8 den Quotienten der Zahlen 84 und 4.

Übung 2

a) Addiere die Summe der Zahlen 12479, 8609 und 6574 zur Summe aus 5898 und der kleinsten vierziffrigen Zahl.

b)* Addiere zum Produkt der Zahlen 12 und –8 die Zahl 109.

c)* Subtrahiere von der Summe der Zahlen –23 und –45 die Differenz der Zahlen 22 und –16.

Übung 3*

a) Multipliziere die Differenz der Zahlen 55 und 43 mit der Summe der Zahlen –12 und –13.

b) Dividiere die Summe der Zahlen –12 und –18 durch die Differenz der Zahlen 38 und 32.

c) Subtrahiere von der Differenz der Zahlen 5,68 und 3,04 die Summe der Zahlen 0,58 und 0,6.

17 Noch mehr Terme

Beispiel

Addiere zur Differenz der Zahlen 98 und 79 das Produkt der Zahlen 11 und 13 und subtrahiere vom Ergebnis die Summe aus der Zahl 15 und dem Quotienten der Zahlen 84 und 4.
Hinweis: Löse die Aufgabe in mehreren Stufen. Suche die Rechenbefehle! Hier heißen sie **addiere** (+) und **subtrahiere** (–).
Beachte: „… vom Ergebnis …" meint das Ergebnis der Addition. Du brauchst also ein Klammerpaar, damit die Addition zuerst ausgeführt wird.

(________ + ________) – ____________________________ =

Suche die Terme und ordne sie den Rechenbefehlen zu!
Beachte die Reihenfolge von Differenz und Produkt!
Zu der Differenz wird das Produkt addiert.

(Differenz + Produkt) – Summe aus Zahl und Quotient =
In dem Wort „Summe" steckt noch ein Rechenbefehl (+)!

Achte auf die Klammern!
(Differenz + Produkt) – (Zahl + Quotient) =
$[(98 - 79) + (11 \cdot 13)] - [15 + (84 : 4)] =$

Wegen der Regel „Punkt vor Strich" kannst du einfacher schreiben:
$[(98 - 79) + 11 \cdot 13] - (15 + 84 : 4) =$

Berechnung:
$(19 + 143) - (15 + 21) = 162 - 36 = 126$

Löse die Aufgaben immer mit einem Gesamtterm (Gesamtansatz)!

Übung 1

Subtrahiere von der Summe aus dem Produkt der Zahlen 12 und 11 und dem Produkt der Zahlen 8 und 13 den Quotienten der Zahlen 144 und 16.

Übung 2

Multipliziere die Differenz der Zahlen 79 und 24 mit der Summe der Zahlen 33 und 17 und addiere zum Ergebnis die Zahl 100.

Übung 3

Ein Vorortzug hat 4 Waggons. Im ersten sitzen 37 Personen, im zweiten sind 19 weniger als im ersten, im dritten zweimal so viel wie im ersten und im vierten 15 mehr als im dritten. Wie viele Fahrgäste befördert der Zug?

Übung 4*

Addiere zur Summe der Zahlen –31 und –32 das Produkt der Zahlen –15 und 12 und multipliziere das Ergebnis mit –5.

Übung 5*

Subtrahiere vom Produkt der Zahlen –12 und –9 den Quotienten der Zahlen –48 und –6 und addiere zum Ergebnis die Differenz der Zahlen –9 und –35.

Übung 6*

Subtrahiere von dem Quotienten aus der Differenz der Zahlen $2\frac{12}{130}$ und $\frac{3}{13}$ und der Zahl 11 den Quotienten aus der Differenz der Zahlen $1\frac{1}{13}$ und $\frac{24}{65}$ und der Zahl 23 und addiere zum Ergebnis das Produkt der Zahlen $\frac{2}{5}$ und $\frac{6}{13}$.

Übung 7*

Dividiere die Summe aus dem Produkt der Zahlen 35,5 und 1,2 und dem Quotienten der Zahlen 48,6 und 0,6 durch die Zahl 0,5 und subtrahiere vom Ergebnis die Differenz aus dem Produkt der Zahlen 723,5 und 0,1 und dem Quotienten der Zahlen 0,056 und 0,001.

Übung 8*

Multipliziere die Summe der Zahlen 8,4 und –9,2 mit der Summe der Zahlen –2,1 und –3,9.

Übung 9*

Addiere zur Differenz der Zahlen –8,6 und 9,4 die Differenz der Zahlen –9,6 und –11,4 und multipliziere das Ergebnis mit der Summe der Zahlen –0,9 und –2,1.

18 Sport – Spiel – Freizeit I

Beispiel

Grillen (Gewicht, Zeit)
Herr Thüringer feiert gerne Gartenpartys und hat sich ein Gasgrillgerät gekauft, das 380 g Gas pro Stunde verbraucht. Beim Gashändler besorgt er sich eine Gasflasche, die gefüllt 25 kg 400 g wiegt. Der Händler erklärt, dass die Flasche leer ist, wenn sie ein Gewicht von 14 kg erreicht hat. Die Flasche kostet 46,65 €, einschließlich 30 € Pfand. Wie viele Grillfeste kann Herr Thüringer mit dem Gas bestreiten, wenn er für jedes Fest den Grill 2 Stunden in Betrieb hat?

Gegeben: Gasverbrauch pro Stunde: 380 g
Dauer eines Festes: 2 h
Gasflasche voll: 25 kg 400 g
Gasflasche leer: 14 kg
Gesucht: Zahl der Grillfeste

Plan:
Die Zahl der Feste ist die Hälfte der Betriebsstunden. Die Stunden ergeben sich aus der gesamten Gasmenge geteilt durch die Gasmenge für eine Stunde. Die ganze Gasmenge ist der Unterschied zwischen Voll- und Leergewicht der Gasflasche.

Gasmenge: 25 kg 400 g – 14 kg = 11 kg 400 g = 11 400 g
Stunden: 11 400 g : 380 g = 30;
Feste: 30 : 2 = 15
Möglicher Gesamtansatz: [(25 kg 400 g – 14 kg) : 380 g] : 2 = 15
Herr Thüringer kann 15 Grillfeste feiern.

Übung 1

Grillkosten (Geld)
Wie teuer kommt Herrn Thüringer der Betrieb des Gasgrills für ein Grillfest? Verwende die Informationen von oben.

Übung 2

Lotto (Geld, Zeit)
Zeitungsnotiz: „Eine Tippgemeinschaft aus Hessen hat den Lotto-Jackpot geknackt und 9,88 Millionen Euro gewonnen. Die vier Arbeitskollegen spielen seit 18 Jahren Lotto."
a) Wie viel erhält jeder, wenn der Gewinn gleichmäßig verteilt wird?
b) Wie viel hat jeder in dieser Zeit ausgegeben, wenn der wöchentliche Gesamteinsatz 20 € betrug? Rechne das Jahr mit 52 Wochen.

Übung 3*

Geburtstagsparty (Verteilung)

Zu einer Geburtstagsparty sind 5 Kinder eingeladen. Am Ende der Party darf sich jedes Kind 3 verschiedene Geschenke aus einem Korb aussuchen. Darin befinden sich je 5 Luftballons, Bleistifte, Stempel und Hüpfbälle. Tanja will keinen Luftballon, sie nimmt Bleistift, Stempel und Hüpfball (kurz BSH).

a) Wie viele Wahlmöglichkeiten hatte Tanja? Gib alle Kombinationen in Kurzschreibweise an.

b) Um die Auswahl zu vergrößern, legt Mutter noch 5 Murmeln, (kurz M) in den Korb. Wie viele mögliche Kombinationen gibt es jetzt?

Übung 4*

Jokerspiel (Häufigkeit)

Angelika mischt einen Joker mit zwei anderen Spielkarten und lässt Jörg eine beliebige Karte aussuchen. „Du gewinnst, wenn du den Joker ziehst!" Nach 60 Spielen hat Jörg 23-mal gewonnen.

a) Berechne die relative Häufigkeit für das Ziehen des Jokers (runde auf 2 Dezimalstellen). Wie häufig würde er bei 60 000 Versuchen gewinnen? Begründe!

b) Wie häufig würde er bei 60 000 Versuchen eine andere Karte und nicht den Joker ziehen? Gib auch die relative Häufigkeit an.

Übung 5*

Jokerspiel mit Hilfe (Häufigkeit)

Jörg will das Spiel ändern. Er legt die gezogene Karte ungesehen auf den Tisch. Angelika muss ihm eine der beiden übrigen Karten zeigen, jedoch nicht den Joker, und aufgedeckt auf den Tisch legen.

a) Wie groß ist die Chance, dass die von Jörg abgelegte Karte der Joker ist?

b) Jörg darf sich nach der Hilfestellung noch einmal entscheiden, ob er seine abgelegte Karte nimmt, oder diejenige Karte, die Angelika noch in der Hand hat. Er wählt die Karte von Angelika. Wie groß ist jetzt die Chance, dass er dabei nicht den Joker zieht?

Tipp: Überlege, wo sich in diesem Fall der Joker befindet.

c) Wie häufig würde Jörg bei 60 000 Spielen den Joker ziehen, wenn er sich immer wie im Fall b) entscheidet?

Tipp: Spiele das Spiel mit einem Partner oder einer Partnerin.

19 Sport – Spiel – Freizeit II

Beispiel

Schwimmbad (Zeit, Volumen)

Christiane hat mit ihren Eltern ein rundes Schwimmbecken aufgestellt, das 150 hl Wasser fasst. Sie lässt mit einem Schlauch Wasser zulaufen. Vorher hat sie zum Test einen 10-Liter-Eimer gefüllt und mit der Stoppuhr 15 Sekunden gemessen.

a) Wie lange dauert es mit diesem Schlauch, bis das Becken voll ist?

b) Nach drei Stunden schließt Christiane einen zweiten Schlauch an, der in einer Minute 25 Liter liefert. Wie viel Stunden und Minuten schneller ist das Becken gefüllt?

Gegeben:	Füllmenge: 150 hl
	Füllzeit pro 10-l-Eimer: 15 s
	2. Zuleitung: 25 l pro min
Gesucht:	a) Fülldauer
	b) Zeitgewinn

Plan:

a) Berechne die Füllmenge für eine Minute. Berechne dann, wie oft diese Menge in der ganzen Füllmenge enthalten ist.

1 min : 15 s = 60 s : 15 s = 4
10 l · 4 = 40 l (Füllmenge pro min)
150 hl : 40 l = 15 000 l : 40 l = 375 (entspricht Minuten)
375 min : 60 = 6 Rest 15 min
Das Becken ist in 6 h 15 min voll. Das geht zu langsam.

Plan:

b) Berechne, welche Menge in 3 Stunden (= 180 min) zuläuft, dann die Restmenge. Berechne dann, wie oft die jetzt in einer Minute zufließende Menge in der Restmenge enthalten ist. Berechne nun den Unterschied zwischen der restlichen Zeit und der noch benötigten Zeit.

Zufluss: 40 l · 180 = 7200 l
Rest: 15 000 l – 7200 l = 7800 l
Zufluss pro min: 40 l + 25 l = 65 l
Dauer: 7800 l : 65 l = 120, entspricht 120 min = 2 h
Restzeit (aus a): 6 h 15 min – 3 h = 3 h 15 min
Zeitersparnis: 3 h 15 min – 2 h = 1 h 15 min
Der Zeitgewinn ist 1 h 15 min.

Übung 1

Rund ums Schwimmbecken (Länge, Geld, Volumen)
Verwende die Angaben der linken Seite.

a) Was kostet die Füllung, wenn 10 hl Wasser 2 € 15 Ct kosten?

b) Eine Umwälzpumpe soll in 5 Stunden den ganzen Beckeninhalt durch einen Filter pumpen. Wie viel Liter muss sie in einer Minute schaffen?

c) Wenn die Pumpe in Betrieb ist, kann man am Rand des Beckens eine Strömung feststellen. Ein kleines Schiffchen braucht für eine Umrundung 11 min 40 s. Für einen Meter hat Christiane 50 Sekunden gestoppt. Welchen Umfang hat das Schwimmbecken (= Strecke für eine Runde)?

Übung 2

Karussell (Zeit, Geld, Prozent)
Im Freibad ist für die Kinder ein Karussell aufgestellt. Einzelfahrkarten kosten 1,50 €, Karten für 3 Fahrten sind für 4 € erhältlich. Marina fährt für 8 € ohne auszusteigen. Eine Fahrt dauert 170 Sekunden. Zwischen den Fahrten hält das Karussell immer 3 Minuten.

a) Wie lange dauert der Spaß auf dem Karussell für Marina?

b) Wie viel hat Marina gespart, weil sie Mehrfahrtenkarten genommen hat?

c)* Gib die Ersparnis auch in Prozenten an. Runde auf ganze Prozent.

20 Handel und Gewerbe I

Beispiel

Autokauf (Geld, Zeit)

Frau Neumann kauft sich einen Kleinwagen zum Grundpreis von 10 475 €. Als Sonderausstattung wählt sie ein Radio für 275 € und ein Schiebedach für 550 €. Frau Neumann erhält für ihren Altwagen 4500 € und kann 1800 € bar bezahlen. Den Rest möchte sie innerhalb von drei Jahren in Raten bezahlen. Der Händler errechnet eine Monatsrate von 165 €.

a) Um welchen Betrag wird der Autokauf durch die Ratenzahlung teurer?

b) Wie hoch ist die Monatsrate, wenn Frau Neumann auf das Schiebedach verzichtet und der Händler für die Ratenzahlung 770 € Aufpreis berechnet? (Gesamtansatz)

Gegeben: a) Kosten:
Grundpreis 10 475 €
Radio 275 €
Schiebedach 550 €
Bezahlung:
Altwagen 4500 €
Bar 1800 €
Raten 165 € (3 Jahre = 36 Monate)
b) Mehrkosten für die Raten: 770 €

Gesucht: a) Mehrkosten wegen Ratenzahlung
b) Monatsrate

a) **Plan:**

Berechne den Unterschied zwischen Kosten und Bezahlung.
Kosten: 10 475 € + 275 € + 550 € = 11 300 €
Raten: 165 € · 36 = 5940 €
Bezahlung: 4500 € + 1800 € + 5940 € = 12 240 €
Unterschied: 12 240 € – 11 300 € = 940 €
Als Gesamtansatz: Bezahlung – Kosten = Mehrkosten
(4500 € + 1800 € + 165 € · 36) – (10 475 € + 275 € + 550 €) = 940 €
Der Autokauf wird um 940 € teurer.

b) **Plan:**

Die Differenz zwischen Kosten und Bezahlung wird auf 36 Monate aufgeteilt.
Gesamtansatz: (Kosten – Bezahlung) : 36 =
[(10 475 € + 275 €) – (4500 € + 1800 €) + 770 €] : 36 =
(10 750 € – 6300 € + 770 €) : 36 =
5220 € : 36 = 145 €
Die monatliche Rate beträgt 145 €.

Übung 1

Autoreparatur (Geld, Zeit)

Herr Schrott hatte einen Autounfall. Für die Reparatur wurden 11 Stunden benötigt. Auf der Rechnung stand ein Gesamtbetrag von 2944 €. Darin enthalten waren 384 € Steuern und 1680 € Materialkosten. Der Rest entfiel auf Arbeitskosten.
Wie teuer war eine Arbeitsstunde?

Tipp:
Der Rest muss auf 11 Stunden verteilt werden. Vergiss die Klammern nicht!

Übung 2

Gewinn (Geld)

Ein Händler kaufte Ware für 3460 € ein und verkaufte sie für 5895 €. Es fielen Geschäftskosten in Höhe von 490 € an. Wie hoch war der Gewinn?

Übung 3*

Werbeaktion (Geld, Prozent)

Chefeinkäuferin Frau Klug hat für das Kaufhaus Schlaraffia 45 Jeans-Jacken zum Einkaufspreis von je 45 € bestellt. Sie werden für 80 € pro Jacke angeboten. Nach 4 Wochen sind erst 15 Jacken verkauft. Deshalb startet Frau Klug eine befristete Werbeaktion, bei der die restlichen Jacken mit einem Nachlass von 20 % angeboten werden. Daraufhin werden alle Jacken innerhalb einer Woche verkauft.

a) Zu welchem Preis wird eine Jacke bei der Werbeaktion angeboten?

b) Welcher Gewinn wurde in den ersten vier Wochen erzielt, wenn für diesen Zeitraum mit festen Kosten (Miete, Lohnkosten usw.) von 180 € gerechnet wird?

c) Wie hoch ist der Gewinn in der Werbewoche? Beachte, dass sich die festen Kosten anteilig verringern (1 Woche und 4 Wochen).

d) Wie hoch wäre der Gesamtgewinn gewesen, wenn man alle Jacken in 16 Wochen zum normalen Preis verkauft hätte?

Tipp:
Beachte die festen Kosten pro Woche.

21 Handel und Gewerbe II

Beispiel

Preissturz beim Computer (Geld)
Ein Händler kauft 15 Computer zum Stückpreis von 650 €. Seine Geschäftskosten setzt er mit insgesamt 1050 € an.

a) Wie teuer ist ein Computer im Verkauf, wenn der Händler insgesamt 3000 € Gewinn erzielen möchte?

b) Sieben Geräte kann er zu dem vorher berechneten Preis verkaufen. Wegen eines beginnenden Preisverfalls auf dem Markt muss er die restlichen Geräte billiger abgeben. Bis zu welchem Preis kann er heruntergehen, ohne dass er insgesamt Verlust hat?

a) **Gegeben:** 15 Computer zu je 650 €
Geschäftskosten: 1050 €
geplanter Gewinn: 3000 €
Gesucht: Verkaufspreis eines Computers

Plan:
Verteile Einkaufspreis, Geschäftskosten und Gewinn auf die 15 Computer.

(Einkaufspreis + Geschäftskosten + Gewinn) : 15 =
(650 € · 15 + 1050 € + 3000 €) : 15 =
(9750 € + 4050 €) : 15 = 920 €
Ein Computer kostet 920 €.

b) **Gegeben:** Selbstkosten
(Einkaufspreis + Geschäftskosten) wie bei a)
7 Computer verkauft, zu je 920 €
Gesucht: Preis für die restlichen 8 Computer

Plan:
Die bisherigen Einnahmen aus den 7 Computern müssen mit dem Erlös für die verbleibenden 8 Computer die Selbstkosten ergeben. Dieser Restbetrag wird auf 8 Computer verteilt.

Gesamtansatz: (Selbstkosten – bisherige Einnahmen) : 8
= [(650 € · 15 + 1050 €) – 920 € · 7] : 8 = 545 €
Er muss die restlichen 8 Computer zum Stückpreis von 545 € verkaufen.

Übung 1

Waschmaschine (Geld)
Ein Elektrogroßhändler kauft zwei Waschmaschinen zum Gesamtpreis von 1700 €. Er verkauft sie für je 1093 € an einen Einzelhändler weiter. Dabei erzielt er einen Gesamtgewinn von 212,65 €. Wie hoch waren seine Geschäftskosten?

Übung 2*

Obsthändler (Geld)
Obsthändler Birnbaum hat im September für 445,50 € Äpfel und für 469,90 € Birnen vom Großhändler erhalten. Wie hoch war sein Gewinn, wenn seine Geschäftskosten 179,50 € betrugen und er die Äpfel für 530 € und die Birnen für 718 € verkauft hat?

Übung 3*

Verlust (Geld)
Ein Modehaus bot zum Räumungsverkauf Ware für 1785 € an und nahm dabei einen Verlust in Höhe von 156 € in Kauf. Die anteilig angefallenen Geschäftskosten beliefen sich auf 95,50 €. Zu welchem Preis war die Ware eingekauft worden?

22 Transport und Verkehr I

Beispiel

Mit dem Sattelzug unterwegs (Längen, Gewicht, Zeit)

Am Montag um 18.50 Uhr fährt ein Sattelzug von Augsburg mit Zielort Hamburg (720 km) ab. Der Lkw ist voll beladen mit 24 gleichen Paletten, die für Amerika bestimmt sind. Sie sollen im Hamburger Hafen auf ein Schiff umgeladen werden.

a) Das Ladegewicht beträgt 7 t 680 kg. Wie schwer ist jede einzelne Palettenladung, wenn die leere Palette 12 kg wiegt?

b) Um 5.05 Uhr erreicht der Lkw den ersten Zielort. Wie lange war der Sattelzug in Fahrt, wenn um 23.20 Uhr eine Pause von 1 h und 15 min eingelegt wurde? Welche Strecke legte er durchschnittlich in einer Stunde zurück?

Gegeben: a) Anzahl der Paletten: 24
Palettengewicht: 12 kg
Ladegewicht: 7 t 680 kg
b) Abfahrtszeit: 18.50 Uhr
Ankunftszeit: 5.05 Uhr
Pause: 1 h 15 min
Länge der Fahrt: 720 km

Gesucht: a) Gewicht einer Palettenladung
b) reine Fahrzeit
durchschnittlich zurückgelegte Strecke pro Stunde

a) **Plan:**
Es sind 24 gleiche Paletten! Verteilst du das gesamte Ladegewicht auf die 24 Paletten, so musst du vom Ergebnis nur noch das Gewicht einer Palette abziehen.

7 t 680 kg : 24 – 12 kg = 7680 kg : 24 – 12 kg
= 320 kg – 12 kg = 308 kg

Eine Palettenladung wiegt 308 kg.

b) **Plan:**
Ziehe von der benötigten Zeit die Pause ab. Nimm 24.00 Uhr zu Hilfe.

reine Fahrzeit: (24 h – 18 h 50 min) + 5 h 5 min – 1 h 15 min
= 5 h 10 min + 5 h 5 min – 1 h 15 min = 9 h

Der Sattelzug war 9 Stunden in Fahrt.

Stündlich zurückgelegte Strecke: 720 km : 9 = 80 km

Übung 1

Fahrzeiten (Längen, Zeit)

Ein Lkw fährt auf der Autobahn mit einer gleichmäßigen Geschwindigkeit von 80 km pro Stunde. Laut Vorschrift darf der Fahrer zweimal am Tag 4 Stunden 30 min mit dem Lkw unterwegs sein. Mindestens eine Stunde Rast muss zwischen den Fahrtzeiten eingeplant werden.

a) Wie weit kann der Fahrer höchstens fahren, bis er eine Pause einlegen muss?

b) Wie lange ist der Fahrer mindestens unterwegs von Stuttgart nach Düsseldorf (400 km), von Leipzig nach Kassel (280 km)?

c) Wie weit kommt ein Lkw-Fahrer höchstens in 3 h 15 min (6 h 30 min)?

Übung 2

Riesenbibliothek auf Achse (Längen, Geld)

1996 wurde der Neubau der Deutschen Bibliothek in Frankfurt am Main fertig. Er kostete umgerechnet insgesamt 126 Millionen €. Für den Umzug der 6 Millionen Titel wurden 75 Tage vorgesehen.

a) Ein Lkw kann pro Tag durchschnittlich 4000 Titel anliefern. Wie viele Lkw werden benötigt?

b) Wie viel Geld wurde für die Unterbringung pro Titel durchschnittlich aufgewendet?

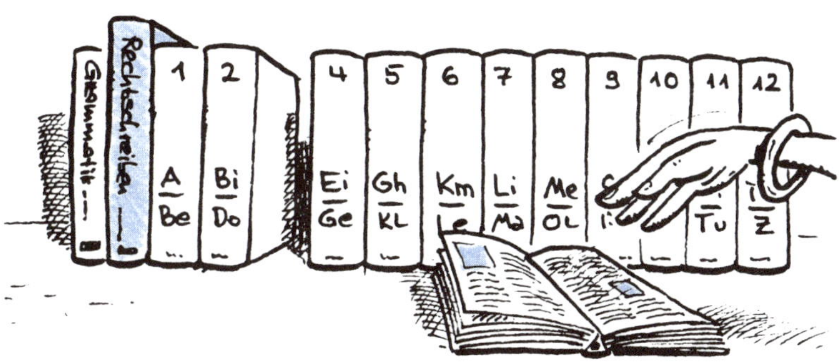

23 Transport und Verkehr II

Beispiel

Durststrecke (Längen, Geld, Volumen)

Der Sattelzug von Onkel Jonas kann 400 Liter Dieselkraftstoff tanken. Er fährt von Augsburg über Hamburg (720 km) nach Berlin (300 km) und von dort nach Augsburg (610 km) zurück.

a) Wie weit kommt Onkel Jonas mit einer Tankfüllung, wenn auf 1 km 350 ml Dieselkraftstoff verbraucht werden und als Reserve 29 Liter im Tank verbleiben sollen?

b) Wie teuer sind die Treibstoffkosten für die gesamte Fahrt, wenn ein Liter Diesel 84 ct kostet?

c) Auf der Strecke von Hamburg nach Berlin fährt der Sattelzug ohne Fracht. Dadurch sinkt der Verbrauch auf 31 Liter pro 100 km. Wie teuer sind die Treibstoffkosten für die gesamte Fahrt jetzt?

Gegeben:	Tankinhalt: 400 l; Reserve 29 l
	Fahrstrecken: 720 km; 300 km, 610 km
	Verbrauch: 350 ml auf 1 km; zu 84 ct pro l
	Verbrauch ohne Fracht: 31 l auf 100 km
	Fahrstrecke 300 km
Gesucht:	a) Weg mit einer Tankfüllung
	b) Treibstoffkosten für die gesamte Fahrt
	c) Treibstoffkosten bei einer Leerfahrt

a) **Plan:**

Verteile das nutzbare Volumen auf die Treibstoffmenge pro 100 km.

Zahl der Kilometer: (400 000 ml – 29 000 ml) : 350 ml = 1060

Jonas kommt 1060 km weit.

b) **Plan:**

Berechne aus dem Verbrauch die Kosten.

Verbrauch (720 km + 300 km + 610 km) · 350 ml = 570 l 500 ml

Kosten: 84 ct · 570 + 84 ct : 2 = 479 € 22 ct

Die Treibstoffkosten betragen 479 € 22 ct.

c) **Plan:**

Berechne die gesparten Kosten aus dem verringerten Verbrauch.

Verbrauch mit Ladung: 570 500 ml : 1630 km · 100 = 35000 ml = 35 l

Er spart also 4 l auf 100 km.

Kosten – gesparter Treibstoff = 479 € 22 ct – 84 ct · 4 · 3
= 479 € 22 ct – 10 € 8 ct
= 469,14 €

Die Treibstoffkosten betragen jetzt 469,14 €.

Übung 1

Just in time (Längen, Gewicht)

Der Pilot eines Polizeihubschraubers beobachtet auf der Autobahn A 9 zwischen Schleiz und Dütersdorf in Richtung Berlin alle 250 m einen Lkw.

a) Wie viele Lkws fahren in diesem Moment von München nach Berlin (582 km), wenn man annimmt, dass dies auf der gesamten Strecke der Fall ist?

b) Die Lagerhaltung von Waren ist heute so teuer, dass viele Firmen dazu übergehen, zur rechten Zeit (just in time) ihre Ware mit dem Lkw anliefern zu lassen. Damit dient die Autobahn als riesiges Warenlager. Wie viele Tonnen Waren sind in jedem Augenblick auf allen Lkw unterwegs, die sich auf der A 9 von München nach Berlin befinden, wenn jeder Lkw durchschnittlich 15 t Zuladung mitführt?

Übung 2*

Lkw-Schlangen (Längen)

Oft fahren Lastkraftwagen auf der Autobahn in einer Wagenschlange. Eine 20er-Lkw-Schlange soll aus 20 Lkw bestehen, deren Fahrer alle den gleichen Sicherheitsabstand von 100 m zum vorausfahrenden Lkw einhalten. Ein Lkw ist 15 m lang.

a) Wie lang ist diese 20er-Lkw-Schlange?

b) Auf der Strecke von Ulm nach Hannover (Entfernung 608,5 km) sind 2600 Lkws unterwegs, die alle zu diesem Zeitpunkt in 20er-Lkw-Schlangen fahren. Welchen durchschnittlichen Abstand haben diese Lkw-Schlangen?

Tipp:
Achte auf die Anzahl der Abstände zwischen den Lkw!

24 Energie und Rohstoffe I

Beispiel

Nachwachsender Rohstoff (Gewicht, Fläche, Volumen)

Im Frühling bewundern wir auf dem Land oft riesige Flächen leuchtendes Gelb. Aus den Körnern der Anbaupflanze, dem Raps, lässt sich Rapsöl gewinnen. In den letzten Jahren wurde dieses Öl zunehmend zu Treibstoff – Biodiesel genannt – weiterverarbeitet. Durchschnittlich erbringt ein Hektar Anbaufläche 4 Tonnen Raps. Daraus gewinnt man 3500 l Rapsdiesel.

a) Im Jahre 2003 wurde in Deutschland auf einer Fläche von 1 050 000 ha Raps angebaut. Wie viele Tonnen Raps wurden 2003 geerntet?

b) Im Durchschnitt braucht ein Dieselfahrer pro Jahr 1250 Liter Kraftstoff. Der 10. Teil davon soll durch Rapsdiesel ersetzt werden. Wie viele Dieselfahrer können mit der Anbaufläche von 1 Hektar versorgt werden?

Gegeben:	a) Gesamtanbaufläche: 1 050 000 ha
	Ertrag pro Hektar: 4 t
	b) Dieselverbrauch: 1250 l
	Anteil des Rapsdiesels: 10. Teil
	Dieselertrag pro Hektar: 3500 l
Gesucht:	a) Erntegewicht 2003
	b) Anzahl der Dieselfahrer

a) **Plan:**

Multipliziere die Anzahl Hektar mit der Menge Raps.

$4\ \text{t} \cdot 1\,050\,000 = 4\,200\,000\ \text{t}$

2003 wurden in Deutschland 4 200 000 t Raps geerntet.

b) **Plan:**

Teile den Hektarertrag durch den Anteil des Rapsdiesels am Jahresverbrauch eines Pkw.

Benötigte Menge Rapsöl: 1250 l : 10 = 125 l

Anzahl der Dieselfahrer: 3500 l : 125 l = 28

Ein Hektar liefert Rapsdiesel für 28 Autofahrer.

Übung 1

Ist Biodiesel teuer? (Geld, Volumen)
Was kostet der Liter Biodiesel an der Tankstelle, wenn die Gewinnung von 100 Liter Öl 36 € kostet und für deren Weiterverarbeitung zu Treibstoff weitere 17 € nötig sind? Für Transport und Steuern müssen 22 Cent für jeden Liter gerechnet werden.

Tipp:
Rechne beim Teilen in die kleinere Maßeinheit um.

Übung 2

Heizöl (Geld, Volumen)
Bei Familie Winter soll der Heizöltank wieder gefüllt werden. Er fasst 4500 Liter. Auf Anfrage beim Ölhändler erfährt Herr Winter, dass 1 Liter derzeit 39 Cent kostet, bei mehr als 5000 Litern Abnahme sinkt der Preis um 2 Cent und bei mehr als 10 000 Litern nochmals um 2 Cent. Herr Winter ruft drei Freunde an, die in der gleichen Straße wohnen. Der erste könnte 2600 Liter brauchen, der zweite 2100 Liter und der dritte 3900 Liter.

a) Was kostet die ganze Öllieferung? (Gesamtansatz)

b) Wie viel hat Herr Winter gespart? (Gesamtansatz)

25 Energie und Rohstoffe II

Beispiel

An der Tankstelle (Volumen)

Vor der Tankstelle von Herrn Dieslmüller steht ein Tankzug und füllt einen unterirdischen Vorratstank mit 324 hl Kraftstoff. Herr Dieslmüller weiß, dass Mittelklassewagen bei ihm durchschnittlich 45 l, Oberklasseautos dagegen durchschnittlich 72 l Kraftstoff tanken.

a) Wie viele Mittelklassewagen könnten tanken, bis der Kraftstoff vollständig verbraucht ist? Welcher Wert ergäbe sich für die Oberklasseautos?

b) Es wird angenommen, dass immer zwei Mittelklasse- und ein Oberklasseauto gleichzeitig tanken. Nach wie vielen Tankvorgängen ist der große Vorratstank leer? Wie viele Autos haben getankt?

Gegeben: a) Vorratstank: 324 hl
Mittelklasse: 45 l
Oberklasse: 72 l
b) Tankvorgang:
2 Mittelklassewagen, 1 Oberklasseauto

Gesucht: a) Anzahl der Füllungen für jeden Autotyp
b) Anzahl der Tankvorgänge, Gesamtzahl der Autos

Plan:

a) Berechne, wie oft jeder Tankinhalt im Vorratstank enthalten ist.

b) Berechne die Füllmenge für einen Tankvorgang und dann die Anzahl der Tankvorgänge. Die Zahl der Autos ergibt sich aus der Anzahl der Tankvorgänge, da jeweils drei Autos tanken.

a) Mittelklassewagen: 32 400 l : 45 l = 720
Oberklasseautos: 32 400 l : 72 l = 450
Es können einzeln 720 Mittelklassewagen oder 450 Oberklasseautos tanken.

b) Kraftstoffmenge beim Tankvorgang: (45 l · 2 + 72 l) = 162 l
Anzahl der Tankvorgänge: 32 400 l : 162 l = 200
Gesamtzahl der Autos: 200 · 3 = 600
Es sind 200 Tankvorgänge. Es haben 600 Autos getankt.

Übung 1*

Gemeinsam wird's billiger (Volumen, Geld)

Der Heizöltank von Familie Müller fasst 7500 l, der ihrer Nachbarfamilie Maier 15 000 l und der ihrer Nachbarfamilie Huber 12 000 l. Der Tank von Familie Müller ist zu vier Fünfteln leer, der von Familie Maier zu drei Vierteln leer und der von Familie Huber enthält noch zwei Fünftel des Tankinhalts. Wenn Familie Müller allein Heizöl tanken würde, müsste sie 34,6 ct pro Liter bezahlen. Den gleichen Preis müsste Familie Huber bezahlen. Familie Maier bekäme den Liter für 33,5 ct. Wenn die drei Nachbarfamilien aber ihr Heizöl gemeinsam bestellen, müssen sie für einen Liter nur 32,4 ct bezahlen.

a) Was kostet die ganze Heizöllieferung bei gemeinsamer Bestellung?

b) Um welchen Betrag wird für jede Familie die gemeinsame Heizöllieferung gegenüber einer Einzelbestellung billiger?

Übung 2*

Energiesparlampen (Zeit, Geld, Prozent)

Herr Sparsam möchte Glühbirnen zum Preis von 1,25 € pro Stück kaufen. Sohn Fritzi hat in einem Werbeheft gelesen, dass jede Energiesparlampe eine Lebensdauer von 9100 Betriebsstunden hat und dass man in dieser Zeit 10 Glühlampen verbrauchen würde. Allerdings kostet eine solche Lampe 12 €. Bei einer täglichen Brenndauer von 5 Stunden kostet der Energieverbrauch der Glühbirne in der Woche 25 Cent. Bei der Sparlampe sind es nur 5 Cent. Rechne mit 52 Wochen pro Jahr!

a) Wie viele Stunden brennt jede Lampe in einem Jahr?

b) Wie hoch sind die Stromkosten für jede der Lampen in einem Jahr?

c) Wie viele Jahre hält die Energiesparlampe?

d) Wie viel Geld kann Herr Sparsam sparen, wenn die Sparlampe ihre ganze Lebensdauer erreicht?

e) Wie viel Prozent der ursprünglichen Ausgaben werden eingespart? Runde auf ganze Prozent.

Tipp:
Die Betriebsstunden sind die Stunden, in denen die Lampe brennt.

26 Natur und Umwelt I

Beispiel

Wohin mit dem Müll? (Zeit, Gewicht, Geld, Volumen)
Andrea schätzt, dass in ihrer vierköpfigen Familie jeden Monat insgesamt 120 kg Müll anfallen. Die Müllers leben in einer Stadt mit ca. 262 000 Einwohnern. Der anfallende Müll wird in einer modernen Abfallverwertungsanlage verarbeitet.

a) Was kostet ein 10-kg-Paket Hausmüll, wenn Müllers vierteljährlich 64 € bezahlen und jährlich 32 € Sperrmüllkosten dazukommen?

b) Wie viel Hausmüll muss in der Stadt jährlich beseitigt werden?

Gegeben: monatliche Müllmenge für 4 Personen: 120 kg
Einwohnerzahl: 262 000
vierteljährliche Kosten: 64 €
Sperrmüllkosten: 32 €

Gesucht: a) Kosten eines 10-kg-Paketes
b) gesamte Müllmenge pro Jahr

a) **Plan:**
Berechne die Summe der vierteljährlichen Kosten und der Sperrmüllkosten und verteile diese auf die Anzahl der jährlichen 10-kg-Pakete Müll.

Zahl der jährlichen
Kosten pro 10-kg-Paket: $(120\text{ kg} : 10\text{ kg}) \cdot 12 = 144$

$(64\text{ €} \cdot 4 + 32\text{ €}) : 144$
$= (256\text{ €} + 32\text{ €}) : 144$
$= 288\text{ €} : 144$
$= 2\text{ €}$

Jedes 10-kg-Paket kostet 2 €.

b) **Plan:**
Die Frage bezieht sich auf alle Einwohner, die Angaben beziehen sich auf die vierköpfige Familie. Suche als Zwischenschritt die monatliche Müllmenge pro Person. Berechne dann die monatliche Müllmenge für alle Einwohner und schließlich die jährliche Müllmenge.

monatliche Menge pro Person: $120\text{ kg} : 4 = 30\text{ kg}$
für alle Einwohner: $30\text{ kg} \cdot 262\,000 = 7\,860\,000\text{ kg} = 7860\text{ t}$
jährlicher Müll für alle Einwohner: $7860\text{ t} \cdot 12 = 94\,320\text{ t}$
Jedes Jahr muss in dieser Stadt die Menge von 94 320 t Hausmüll beseitigt werden.

Übung 1

Mülltransport (Länge, Gewicht, Geld)

Die fünfköpfige Familie Saubermann lebt in einer Kleinstadt mit 25 000 Einwohnern. Bei Saubermanns fallen pro Monat 145 kg Müll an. Der gesamte Hausmüll der Stadt wird mit der Bahn in eine moderne Abfallverwertungsanlage transportiert.

a) Wie viel Müll muss in der Stadt insgesamt jährlich beseitigt werden? Siehe links!

b) Ein Güterwagen fasst 30 t Müll. Wie lang würde ein Güterzug sein, der den gesamten Jahresmüll auf einmal transportieren könnte, wobei ein Waggon 12 m lang ist?

c) Familie Keller verwendet eine 70-Liter-Tonne für ihre Abfallentsorgung ohne Eigenkompostierung. Sie bezahlt vierteljährlich eine Grundgebühr von 37,93 € und eine Leistungsgebühr von 53,39 €. Zusätzlich werden pro Jahr noch 8 gelbe Säcke zum Stückpreis von 1,50 € für wiederverwertbare Plastikstoffe benötigt. Wie viel kostet die jährliche Abfallentsorgung für die Kellers?

Übung 2

Verringerung des Wasserverbrauchs (Geld, Volumen)

Eine Toilettenspülung hat einen Verbrauch von ca. 12 Litern Wasser. Durchschnittlich 12-mal wird die Spülung in einem Vierpersonenhaushalt jeden Tag betätigt. Zur Verringerung des Wasserverbrauchs bietet eine Firma ein Produkt an, das den Wasserverbrauch auf 7 Liter verringern soll. Wie viel wird jährlich eingespart, wenn 23 ct für 1 hl Wasser zu bezahlen sind? Rechne mit 365 Tagen.

27 Natur und Umwelt II

Beispiel

Die kleine Farm

Nach den Ferien erzählt Carolin ihrer Freundin Susi von ihrer kleinen Farm: „Zur Zeit habe ich 23 Tiere, und zwar genau so viele Meerschweinchen wie Mäuse. Außerdem habe ich doppelt so viele erwachsene Zwerghasen wie Mäuse. Zu den Zwerghasen gehört auch eine Hasenmama, die beim ersten Wurf dreimal so viele Hasenjunge bekam, wie ich Mäuse habe, und deren zweiter Wurf 3 Häschen mehr brachte als der erste Wurf." „Schon am ersten Schultag wieder denken", jammert Susi, „aber ich krieg's raus!" –
Du auch? Stelle eine Gleichung auf!

Gegeben: 23 Tiere
Gesucht: Anzahl der Tiere pro Sorte

Plan:

Zunächst muss x festgelegt werden. Da sich alle Informationen in irgendeiner Form auf die Mäuse beziehen, ist es sinnvoll die Zahl der Mäuse mit x zu bezeichnen. Manchmal hilft eine kleine Skizze:

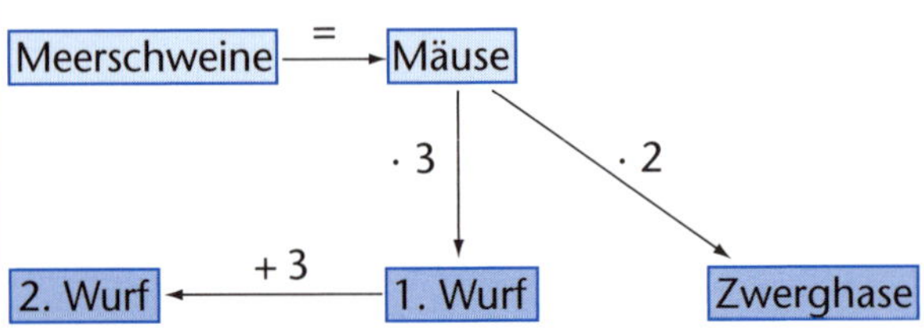

Sehr sinnvoll ist eine Tabelle:

Tiername	Zusammenhang	Anzahl
Meerschweinchen	x	2
Mäuse	x	2
erw. Zwerghasen	$2x$	4
1. Wurf	$3x$	6
2. Wurf	$3x + 3$	9

Berechne jeweils die Anzahl und setze sie in die Tabelle ein!

$$x + x + 2x + 3x + 3x + 3 = 23$$
$$10x = 20$$
$$x = 2$$

Übung 1

Jägerlatein? (Gewicht)

Der Jäger Specht ist mit den Schülern der 5. Klasse im Wald unterwegs. Die Lehrerin, Frau Rehbein, ermahnt die Kinder gut aufzupassen, weil aus manchen Jägergeschichten plötzlich Rechenaufgaben werden. Auf einer Lichtung stehen einige Rehe. Förster Specht erzählt: „Ein Reh ist nicht schwer. Eine Hirschkuh ist viermal so schwer wie ein Reh und eine Hirschkuh ist halb so schwer wie ein Hirsch. Ich selbst wiege 70 kg." Frau Rehbein gibt ihr Gewicht mit 60 kg an. Förster Specht sagt: „Ein Reh und eine Hirschkuh und ein Hirsch sind zusammen doppelt so schwer wie eure Lehrerin und ich. Wie schwer sind die Tiere?" (Gleichung)

Gegeben: Gewicht von Förster Specht:
Gewicht von Frau Rehbein:

Gesucht: Gewicht der Tiere

Tipp:

Setze *x* für das Gewicht des Rehs.

Plan:

Tiername	Zusammenhang	Gewicht
Reh		
Hirschkuh		
Hirsch		

Gleichung:

Tipp:

Mit dem Ergebnis für *x* kannst du die dritte Spalte der Tabelle ausfüllen und dann den Antwortsatz formulieren.

28 Urlaub und Reisen I

Beispiel

Abstecher über die Grenze (Geld, Länge, Volumen, Prozent)
Familie Fröhlich macht im Bayerischen Wald 14 km von der Grenze zur Tschechischen Republik entfernt Urlaub. Herr Fröhlich fährt zum Tanken über die Grenze. Am Urlaubsort kostet 1 Liter Benzin 1,08 €, direkt hinter der Grenze umgerechnet nur 0,78 €.

a) Wie viel spart Herr Fröhlich, wenn er 60 Liter tankt und den Verbrauch für Hin- und Rückweg nicht rechnet? (Gesamtansatz)

b) Wegen der Abnutzung des Wagens rechnet Herr Fröhlich aber für jeden gefahrenen Kilometer Kosten in Höhe von 40 Cent. Lohnt sich die Tankfahrt immer noch?

c) Berechne die Ersparnis in vollen Prozent für Teilaufgabe a) und b).

a) **Gegeben:** Benzin hier: 1,08 € pro Liter
Benzin drüben: 0,78 € pro Liter
Menge: 60 Liter
Gesucht: Ersparnis beim Tanken

Plan:
Multipliziere den Preisunterschied mit der Anzahl der getankten Liter.
(1,08 € – 0,78 €) · 60 = 30 ct · 60 = 1800 ct = 18 €
Herr Fröhlich spart 18 €.

b) **Gegeben:** gesparte Kosten: 18 €
Strecke: 14 km (einfach)
Kilometerkosten: 40 ct
Gesucht: Unterschied zwischen Ersparnis und Kilometerkosten

Plan:
Berechne den Unterschied zwischen gesparten Kosten und Kilometerkosten für die ganze Strecke (achte auf Hin- und Rückweg!).
Kilometerkosten: 40 ct · 2 · 14 = 1120 ct = 11,20 €
Unterschied: 18 € – 11,20 € = 6,80 €
Herr Fröhlich spart immer noch 6,80 €.

c) **Gegeben:** 60 l zu je 1,08 €
Ersparnis a) 18 €
Ersparnis b) 6,80 €

Ersparnis geteilt durch Gesamtpreis am Urlaubsort
zu a) 18,00 € : 64,80 € = 0,28 = 28 %
zu b) 6,80 € : 64,80 € = 0,11 = 11%

Übung 1

Kostengrenze (Länge, Geld)
Herr Fröhlich möchte es nun aber schon ganz genau wissen: „Wie weit darf ich von der Grenze entfernt sein, damit es sich noch lohnt, in der Tschechischen Republik zu tanken?“
In welcher Entfernung von der Grenze würde die Ersparnis beim Tanken von 60 l Benzin durch die Kilometerkosten von 40 Cent ausgeglichen? Verwende die Ergebnisse der linken Seite!

Übung 2

Busfahrt (Länge, Geld)
Die Klasse 6a (22 Kinder) hat bei einem Preisausschreiben 300 € gewonnen. Die Kinder wollen diesen Betrag für einen Busausflug verwenden. Ein Busunternehmen bietet einen Reisebus mit 25 Plätzen für einen Sonderpreis von 199,20 € an. Im diesem Preis sind 250 km freie Fahrt enthalten. Für jeden zusätzlich gefahrenen Kilometer berechnet das Unternehmen 1,40 €.
Wie weit kann die Reise gehen? (Beachte, dass die Klasse wieder nach Hause kommen muss.)

Übung 3*

Reiterferien (Geld, Prozent)
Viktoria wünscht sich sehnlichst eine Woche Reiterferien für 210 €. „Wenn du jeden Monat 5 € ansparst, erhältst du von mir nach einem Jahr eine Prämie von 40 % von deinen Ersparnissen“, sagt Vater. Mutter will sich mit einem Drittel an den Kosten beteiligen und meint: „Zusammen mit den 50 € Weihnachtsgeld von Opa wird es reichen.“

a) Stimmt das?

b) Mit welchem Betrag kann Viktoria rechnen, wenn Vater seine Prämie um 50 % erhöht?

29 Urlaub und Reisen II

Beispiel

Billigflug (Geld)
Ein Reiseunternehmen bietet ab München an:
Tunesien: Club-Hotel „Houda“
1 Woche Halbpension für 448,00 €
1 Woche Verlängerung 160,00 €
pro Kind 1 Drittel Ermäßigung

Als Taschengeld sind für Vater und Mutter Sonnemann je 200 € und 40 € für jedes der 3 Kinder vorgesehen. Wie teuer wird der Tunesienurlaub für die Sonnemanns, wenn sie 3 Wochen eingeplant haben und für zusätzliches Essen (Halbpension!) durchschnittlich 25 € pro Tag hinzukommen?

Gegeben: Kosten pro Erwachsenem:

1 Woche mit Flug	448 €
Kosten für 2 weitere Wochen:	160 € · 2
Ermäßigung pro Kind:	ein Drittel
Taschengeld pro Erwachsenem:	200 €
Taschengeld pro Kind:	40 €
Zusatzessen für 21 Tage:	25 € · 21

Gesucht: Urlaubskosten

Plan:
Berechne die Summe aus den Kosten von 2 Erwachsenen, 3 Kindern, dem Taschengeld für 2 Erwachsene und 3 Kinder und den Essenskosten für die 21 Tage.

Kosten für 1 Erwachsenen: $448\,€ + 160\,€ \cdot 2 = 768\,€$
Gesamtkosten:

$$768\,€ \cdot 2 + (768\,€ - 768\,€ : 3) \cdot 3 + 200\,€ \cdot 2 + 40\,€ \cdot 3 + 25\,€ \cdot 21$$
$$= 1536\,€ + (768\,€ - 256\,€) \cdot 3 + 400\,€ + 120\,€ + 525\,€$$
$$= 1536\,€ + 512\,€ \cdot 3 + 400\,€ + 120\,€ + 525\,€$$
$$= 1536\,€ + 1536\,€ + 400\,€ + 120\,€ + 525\,€$$
$$= 4117\,€$$

Der Urlaub kostet 4117 €.

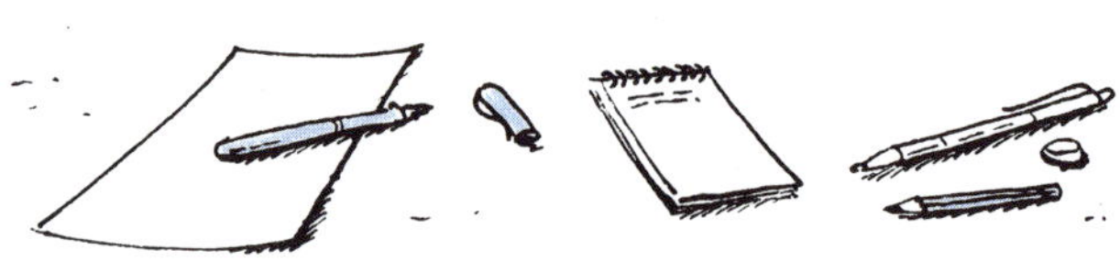

Übung 1

Mutter Sonnemanns Lösung (Geld)

Mutter Sonnemann hat eine überraschende Lösung für die Urlaubskostenberechnung. „Dreimal ein Drittel Ermäßigung für den Pauschalpreis der Kinder ist genauso viel wie der Pauschalpreis für einen Erwachsenen. Damit kosten 4 Erwachsene genau so viel wie 2 Erwachsene und 3 Kinder."

Überprüfe, ob das stimmt. Übernimm die Kosten von der linken Seite.

Übung 2*

Urlaub auf dem Bauernhof

Uwe macht mit seinen Eltern Urlaub auf dem Bauernhof. Bei der Begrüßung erkundigt er sich sofort bei dem gleichaltrigen Bauernjungen Franz nach den Tieren auf dem Hof. Der Franz gibt ihm eine rätselhafte Auskunft: „Wir haben doppelt so viele Kühe wie Ziegen und doppelt so viele Hühner wie Kühe. Die Zahl der Schafe ist um 4 größer als das Doppelte der Zahl der Ziegen und die Zahl der Gänse ist um 2 größer als die der Ziegen. Insgesamt sind es 66 Tiere. Wie viele Ziegen, Hühner, Gänse, Schafe und Kühe sind das?" „Und das in den Ferien", stöhnt Uwe. Aber er will dem Franz zeigen, was er kann – du doch sicher auch! (Gleichung)

Verwende zur Lösung nachstehende Tabelle.

Tierart	Zusammenhang	Anzahl
Ziegen		
Kühe		
Hühner		
Schafe		
Gänse		

Tipp:

Setze für die Zahl der Ziegen *x* ein.

30 Länder und Völker I

Beispiel

Heuschreckenplage in Afrika (Fläche, Gewicht)
Die Flugheuschrecke wird zur verheerenden Plage, wenn sie in riesigen Schwärmen auftritt. Die Schwärme entwickeln eine Geschwindigkeit bis zu 40 km in der Stunde.
Im afrikanischen Sueli zählte man kurz vor der Ernte auf einem Quadratmeter eines Getreidefeldes der Größe 3 ha 50 a durchschnittlich 50 Heuschrecken, von denen jede pro Tag bis zu 5 g Futter vertilgen kann.
a) Wie hoch ist in normalen Zeiten die Ernte auf dem Getreidefeld (Körner und Stroh), wenn man von 1 Hektar des Feldes erfahrungsgemäß 2 t 500 kg Körner und 5 t Stroh erwirtschaftet?
b) In welcher Zeit hatten die Heuschrecken das Feld völlig abgefressen (Körner und Stroh)?

Gegeben: Feldfläche: 3 ha 50 a
Schwarmgeschwindigkeit: 40 km in der Stunde
2 t 500 kg Körner und
5 t Stroh pro ha
Gesucht: a) Ertrag des Getreidefeldes
b) Fresszeit

Plan:
a) Multipliziere den jeweiligen Ertrag mit der Größe des Feldes.
b) Berechne zuerst den Gesamtertrag (Körner und Stroh) pro Quadratmeter und teile durch die Gesamtmenge, die von den 50 Heuschrecken täglich gefressen wird.

a) Körner: $2500\,kg \cdot 3 + 2500\,kg : 2 = 7500\,kg + 1250\,kg$
$= 8750\,kg$
(50 a sind ein halber Hektar)
Stroh: $5\,t \cdot 3 + 5\,t : 2 = 15\,t + 2{,}5\,t$
$= 15\,t + 2\,t\ 500\,kg = 17\,t\ 500\,kg$
Der erwartete Ertrag des Feldes waren 8 t 750 kg Körner und 17 t 500 kg Stroh.

b) Ertrag pro 1 m^2: $7\,500\,000\,g : 10\,000 = 750\,g$
50 fressen pro Tag: $5\,g \cdot 50 = 250\,g$
Fresszeit in Tagen: $750\,g : 250\,g = 3$

In 3 Tagen war das Feld abgefressen.

Übung 1

Heuschreckenflug (Länge, Zeit)
Heuschreckenschwärme legen auf der Suche nach Futter oft bis zu 40 km in der Stunde zurück. Sofort nach dem Auftauchen der Heuschrecken in Sueli wurden die Bewohner einer 320 km entfernten Oase gewarnt. Wie lange hatten diese noch Zeit, bis die ersten Heuschrecken auch bei ihnen eingetroffen waren?

Übung 2

Delikatessen (Gewicht)
Geröstete Heuschrecken gehören zur Lieblingsspeise der Einwohner von Sueli. Zu einem Festmahl sind 12 Personen eingeladen. Durchschnittlich werden pro Person 150 g Heuschrecken verspeist. Wie viele Heuschrecken muss Mali einsammeln, wenn eine Heuschrecke 5 g wiegt und die Flügel und Beine (zusammen 1 g) nicht verwendet werden?

Übung 3

Europa (Länge)
Europa hat ein Straßennetz der Länge 3 283 200 km. Zwei Reisende wollen die gesamte Strecke mit dem Auto befahren.
a) Wie viele Monate (rechne mit je 30 Tagen) sind sie unterwegs, wenn sie durchschnittlich 80 km in der Stunde zurücklegen?

b) Könnte man eine Schnur um die Mitte der Erde (Äquator) legen, so hätte diese eine Länge von 40 000 km. Wie oft würden unsere beiden Reisenden vollständig die Erde umrunden, wenn sie die oben genannte Strecke auf dem Äquator zurücklegen könnten?

Übung 4

Kältepol (Temperatur)
Werchojansk in Ostsibirien wird als ein Kältepol der Erde bezeichnet. Dort wurde als tiefste Temperatur –67,8 °C gemessen.
Oliver findet im Lexikon für Werchojansk eine größte Temperaturschwankung von 102,8 °C und eine mittlere Temperatur von 15 °C für den Monat Juli. Er fragt sich, welche höchste Temperatur in dem Jahr mit dem heißesten Sommer in der Stadt geherrscht hat. Um wie viel lag diese höchste Temperatur über der mittleren Julitemperatur?
Kannst du Oliver helfen?

31 Länder und Völker II

Beispiel

Kolumbus auf dem Weg nach Amerika (Länge, Zeit)
In Gomera auf den Kanarischen Inseln sticht Kolumbus am 6. September 1492 in See und nimmt Kurs nach Westen. Er will mit drei Schiffen und 89 Mann Besatzung den Seeweg nach Indien finden. Am 12. Oktober 1492 ankern die Schiffe Santa Maria, Pinta und Niña vor San Salvador, einer Insel im heutigen Bahama, und Kolumbus betritt mit seinen Kapitänen als erster Europäer amerikanischen Boden.

a) Wie viele Tage waren die Schiffe auf See? Rechne den Abfahrtstag nicht mit hinzu.
b) Welche Strecke legten sie durchschnittlich in einer Stunde zurück, wenn die Entfernung von Gomera bis San Salvador 5184 km beträgt?
c) Überliefert ist eine Höchstgeschwindigkeit von 14 Knoten, dies entspricht einer Strecke von ungefähr 26 km in einer Stunde. Wie viele Kilometer hätten die Schiffe damit an einem Tag zurückgelegt? An welchem Tag der Seereise wären sie mit dieser Geschwindigkeit angekommen?

Gegeben:	Fahrt vom 06.09. bis 12.10.1492 Strecke 5184 km, Höchstgeschwindigkeit 26 km in einer Stunde
Gesucht:	a) Reisetage b) Strecke pro Stunde c) Maximale Tagesstrecke, Ankunftstag

Plan:
a) Addiere die Septembertage und die Oktobertage der Seereise.
b) Verteile die Gesamtstrecke auf die Zahl der benötigten Stunden.
c) Tagesstrecke ist die Stundenstrecke multipliziert mit 24. Stelle fest, wie oft die Tagesstrecke in der Gesamtstrecke enthalten ist. (Rest?)

a) Septembertage + Oktobertage $= (30 - 6) + 12 = 24 + 12 = 36$
Die Schiffe waren 36 Tage unterwegs.
b) Strecke pro Std.: $5184 \text{ km} : (36 \cdot 24) = 5184 \text{ km} : 864 = 6 \text{ km}$
Sie legten in der Stunde durchschnittlich 6 km zurück.
c) Tagesstrecke bei Höchstgeschwindigkeit: $26 \text{ km} \cdot 24 = 624 \text{ km}$
Reisetage: $5184 \text{ km} : 624 \text{ km} = 8 \text{ Rest } 192 \text{ km} \Rightarrow 9$
Ankunftsdatum: $6 + 9 = 15 \Rightarrow$ am 15. September 1492
Sie hätten am Tag 624 km zurückgelegt und wären am 15. September 1492 angekommen.

Übung 1

Kontinente und Ozean (Fläche)
Die Oberfläche der Erde beträgt 510 Millionen Quadratkilometer. Davon entfallen auf die einzelnen Erdteile die folgenden Flächen:

Afrika:	30 330 000 km²	
Amerika:	42 081 000 km²	
Antarktis:	14 108 000 km²	
Asien:	44 383 000 km²	
Australien:	8 510 000 km²	
Europa:	10 500 000 km²	

a) Schneide einen 1 cm breiten Papierstreifen der Länge 255 mm aus. Dieser Streifen soll die Erdoberfläche veranschaulichen. Der Fläche von Afrika entspricht dann ein Streifen von ca.
30 : 2 mm = 15 mm. Trage die Streifenlängen der restlichen Flächen der Erdteile in die obere Tabelle ein.
b) Schneide von dem 255 mm langen Streifen die entsprechenden Längen der Erdteile ab und klebe die sechs Streifen, die du erhältst, wie in einem Balkendiagramm nebeneinander. Du brauchst nach oben 18 cm Platz. Welcher Fläche entspricht der 7. Streifen?

Tipp: Multipliziere!

c) Wie groß ist die von Wasser bedeckte Erdoberfläche?

d) Wie oft ist die Fläche von Deutschland (350 000 km²) in der Fläche von Europa enthalten?

32 Technik und Weltraum

Beispiel

Landung auf dem Mond (Länge, Zeit)
Am 19. Juli 1969 erreichen die Astronauten Armstrong, Aldrin und Collins nach 75-stündiger Reise mit ihrem Raumschiff Apollo 11 planmäßig die Umlaufbahn um den Mond. Sie haben 384 000 km von der Erde bis zum Mond zurückgelegt. Als erster Mensch betritt Neil Armstrong am Montag, 21. Juli 1969, um 3.56 Uhr den Mond. Viele Menschen können diesen Augenblick live im Fernsehen miterleben. Frag deine Eltern oder Großeltern!

a) Wie viele Tage und Stunden ist eine Rakete zum Mond unterwegs, wenn sie in einer Stunde durchschnittlich 6000 km zurücklegt?
b) Welche Strecke legte das Raumschiff Apollo 11 durchschnittlich in einer Stunde zurück?

Gegeben: Mondentfernung: 384 000 km
Strecke der Rakete in einer Stunde: 6000 km
Reisedauer von Apollo 11: 75 h

Gesucht: a) Reisezeit
b) Strecke in einer Stunde

Plan:
a) Wie oft ist die in einer Stunde zurückgelegte Strecke in der Mondentfernung enthalten?
b) Teile die Mondentfernung durch die Anzahl der benötigten Stunden.

a) 384 000 km : 6000 km = 64; 64 h : 24 = 2 d 16 h
Die Rakete ist 2 Tage 16 Stunden unterwegs.
b) 384 000 km : 75 = 5120 km
In einer Stunde legte das Raumschiff 5120 km zurück.

Übung 1

Rucksack für Astronauten (Gewicht)
Der Astronaut bewegt sich trotz seiner schweren Schutzkleidung mit Leichtigkeit auf dem Mond, denn dort wiegt jeder Gegenstand nur ein Sechstel von dem, was er auf der Erde wiegt. Ein Mensch mit 72 kg auf der Erde hat also auf dem Mond nur 12 kg Gewicht (Mondgewicht).

a) Wie schwer ist ein 84-kg-Astronaut auf dem Mond?
b) Um diesem Astronauten auf dem Mond das gleiche Schweregefühl (84 kg) wie auf der Erde zu geben, könnte er zusätzlich einen Rucksack tragen. Wie schwer wäre dieser Rucksack auf der Erde?

Tipp:
Subtrahiere vom Schweregefühl des Astronauten sein Mondgewicht. Überlege weiter!

Übung 2

Satelliten im All (Gewicht)

Die europäische Trägerrakete Ariane IV kann bis zu 4700 kg Nutzlast in eine Umlaufbahn um die Erde bringen. Mit dieser Rakete wurde der 1870 kg schwere Telefonsatellit Intelsat V FU8 auf seine Position gebracht. Er ist in der Lage, gleichzeitig 120 000 Telefongespräche und 4 Fernsehsendungen zu übertragen.

a) Ariane IV soll zwei Satelliten vom Typ Intelsat V FU8 in eine Umlaufbahn bringen. Wie schwer darf ein dritter Satellit höchstens sein, damit die größtmögliche Nutzlast nicht überschritten wird?

b) Wie viele Leute können gleichzeitig mittels der drei Satelliten telefonieren, wenn der dritte Satellit nur halb so viele Telefongespräche übertragen kann wie ein Intelsat V FU8?

Übung 3

Die Bibliothek auf der Silberscheibe? (Volumen)

Jeder kennt die Musik-CDs, die, in den CD-Spieler eingelegt, fast ohne Nebengeräusche den Höreindruck eines Konzertes wiedergeben können. Moderne Computer benutzen dieselbe Technik, um auf den silbernen Scheiben Informationen abzuspeichern. Hans Schlau behauptet, dass man das gesamte Wissen aller 5000 Bücher aus der Schulbibliothek auf einer einzigen CD unterbringen kann. Glaubst du ihm? Du findest die folgenden Informationen:

Eine Firma bietet in einer PC-Zeitschrift beschreibbare CDs mit Speichergröße 650 MB (Megabyte) zu einem Preis von 3,85 € für die 10er-Packung.

In derselben Zeitung ist zu lesen: „1 Megabyte ist 1 000 000 Byte. Mit einem Byte kann ein Buchstabe gespeichert werden."

a) Ein Lexikon hat 850 Seiten. Auf jeder Seite ist der Text in zwei Spalten zu je 80 Zeilen gedruckt. Durchschnittlich hat jede Zeile 45 Buchstaben. Wie viele Buchstaben lassen sich in dieses Buch drucken?

b) Wie viele Bücher mit je 500 Seiten können durch eine einzige CD ersetzt werden (auf einer Seite sollen 5000 Buchstaben Platz finden)?

c) Was hältst du jetzt von der Behauptung des Hans Schlau?

33 Bauen und Heimwerken

Übung 1

Doppelter Anstrich (Fläche, Geld, Volumen)
Die zu streichende Fläche von Viktorias Zimmer beträgt 38 m^2. Wegen der besseren Haltbarkeit möchte Herr Weiß das Zimmer zweimal streichen. Beim ersten Mal kann er die Farbe verdünnen und braucht daher nur die halbe Menge. Beim zweiten Mal verwendet er die Farbe unverdünnt und benötigt dann 250 ml pro m^2. Was muss er ausgeben, wenn die Farbe 16 € für einen Eimer mit 2,5 l kostet?

Übung 2*

Tapetenwechsel (Fläche, Geld)
Herr Kleber tapeziert das rechteckige Zimmer seines Sohnes Jörg, das eine Länge von 4 m 20 cm, eine Breite von 3 m 10 cm und eine Höhe von 2 m 30 cm misst. Für die Tür zieht er 90 cm und für das Fenster 1 m ab. Eine Tapetenrolle liefert 4 Bahnen (in Zimmerhöhe) der Breite 50 cm.

a) Wie viele Tapetenbahnen sind erforderlich?

b) Wie viele Tapetenrollen braucht Herr Kleber?

c) Was kostet das neue Zimmer, wenn eine Tapetenrolle 16,50 € kostet und für Kleister 9,70 € bezahlt werden müssen?

Übung 3*

Freibad (Fläche, Länge)
Um ein rechteckiges Schwimmbecken mit den Maßen 25 m und 13 m soll ein 4 m breiter Plattenweg angelegt werden. Die ganze Fläche soll mit einem Zaun eingefasst werden.

a) Fertige eine saubere Skizze, welche die Maße enthält (Maßstab 1 : 100). Schraffiere die Wegfläche mit Bleistift und zeichne den Verlauf des Zauns mit grüner Farbe ein.

b) Wie viele Quadratmeter Platten müssen verlegt werden?

c) Wie viele Meter Zaun müssen eingekauft werden, wenn zwei Zugänge mit je 2,50 m Breite vorgesehen sind?

Teil IV:
Englisch

Adjektiv, Adverb, Substantiv, Pronomen

Regeln und Übungen

Themenübersicht Teil IV

A Die Artikel ... 184

1. Die Form des unbestimmten und des bestimmten Artikels ... 184
2. Gebrauch des unbestimmten Artikels ... 186
3. Gebrauch des bestimmten Artikels ... 188
4. Gebrauch des bestimmten Artikels bei Namen ... 190
5. Gemischte Übungen ... 192

B Substantive und Pronomen ... 194

1. Die Pluralbildung beim Substantiv ... 194
2. Zählbare und nicht zählbare Substantive ... 196
3. Singular und Plural bei Substantiven ... 198
4. *s*-Genitiv und *of*-Genitiv ... 200
5. Die Personalpronomen ... 202
6. Die Possessivbegleiter: *my, your ...* ... 204
7. Die Possessivpronomen: *mine, yours ...* ... 206
8. Die Demonstrativpronomen und -begleiter: *this, that ...* ... 208
9. Die *self*-Pronomen (Reflexivpronomen) ... 210
10. *each other* oder *self*-Pronomen? ... 212
11. Gemischte Übungen ... 214

C Adjektiv – Adverb ... 216

1. Die Steigerung des Adjektivs ... 216
2. Der Vergleich im Satz und unregelmäßige Steigerungsformen ... 218
3. Die Bildung des Adverbs ... 220
4. Unregelmäßige Adverbformen 1 ... 222
5. Unregelmäßige Adverbformen 2 ... 224
6. Die Steigerung des Adverbs ... 226
7. Adjektiv oder Adverb? ... 228
8. Gemischte Übungen ... 230

A Die Artikel

1. Die Form des unbestimmten und des bestimmten Artikels

Der **unbestimmte** Artikel heißt
- *a* vor Konsonanten → **a b**us, **a b**ig man
- *an* vor Vokalen → **an o**range, **an i**mportant person

Nicht die Schreibung ist hierbei ausschlaggebend, sondern die **Aussprache** des folgenden Wortes:

[ən] → **an honest** man
[ə] → **a useful** thing
(Das *u* in *useful* wird wie ein Konsonant ausgesprochen [juː]).

Die Form des **bestimmten** Artikels ist unveränderlich, nur die Aussprache ist unterschiedlich. Sie lautet:
- [ðə] vor Konsonanten → **the b**us, **the b**ig man
- [ðɪ] vor Vokalen → **the o**range, **the i**mportant person

Übung 1

Sprich die folgenden Substantive laut aus und finde dann den passenden unbestimmten Artikel.

.... book	.... university professor
.... uniform	.... schoolboy
.... honour	.... hall
.... idea	.... question
.... page	.... exercise

Übung 2

Noch einmal, bitte.
Achtung: Der Artikel eines Substantivs kann sich verändern, wenn ein Adjektiv dazutritt!

.... small book	.... old university professor
.... school uniform	.... honest schoolboy
.... great honour	.... open hall
.... bad idea	.... easy question
.... empty page	.... difficult exercise

Übung 3

[ðə] oder [ðɪ]? Schreibe die folgenden Ausdrücke auf die richtige Seite der Tabelle (und sprich sie laut aus.)

the white ruler – the school bus – the eagle – the older pupil – the chair – the United States – the interesting lessons – the unlucky team – the classmates – the English school

[ðə]	[ðɪ]
....	....
....	....
....	....
....	....
....	....

Übung 4

Finde ein passendes Adjektiv oder Substantiv für die Artikel. Die deutschen Angaben helfen dir dabei.

freundlich – nett – englisches Mädchen – orangefarbener Füller – Direktor – deutsch

an	a .... book
a .... teacher	an ....
a	a .... girl

Übung 5

Wie wird *an* aus *a* und umgekehrt? Setze Adjektive vor die Substantive, die den Artikel verändern. Wieder können die deutschen Wörter dir helfen.

einfach – lang – richtig – voll – alt

an exercise book	a .... exercise book
a question	an .... question
an answer	a .... answer
an hour	a .... hour
a headmaster	an .... headmaster

2. Gebrauch des unbestimmten Artikels

Der unbestimmte Artikel steht im Englischen bei

- Berufsbezeichnungen → Mr Smith is **a** teacher.
- Nationalitätsbezeichnungen → Tom is **an** Englishman.
- Bezeichnungen der Religion, Partei oder Zugehörigkeit zu einer Gruppe → She is **a** Protestant. Sammy is **a** punk.
- Titeln → He is **a** lord.
- *as* → **As a** girl I loved ponies.
- Mengen-, Maß- und Zeitangaben → I go to school five days **a** week.
- bestimmten Redewendungen:
  - *to make **a** noise (Krach machen)*
  - *to take **a** seat (Platz nehmen)*
  - *to come to **an** end (zu Ende gehen)*
  - *to be in **a** good temper (guter Laune sein)*
  - *as **a** rule (in der Regel)*

Der unbestimmte Artikel steht im Englischen **nicht** bei

- Stoffbezeichnungen → This table is made of wood.
- Paarwörtern: ***binoculars, jeans, glasses, pyjamas, shorts, trousers*** → I need new glasses. (oder: **a** new **pair of** glasses)

Merke

Bei ***what, quite, rather, such, half*** wird der unbestimmte Artikel nachgestellt. → **What a** girl! He's **quite a** good teacher. I've been here for **half an** hour.

Übung 1

Welcher Beruf aus der Liste gehört zu welchem Satz?

Beispiel: Sally translates speeches into English. ***She is an interpreter.***

nurse – teacher – waitress – photographer – chemist

1. Mr Miller teaches pupils mathematics. He is ....
2. Sandy works in a restaurant. She is ....
3. Ms Smith sells medicine. She is ....
4. John takes photos of people. He is ....
5. Mary looks after the patients in the hospital. She is ....

Übung 2 **Beantworte die folgenden Fragen mit vollständigen Sätzen.**

1. How often do you go to the fitness centre? (fünfmal die Woche)

....

2. How much does it cost? (50 Euro pro Monat)

....

3. How much time do you spend there? (drei Stunden täglich)

....

4. When did you go there for the first time? (als kleiner Junge)

....

Übung 3 **Unbestimmter Artikel oder nicht? Setze *a, an* oder / ein, wenn kein unbestimmter Artikel steht.**

Quite .... number of schools have teachers whom young people can talk to about their problems. Once .... week teenagers can come to Mr Rooney, ... teacher and psychologist at their school and ask for .... help or .... advice. They come in, take .... seat, and sometimes talk for hours. "It is rather .... difficult job," Mr Rooney says. "But I like it quite .... lot. I've always wanted to do this kind of .... job, even when I was .... little boy. Sometimes it's such .... difficult job, though, and I get in .... bad mood because I can't help the pupils very much, but I think I'm quite .... good teacher."

Übung 4 **Übersetze die folgenden Sätze ins Englische.**

1. Mr Rooney ist Sänger in einem Chor.

....

2. Er singt dort dreimal in der Woche.

....

3. Als guter Sänger muss er drei Stunden täglich üben.

....

4. Seine Nachbarn sagen, er macht Krach, aber ich mag es ziemlich gern.

....

....

A 3. Gebrauch des bestimmten Artikels

Der Gebrauch des bestimmten Artikels ist für deutsche Lernende besonders problematisch. Deswegen hier einige Regeln, wann er benutzt wird und wann nicht:

Der bestimmte Artikel steht bei	**Der bestimmte Artikel steht nicht bei**
• konkreten Dingen: ***The life*** *of Lady Di was short.* ***The bread*** *I bought yesterday was delicious.*	• allgemeinen Dingen: ***Life*** *is hard.* ***Bread*** *has become expensive.*
• Familiennamen im Plural: ***The Millers*** *have a PC.*	• Namen im Singular: ***Jim*** *has won the match.*
• ***church, court, hospital, prison, school, university*** etc., wenn man an das **Gebäude** denkt: ***The school*** *is over there.*	• ***church, court, hospital, prison, school, university*** etc., wenn man an die **Funktion** der Gebäude denkt: *I go to* ***school*** *every day.*
• ***cathedral, cinema, office, opera, theatre:*** *I love going to* ***the cinema.***	• ***most:*** ***Most*** *people love going to the cinema.*
• bestimmten Tageszeiten, Monaten oder Festtagen: *It happened on* ***the Monday*** *after my birthday.*	• allgemeinen Tageszeiten, Monaten oder Festtagen: *I like going out on* ***Saturdays.***
• näher bestimmten Stoffbezeichnungen und Allgemeinbegriffen: ***The dog*** *that lives next door barks all night long.* *Please, pass the milk.*	• nicht näher bestimmten Stoffbezeichnungen und Allgemeinbegriffen: ***Dogs*** *are my favourite pets.* *I like milk very much.*

Übung 1

Tony berichtet über sein Leben nach der Schule. Füge den bestimmten Artikel oder / (= kein bestimmter Artikel) ein.

"Hi, I'm Tony. When I was younger, I hated .... school. .... school was opposite .... church. In those days I went to .... church twice .... week. In the evening I usually read in .... bed before falling asleep. Nowadays I start .... work at eight o'clock in .... morning, but I don't work on .... Saturdays. I go to .... cinema every Saturday, and once a month I go to .... zoo, too."

Übung 2 **Welche Version ist korrekt? Streiche die falsche durch.**

1. Tina: I am afraid of the spiders / spiders.
2. Sue: Didn't you like the spider /spider we saw in the zoo last week?
3. Tina: No, I hate all the spiders / all spiders.
4. Sue: The women / women are more often afraid of such animals than the men / men. All the women / women I know are afraid of them.
5. Tina: No, the female zoo keepers / female zoo keepers who looked after the animals / animals weren't afraid.

Übung 3 **Füge den bestimmten Artikel oder / (= kein bestimmter Artikel) ein.**

1. Nancy: Normally I don't like .... coffee. But .... coffee we drank in Italy was great. It was called espresso.
2. Jim: But they drink their espresso with .... sugar. .... sugar is not good for you.
3. Nancy: Yes, but .... sugar they use in Italy is not so sweet. All .... Italians I know drink their espresso with sugar and they're not ill.
4. Jim: But not all .... Italians drink espresso. Some drink .... tea, as well.
5. Nancy: Yes but .... most Italians drink cappuccino.
6. Jim: I thought .... Italians drank .... red wine.
7. Nancy: Yes, and they love going to .... opera, which is healthier than drinking espresso or cappuccino or wine ...

Übung 4 **Übersetze die folgenden Sätze ins Englische.**

1. Das Leben ist kurz.

....

2. Das Leben von Mr Smith war sehr lang.

....

3. Er ging am Abend früh ins Bett.

....

4. Er trank jeden Tag Kaffee und Rotwein.

....

5. Letzte Woche wurde er ins Krankenhaus gebracht.

....

4. Gebrauch des bestimmten Artikels bei Namen

Ohne den bestimmten Artikel stehen

• Personennamen und Verwandtschaftsbezeichnungen (wenn sie wie Namen benutzt werden)	→ Lord Smith Uncle Ben
• geographische Namen und Namen von Gebäuden	→ Cologne Downing Street Mount Everest Buckingham Palace

Mit dem bestimmten Artikel stehen

• Eigennamen im Plural	→ **the** Millers
• geographische Namen mit ***Republic, Kingdom*** oder ***States***	→ **the** United States of America **the** United Kingdom
• Namen von Flüssen, Meeren und Kanälen	→ **the** Atlantic Ocean **the** Nile
• ausländische Berge ohne englischen Namen	→ **the** Zugspitze **the** Alps
• Zusammensetzungen aus Namen und ***of***	→ **the** Bank of England **the** Tower of London

Merke

Hier gibt es einige Ausnahmen, die man auswendig lernen muss:
u. a. ***the Arctic / Antarctic, the High Street, the Lake District, the Empire State Building, the White House, the Tate Gallery***

Übung 1

Füge den bestimmten Artikel oder / (= kein bestimmter Artikel) ein.

.... Prince of Wales	.... Pyrenees
.... Africa	.... St. Paul's Cathedral
.... America	.... Earl Spencer
.... United States of America	.... Thames

Übung 2

Welche der folgenden Sätze sind richtig, welche sind falsch? Finde die Fehler und korrigiere sie.

1. London is in south of the Great Britain.

....

2. It is on the Thames.

....

3. United Kingdom is in the north of Europe.

....

4. The India is much warmer than the Europe.

....

5. The Mount Everest is the highest mountain in the world.

....

6. The Atlantic Ocean is very large.

....

Übung 3

Beantworte die Quizfragen in vollständigen Sätzen. Die folgenden Angaben können dir dabei helfen.

South America – Germany – Nile – Australia – Mount Everest – United States

1. What is the name of the highest mountain in the world?

....

2. Washington is the capital of which country?

....

3. Where is Argentina?

....

4. What is the name of the longest river in Africa?

....

5. Where do kangaroos live?

....

6. Of which country Berlin is the capital?

....

5. Gemischte Übungen

Auf den nächsten beiden Seiten wird noch einmal alles wiederholt, was du über den Gebrauch des bestimmten und unbestimmten Artikels gelernt hast. Also aufgepasst!

Übung 1

Füge den bestimmten oder unbestimmten Artikel oder / ein, wenn kein Artikel steht.

.... little Ann is .... radio reporter for .... Radio Seven. Last week she wanted to interview some teachers in .... school. Three days .... week she stood in .... hall of .... school before .... lunch for half .... hour and talked to .... teachers who went by. She wanted to know everything about the teachers' lives, worries and thoughts. All .... people she asked answered her questions, but for .... most of them .... quick answer was quite .... problem. Many said that they had become .... teachers because they were worried about .... life on .... earth, ... unemployment and .... crime. Ann found out that .... life of .... teacher can be very hard sometimes. Now she knows that all .... students in her school can rely on their teachers.

Übung 2

Bilde mit den folgenden Substantiven Sätze nach dem vorgegebenen Muster.

*Beispiel: Usually I don't like **coffee**, but **the coffee** I drank in Italy was great.*

friendship – life – water – time – music – art – birds – children

1. ....
2. ....
3. ....
4. ....
5. ....
6. ....
7. ....
8. ....

Übung 3 **Welche Version ist korrekt? Streiche die falsche durch.**

1. Dave is <u>a reporter</u> / <u>reporter</u> for <u>the Channel Five</u> / <u>Channel Five</u> in Bigville.
2. Once <u>a week</u> / <u>the week</u> he interviews students at Bigville School.
3. He talks with <u>the young</u> / <u>young</u> about their feelings, thoughts and problems.
4. Some of the pupils are always short of <u>the money</u> / <u>money</u>.
5. <u>The most</u> / <u>most</u> of them don't like <u>the school</u> / <u>school</u> very much.
6. But some of them even want to go to <u>the university</u> / <u>university</u>.
7. Unfortunately <u>the university</u> / <u>university</u> is too far away to walk there.

Übung 4 **Korrigiere die folgenden Sätze.**

1. I want a apple.

   ....

2. Excuse me, where is supermarket?

   ....

3. There's supermarket at end of a street I live in.

   ....

4. Perhaps they have the apples.

   ....

5. I love eating the apples for a dinner.

   ....

Übung 5 **Setze den unbestimmten, den bestimmten Artikel oder / (kein Artikel) ein.**

.... Uncle John and his best friend, ... Earl Rich, live in a castle in .... north of .... United Kingdom. They often go swimming in .... North Sea and walk around .... fields of their castle. .... most of their friends visit them regularly once .... month and they often go on holiday together. They visit .... Lake District, climb .... Ben Nevis or go to .... Buckingham Palace. Last year they even visited .... United States of America, went to .... Washington and saw .... White House. When they are not on .... holiday, they go to .... cinema or .... opera together. On .... Sundays they go to .... church and afterwards they visit their sick friends in .... hospital for half .... hour. .... two old men lead quite .... interesting life.

B Substantive und Pronomen

1. Die Pluralbildung beim Substantiv

Die meisten englischen Substantive bilden den Plural durch Anhängen von *-s* an die Singularform. → animal – animal**s**, boy – boy**s**

Substantive, die auf

- Konsonant + *y* enden, bilden den Plural auf ***-ies***. → lady – lad**ies**
- Vokal + *y* enden, behalten das ***-y***. → boy – boy**s**
- ***-s***, ***-ss***, ***-sh*** oder ***-x*** enden, bilden den Plural auf ***-es***. → bus – bus**es**
- auf ***-f(e)*** enden, bilden den Plural meist auf ***-ves***. → life – **lives**
- ***-o*** enden, bilden den Plural meist auf ***-oes***. → tomato – tomat**oes**

Merke

Hier einige der wichtigsten unregelmäßigen Pluralformen:

foot	***feet***
goose	***geese***
mouse	***mice***
tooth	***teeth***
man	***men***
woman	***women*** [wɪmɪn]
child	***children***
ox	***oxen***
crisis	***crises***
fish	***fish***
sheep	***sheep***
Swiss	***Swiss***
Japanese	***Japanese***
Chinese	***Chinese***

Übung 1 **Vervollständige den folgenden Text mit den richtigen Pluralformen.**

Last week we went to the zoo. There were many different animal............ There were lion............, zebra............, ox............ and hors............, but there were no buffal............ or wol............ Some of the zoo keeper............ were wom............. Their child............ were also at the zoo: they were watching the animal bab............. Some of them were clapping their hand............ and stamping their f............. There were also some foreign visitor............: some Chin............ and many Japan............ with their camera............. They were posing in different way............ and taking photo............ of the fi............, the m............ and even of some German lad............. We were all watching the lea............ falling from the tree............ and after several hour............ everybody went home again. What a nice day we had at the zoo!

Übung 2 **Bilde den Plural der folgenden Sätze.**

1. The elephant has one baby. – The elephant has two ....
2. The zoo keeper uses a brush. – The zoo keeper uses three ....
3. In the zoo we saw one goose. – In the zoo we saw many ....
4. The lion has one big tooth. – The lion has two big ....
5. There is one child at the zoo. – There are many .... at the zoo.

Übung 3 **Ergänze die fehlende Form.**

....	pages
....	shelves
potato	....
....	photos
match	....

B 2. Zählbare und nicht zählbare Substantive

Im Englischen unterscheidet man
zählbare Substantive, z. B.: *bottle: one bottle, two bottles*, und
nicht zählbare Substantive, z. B.: *milk*.

Zählbare Substantive	**Unzählbare Substantive**
• haben Singular und Plural: *This **song** is great. – These **songs** are great.*	• haben keinen Plural: ***Music** is my favourite subject.*
• können mit ***a / an*** verwendet werden: *I'm looking for **a** job.*	• können nicht mit ***a / an*** verwendet werden: *I'm looking for work.*
• werden mit ***some, (a) few, (how) many, several, every*** und ***each*** verwendet: *I need **several** nails.*	• werden mit ***some, (a) little, (how) much*** und ***a (little) bit of*** verwendet: *I need **some** help.*
• können mit Zahlwörtern verbunden werden: *Give me **two** books, please.*	• müssen mit Ausdrücken wie ***a bottle of, a piece of, a glass of*** etc. umschrieben werden, um eine konkrete Menge auszudrücken: *I need **a glass of** water, please.*

Merke

Hier einige Substantive, die im Gegensatz zum Deutschen im Englischen unzählbar sind und nicht im Plural verwendet werden können:

advice	*Ratschläge*	***evidence***	*Beweise*
damage	*Schäden*	***furniture***	*Möbel*
hair	*Haare*	***homework***	*Hausaufgaben*
information	*Informationen*	***knowledge***	*Wissen*
news	*Neuigkeiten*	***progress***	*Fortschritte*

Übung 1

Mithilfe welcher der angegebenen Ausdrücke kann man die konkrete Menge ausdrücken?

kilo – glass – litre – loaf – bar – cup

1. bread: two .... of bread
2. milk: three .... of milk
3. chocolate: two .... of chocolate
4. fruit juice: a .... of fruit juice
5. coffee: five .... of coffee
6. flour: two .... of flour

Übung 2

Setze *much, many, some, several, every, each, a lot of* oder *a little (bit)* ein. Manchmal gibt es mehrere Möglichkeiten.

1. Tom: Yesterday I drank too .... wine.
2. Sue: How .... glasses did you drink?
3. Tom: I don't remember exactly, but I think it was .... glasses.
   And .... one was quite big.
4. Sue: And I ate too .... sausages.
5. Tom: How .... did you eat?
6. Sue: Ten, I think. But I eat that .... sausages .... day!
7. Tom: Now I know why you're so fat. I think you have to lose .... kilos!
8. Sue: OK, tomorrow I won't eat so .... sausages.

Übung 3

**Welche Version ist korrekt?
Streiche die falsche durch.**

George beklagt sich:

1. "At the moment it is very difficult to find <u>a work</u> / <u>work</u>.
2. This is why I don't have <u>many money</u> / <u>much money</u>.
3. But my friends always give me <u>good advices</u> / <u>good advice</u>.
4. They also give me the latest <u>informations</u> / <u>information</u> about the job market daily.
5. Of course the bad news every day <u>doesn't</u> / <u>don't</u> make me happy.
6. I haven't made <u>much</u> / <u>many</u> <u>progress</u> / <u>progresses</u> in the last few weeks."

Übung 4

Übersetze die folgenden Sätze ins Englische.

1. Können Sie mir ein paar Informationen über die Einbrecher geben?

   ....

2. Sie waren groß und hatten lange Haare.

   ....

3. Ich habe ein paar Beweise, dass sie die Schäden im Haus verursacht haben.

   ....

4. Sie haben viele Möbel zerstört.

   ....

5. Ich hoffe, die Polizei wird Fortschritte machen.

   ....

B 3. Singular und Plural bei Substantiven

Einige Substantive kommen im Englischen nur im Plural vor. Bei der Übersetzung ins Deutsche musst du deshalb gut aufpassen:

- die Pluralformen ***clothes, goods, stairs, outskirts, wages*** → Your **clothes are** very nice. = *Deine Kleidung **ist** sehr schön.*
- die Gruppenbezeichnungen ***cattle, people, police, the young, the poor*** → The **police have** come quickly. = *Die Polizei **ist** schnell gekommen.*
- die Paarwörter ***binoculars, glasses, jeans, pyjamas, scissors, shorts, trousers*** → **These trousers are** mine. = *Diese Hose **gehört** mir.*

Achtung: ***United States*** ist zwar ein Plural, das Verb steht jedoch im Singular! → The **United States consists** of 50 states.

Merke

Manche Substantive enden auf *-(ic)s*, sind aber Singular:

athletics	*Leichtathletik*	***gymnastics***	*Gymnastik*
math(ematic)s	*Mathematik*	***physics***	*Physik*
electronics	*Elektronik*	***economics***	*Wirtschaft*
politics	*Politik*	***series***	*Serie*

Sammelnamen *(Collective Nouns)* können mit einem Verb im Singular oder im Plural verwendet werden, je nachdem, ob man die Gesamtheit oder die einzelnen Mitglieder meint:

audience	*Publikum*	***committee***	*Ausschuss*
company	*Firma*	***firm***	*Firma*
family	*Familie*	***government***	*Regierung*
staff	*Personal*	***team***	*Team*

Übung 1

Übersetze die folgenden Sätze ins Deutsche.

1. Your clothes are great.

....

2. Where did you buy your glasses? They're not very modern.

....

3. Oh, I only wear this pair of glasses when I'm doing athletics.

....

Übung 2 **Tanja schreibt zum ersten Mal an ihre englische Brieffreundin. Hilf Tanja und streiche die falschen Verbformen durch.**

1. My hair is / are blond.
2. Gymnastics is / are my favourite subject.
3. My favourite TV series is / are "The X-Files".
4. My favourite clothes is / are expensive designer clothes.
5. Physics is / are a subject I don't like very much.
6. Economics is / are not interesting for me.
7. My father's wages is / are extremely high.
8. The staff at our school is / are very strict when we forget our homework.

Übung 3 **Mr Jones berichtet über Missstände. Übersetze ins Englische.**

1. Meine Wohnung liegt am Stadtrand.

....

2. Die Jugendlichen (= junge Leute) dort sind zuweilen sehr gefährlich.

....

3. In letzter Zeit gab es eine Reihe von Taschendiebstählen.

....

4. Die Polizei hat dort schon oft Einbrecher gefangen.

....

5. Die Regierung tut nichts dagegen.

....

6. Die Vereinigten Staaten haben ähnliche Probleme mit den Jugendlichen.

....

Übung 4 **Vervollständige die Nachrichtenmeldung mit den passenden Formen von *be* und *have*.**

Good evening, here .... the news. This morning a burglar broke into a house on the outskirts of London. The police .... looking for a young man with a black anorak. Some people .... seen that the burglar .... tall, his hair .... blond and his clothes .... quite new. His trousers .... green and his glasses .... dark. The police .... already caught some young men, but unfortunately not the right ones. There .... still a lot of information needed, so please call the police if you .... seen something.

B 4. *s*-Genitiv und *of*-Genitiv

• Bei **Personen** und **Tieren** verwendet man den *s*-Genitiv.	→ the **girl's** name the **horse's** tail
• Bei **Dingen** verwendet man den *of*-Genitiv.	→ the door **of** the house the owner **of** the café

Die Bildung des *s*-Genitivs folgt bestimmten Regeln:

• Der *s*-Genitiv kann gebildet werden von Substantiven, Nominalgruppen und Pronomina auf ***-body***.	→ **Peter's** game **my little sister's** dog **somebody's** football
• An Singularformen wird *'s* angehängt.	→ Sally**'s** baby cries all day long.
• An Pluralformen auf *-(e)s* wird nur ein *'* angehängt.	→ The ladies**'** dresses are great, aren't they?
• An alle anderen Pluralformen wird *'s* angehängt.	→ The children**'s** games are interesting.

Übung 1 **Wie kann man die angegebenen Ausdrücke anders formulieren?**

Beispiel: a game for Peter – Peter's game

1. a skirt for a girl: a ....
2. a school for girls: a ....
3. a name for a boy: a ....
4. a house for Tom: ....
5. toys for children: ....

Übung 2 **Verbinde die beiden Satzteile miteinander.**

Beispiel: the game / Peter – Peter's game

1. the door / garage: ....
2. the owner / restaurant: ....
3. the birthday / my father: ....
4. the car / parents / Sally: ....
5. the birthday / friend / Ann: ....

Übung 3 **Beantworte die folgenden Fragen.**

1. Whose cat is it? (Johnny) — It's .... cat.
2. Whose dog is it? (my parents) — It's .... dog.
3. Whose hamster is it? (our friends) — It's .... hamster.
4. Whose cage is it? (the hamster) — It's .... cage.
5. Whose pets are these? (the children) — These are .... pets.

Übung 4 ***-s, 's* oder *s'* ? Setze die richtigen Endungen ein.**

The Miller.......... house is not very big, so they cannot have big pet.........., but they have got a white rabbit and a black cat. The rabbit.......... name is Blacky. Blacky.......... favourite meal is carrot........... The Miller.......... son.......... name is Tom. Tom.......... favourite meal is sausage.......... and chip........... Sally and Tina are Tom.......... sister........... Tom.......... sister.......... favourite meal is salad and his parent.......... favourite meal is roast beef and potatoe...........

Übung 5 **Übersetze die folgenden Sätze ins Englische.**

1. Timmy ist der Bruder von Ronny Smith.

....

2. Das Haus der Smiths ist sehr klein.

....

3. Die Kinder der Nachbarn sind sehr nett.

....

4. Die Namen der Kinder sind Sally, Tom und Tina.

....

5. Die Katze von Tom ist schwarz.

....

6. Die Augen der Katze sind grün.

....

7. Die Augen der Kaninchen sind rot.

....

B 5. Die Personalpronomen

Die **Subjekt**formen des Personalpronomens lauten:

I	*ich*	***we***	*wir*
you	*du*	***you***	*ihr*
he / she / it	*er / sie / es*	***they***	*sie*

Sie werden als Satzsubjekt verwendet (Frage: Wer?).

Die **Objekt**formen des Personalpronomens lauten:

me	*mich / mir*	***us***	*uns*
you	*dich / dir*	***you***	*euch*
him / her / it	*ihn / ihm / ihr*	***them***	*sie/ihnen*

Sie werden als Objekt (Frage: Wen? / Wem?) oder nach Präpositionen verwendet.

Merke

- Das allgemeine Personalpronomen ***one*** steht für jede beliebige Person. → **One** is as old as **one** feels. *Man ist so alt wie man sich fühlt.*
- In der Umgangssprache kann ***one*** durch ***you*** ersetzt werden. → **You** can never tell. *Man kann nie wissen.*

Übung 1 **Ersetze die unterstrichenen Satzglieder durch Pronomen.**

John is my brother.	.... is my brother.
Mary is my sister.	.... is my sister.
John and Mary are very young.	.... are very young.
John and I sometimes go to the cinema.	.... sometimes go to the cinema.
Do you and Mary go out together, too?	Do .... go out together, too?

Übung 2 **Beantworte die Fragen, indem du Pronomen benutzt.**

1. "Where do you live, John and Mary?" – ".......... live in Bigville."
2. "Where is Mary tonight?" – ".......... is in the disco."
3. "Where is the disco?" – ".......... is near the cinema."
4. "And where have the boys gone?" – ".......... are in London."
5. "And what are you doing tonight?" – ".......... am watching TV."
6. "Are you happy with that?" – "Yes, ... am perfectly happy."

Übung 3 Verbinde die passenden Fragen und Antworten.

1. Do you know Michael?
2. Where is Sandy?
3. What are Tom and Sally doing?
4. Do you eat chocolate?

a) They are doing their homework.
b) Yes, we do.
c) No, I don't know him at all.
d) She is in the house.

Übung 4 Vervollständige die Unterhaltung zwischen John und seinen Eltern mit den richtigen Pronomen.

"John, where are ....? I can't see ...." – "............ am in the garden, Mum. Why can't you see ....?" – "Do you know where the dog is, John? I want to feed ...." – "............ is behind the tree." – "Thank you; and Timmy? Where is ....?" – "He's over there with Dad. He's helping .... clean the car." – "Oh, come on, John, let's help ...." – "Daddy, if we all help .... now, would you please take .... to the disco tonight?" – "Well, Mum must agree first. Go and ask ...." – "Mum, please let .... go!" – "OK, if you help us today we will let .... go." – "Great!"

Übung 5 Ergänze mit den richtigen Übersetzungen.

1. "Mum, do you have something for .... (uns) to drink?"
2. "Of course I have something for .... (euch) to drink."
3. "Daddy, can you clean the car for .... (mich), please?"
4. "No, sorry, there's something wrong with my bike. I must repair .... (es) first."
5. "Where is Mum? I wanted to show .... (ihr) my new shoes."
6. "Here I am, darling. Where are .... (sie)?"
7. "Oh, very nice. Go and show .... (sie) to your father, too."

Übung 6 Vervollständige die Gegensätze mit den passenden Pronomen.

*Beispiel: Paula sees Henry, but **he** doesn't see **her**.*

1. I like dogs, but .... don't like ....
2. Sarah loves Tony, but .... doesn't love ....
3. My mother helps my father, but .... doesn't help ....
4. The Millers know Mandy, but .... doesn't know ....

B 6. Die Possessivbegleiter: *my, your …*

Die Formen der Possessivbegleiter lauten:

my	*mein/-e*	***our***	*unser/-e*
your	*dein/-e*	***your***	*euer/-e*
his / her / its	*sein/-e, ihr/-e*	***their***	*ihr/-e*

Die Possessivbegleiter werden verwendet

- wie im Deutschen → This is **my** car.
- in Bezug auf Körperteile und Kleidungsstücke → I stood there with **my** hands in **my** pockets.
- bei abstrakten Begriffen wie ***life, death, mind,*** wenn die Zugehörigkeit zu bestimmten Einzelwesen gemeint ist → Many people lost **their** lives in the terrible earthquake. I think they have to make up **their** minds soon.
- vor ***own*** → He has **his** own car. = *Er hat **ein** eigenes Auto.*

Übung 1 **Wie lauten die passenden Possessivbegleiter?**

1. Sheila has got a house. It is …………… house.
2. Tom has got an apartment. It is …………… apartment.
3. I have got a big garden. It is …………… garden.
4. Danny, you have got a garage. It is …………………… garage.
5. Sheila and her husband have even got a balcony. It's …………………… balcony.
6. We all live in Bigville. It is …………… town.

Übung 2 **Wie lauten die kompletten Fragen und Antworten?**

pillow (Sandy's) – table (Ronny's) – armchair (Tom and Sally's) – couch (Timmy and Henry's) – carpet (Jim's)

1. "Is this …………… carpet, Jim?" – *Jim:* "Yes, it's …………… carpet."
2. "Whose pillow is this?" – *Sandy:* "It's …………… pillow."
3. "Is this …………………… table, Tony and Sally?" – *Tony and Sally:* "No, it's not …………… table, it belongs to Ronny. It's …………… table."
4. "Whose armchair is this?" – *Timmy:* "It belongs to Tom and Sally; it's …………………… armchair."
5. "Is this …………………… couch, Timmy and Henry?" – *Timmy and Henry:* "Yes, it's …………… couch."

Übung 3 **Übersetze die folgenden Sätze ins Englische.**

1. Tom hob die Hand.

....

2. Er holte die Schlüssel aus der Hosentasche.

....

3. Sandra schüttelte den Kopf.

....

4. Sie sagte: „Nein, ich habe ein eigenes Haus."

....

5. Der Wind blies ihnen ins Gesicht.

....

6. „Du gehst mir auf die Nerven", sagte sie und ging weg.

....

Übung 4 **Martin erzählt von seinem Besuch bei Sheila. Setze die entsprechenden Possessivbegleiter ein.**

Yesterday Sheila invited me to .... place. She lives with .... sister. .... house is very nice. They had a big party there. Sheila's cousin was there, too. .... name is Jerry and he has a dog. .... name is Bonnie. Jerry came with .... brother Ralph. He asked me, "Hi, what's .... name? Is Sheila .... girlfriend?" – "No, she is not .... girlfriend, ... boyfriend's name is Tim." Jerry didn't say anything, he just played with .... dog or stood there with .... hands in .... pockets.

Übung 5 **Dieses Gespräch hat ebenfalls auf Sheilas Party stattgefunden. Setze auch hier die Possessivbegleiter ein.**

1. Liz: Hello, ... name is Liz. What are .... names?
2. Jerry and Ralph: .... names are Jerry and Ralph.
3. Liz: Look at that boy, who is ....?
4. Jerry: .... name is Tony and the girl is .... sister. I don't know .... name. Do you know those girls?
5. Liz: Yes, ... surname is Connor; they're twins.

B 7. Die Possessivpronomen: *mine, yours …*

Während die Possessiv**begleiter** nur in Verbindung mit einem Substantiv stehen können, werden Possessiv**pronomen** allein verwendet.

Die Formen des Possessivpronomens lauten:

mine	*mein*	***ours***	*unser*
yours	*dein*	***yours***	*euer*
his / hers	*sein/ihr*	***theirs***	*ihr*

Die Possessivpronomen werden verwendet

- anstelle eines Substantivs mit Possessivbegleiter, wenn das Substantiv bereits genannt wurde → Their house is bigger than **ours.** My friend is nicer than **yours.**
- als Antwort auf die Frage ***whose … is it?*** → Whose anorak is it? – It's **mine.**
- nach dem doppelten Genitiv ***a friend of …, a neighbour of …*** etc. → John is a friend of **ours.** That was a good idea of **yours.**

Übung 1

Ersetze das unterstrichene Substantiv mit Possessivbegleiter durch das entsprechende Possessivpronomen.

1. This is <u>my pullover</u>. It's ……………………….
2. That's <u>your shirt</u>. It's ……………………….
3. This is <u>his shoe</u>. It's ……………………….
4. That is <u>her skirt</u>. It's ……………………….
5. And these are <u>my clothes</u>. They're ……………………….

Übung 2

Übersetze die folgenden Sätze ins Englische.

1. Deine Schuhe sind größer als meine.

……………………………………………………………………………………

2. Dein T-Shirt ist kleiner als seines.

……………………………………………………………………………………

3. Unsere Pullover sind länger als eure.

……………………………………………………………………………………

Übung 3 **Formuliere die Sätze entsprechend dem Beispiel um.**

Beispiel: He's one of my friends. – He's a friend of mine.

1. Jerry: I went to the department store with one of our neighbours.

   ....

2. Liz: Is he one of your friends or Jane's?

   ....

3. Jerry: No, he is one of her friends. We met some of your classmates there, too.

   ....

   ....

4. Liz: Some of my classmates?

   ....

Übung 4 **Ersetze die unterstrichenen Substantive durch Possessivpronomen.**

1. "Is this your blouse?" – "Yes, it's my blouse". ....
2. "Are these his jeans?" – "No, they're her jeans." ....
3. "What about this skirt?" – "Isn't it your skirt?" ....
4. "And these shoes?" – "They're their shoes." ....
5. "And this sweatshirt?" – "It's his sweatshirt, I think." ....
6. "What about these socks?" – "They're our socks." ....

Übung 5 **Was gehört hier wem? Und: Wie lauten die passenden Pronomen und Begleiter?**

1. Jane: Tony and Henry, is this .... money?
2. T & H: No, it' s not ...., we think it's Peter's.
3. Jane: Peter, is this .... money?
4. Peter: Oh, yes, thank you, it's ....
5. Tony: And what about this cheque? Is it John's?
6. Peter: Yes, it's ...., I think.
7. Henry: No, it's Jane's. I'm sure it's ...., isn't it?
8. Tony: Jane, is this .... cheque?
9. Jane: Oh my God, yes, it's ...., thank you.

B 8. Die Demonstrativpronomen und -begleiter: *this, that …*

Die Demonstrativpronomen und -begleiter haben die gleiche Form. Als Pronomen werden sie allein gebraucht, als Begleiter bestimmen sie ein Substantiv.

Die Formen lauten:

Singular	*this*	*that*
Plural	*these*	*those*

- Wenn zwei Dinge einander gegenübergestellt werden, sagt man zuerst ***this / these*** und dann ***that / those***. → **This** is Tom and **that** is Sally. **These** are my socks, **those** are yours.
- ***this / these*** bezeichnen Dinge, die vom Sprecher aus gesehen örtlich oder zeitlich **näher** sind. → **This** pullover here is Sally's. **These** jeans here are nice.
- ***that / those*** bezeichnen Dinge, die vom Sprecher aus gesehen örtlich oder zeitlich **entfernter** sind. → **That** pullover over there is Tom's. **Those** trousers over there are terrible.

Übung 1

Stelle die angegebenen Dinge und Personen einander gegenüber.

hier	dort
Ralph	Johnny
the Millers	the Smiths
beer	stout
cheese cake	apple pie
white wine	red wine
cherries	apples

1. .... (here) is Ralph and .... (over there) is Johnny.
2. ....
3. ....
4. ....
5. ....
6. ....

Übung 2 **Vervollständige das Gespräch auf dem Marktplatz mit dem richtigen Demonstrativpronomen.**

"Would you like to buy some apples?" – "Yes, I'd like .... ones, here."
"What about .... melon here?" – "Oh, no, I prefer .... one there."
"Can you give me a kilo of .... black cherries over there?" – "Yes, but .... red ones here are much better and cheaper. Would you like some vegetables, too?" – "Yes, give me .... cucumber there. And .... lettuce here looks great." – ".................... is not lettuce, it's cabbage."

Übung 3 **Finde in der Wortschlange richtig zusammengesetzte Demonstrativpronomen und Substantive.**

somebuttermorecheesethesepeoplethesechocolatethatpersonsthosemenmoreapples
thosemanthesementhathatthischerrythesecherriesmorelettucethispeppersthosepizzas
thismeatthatchildrenthesemelonssomeofthemtheirsocksthesevegetablesthoseapplethese

Übung 4 **Kreuze das richtige Demonstrativpronomen an und bilde einen vollständigen Satz.**

1. cup	this	those

....

2. pan	these	this

....

3. plates	that	those

....

4. glass	that	these

....

Übung 5 **Bilde ganze Sätze und stelle sie einander gegenüber.**

1. man – selling apples	man – selling carrots

....

2. women – drinking beer	women – drinking tea

....

3. girl – eating fruit	girl – eating meat

....

B 9. Die *self*-Pronomen (Reflexivpronomen)

Die Formen der *self*-Pronomen lauten:

myself	***ourselves***
yourself	***yourselves***
himself / herself / itself	***themselves***

Die *self*-Pronomen werden verwendet,

- um ein Substantiv oder Pronomen hervorzuheben. → I **myself** don't like cheese. The film **itself** was great.
- wenn Subjekt und Objekt die gleiche Person bezeichnen. → **Robert** cut **himself** while shaving. **I** look at **myself** in the mirror.

Merke

Einige deutsche Reflexivverben werden im Englischen **nicht** reflexiv gebraucht. Sie stehen also **ohne** ein *self*-Pronomen:

to concentrate	*sich konzentrieren*
to dress	*sich anziehen*
to feel	*sich fühlen*
to imagine	*sich (etwas) vorstellen*
to look forward to	*sich freuen auf*
to meet	*sich treffen*
to move	*sich bewegen*
to relax	*sich entspannen*
to remember	*sich erinnern*
to shave	*sich rasieren*
to wash	*sich waschen*

Übung 1

Setze das richtige *self*-Pronomen ein.

1. "Did you like the rock concert yesterday?" – "The concert .... was not bad, but the drummer was terrible."
2. "I .... didn't like it at all. It was horrible. Especially the trumpets!"
3. "I have just talked to Peter and Ralph. They .... liked it very much, but their wives were shocked."
4. "Did you know that the singer wrote all the songs ....?"
5. "Of course, and the guitarists taught .... to play the guitar …"
6. "And Mary, the backing singer, has never even listened to ...."
7. "The band should have recorded .... before performing a concert, I think."

Übung 2 **Setze auch hier die richtigen *self*-Pronomen ein.**

1. Jane: Oh dear, can you call an ambulance? I have hurt ....
2. Sam: Hello? My wife has hurt ...., can you come quickly?
3. Doc: How did that happen?
4. Sam: We were enjoying .... at a rock concert when she fell down the stairs.
5. Jane: Everything is my fault, I didn't pay attention!
6. Sam: Oh, darling, don't blame ....!
7. Jane: What is this strange doctor doing, darling? He is talking to ....
8. Doc: It is not that strange at all: when I talk to .... I get the best ideas!

Übung 3 **Übersetze die folgenden Sätze ins Englische. Achte dabei auf die passenden Reflexivpronomen.**

1. Hast du die CD für dich selbst gekauft?

....

2. Ja, mein Freund hat die Songs selbst geschrieben.

....

3. Die Songs selbst sind gut, aber der Sänger hat eine schreckliche Stimme.

....

Übung 4 **Ergänze den Text mit den angegebenen Verben. Achtung: Einige werden reflexiv gebraucht, andere nicht!**

look forward to – enjoy – dress – cut – look at – remember – meet – relax – feel – shave

1. Sam: "Can you .... when we .... for the first time?
2. Before that first date I had .... and had ....
3. I didn't .... well because of that and was .... in the mirror every other minute."
4. Jane: "And I was nervous because I had been ....

   seeing you for so long. It had taken me two hours to ....
5. I wasn't able to .... for more than two hours and I said a lot of silly things.
6. But in the end it was a very nice date and we .... at the party."

B 10. *each other* oder *self*-Pronomen?

each other / one another werden verwendet, um eine wechselseitige Beziehung auszudrücken (= gegenseitig).	→ Mary and John looked at **each other**. We help **each other.**

Merke

Im Gegensatz zum Deutschen sind die reziproken Pronomen **nicht** mit den Reflexivpronomen austauschbar.

Reflexivpronomen:	They cut **themselves.** *Sie schnitten* ***sich****.* (selbst = reflexiv)
reziproke Pronomen:	They look at **each other.** *Sie sehen* ***sich*** *an.* (gegenseitig = reziprok)

Übung 1

Forme die folgenden Sätze um, indem du *each other* verwendest.

1. Mary loves John and John loves Mary.

....

2. Mary gave John a present and John gave Mary a present.

....

3. When they have problems Mary helps John and John helps Mary.

....

4. Mary looks John in the eyes and John looks Mary in the eyes.

....

Übung 2

Streiche die Fehler durch und schreibe die korrigierten Sätze auf.

1. Yesterday John asked hisself why he had made so many mistakes in the exam.

....

2. He and Mary had helped themselves so much.

....

3. But he hadn't been able to concentrate himself at all.

....

....

Übung 3 **Vervollständige die Sätze mit einem *self*-Pronomen oder *each other.***

1. John and Mary are close friends and know .... very well.
2. Last year Mary gave John a ticket for a concert as a present and John gave Mary a ticket for the opera as a present. They gave .... tickets.
3. At the concert the two enjoyed .... very much and held .... close.
4. After the concert Mary bought .... the CD and one for John, too.
5. John can be very selfish, though. Sometimes he only thinks of ....
6. When he behaves like that, Mary gets very angry and the two don't speak to .... for one or two days.
7. John doesn't even try to defend .... when Mary blames him for being so selfish.
8. But afterwards they try to express .... and their feelings and everything is OK again.
9. Then they kiss .... and say to ...., "I love you so much!"

Übung 4 ***self* oder *each other* oder gar nichts (/)?**

Last week Alan and Sandra met .... in the youth club. They hadn't seen .... for ages and were very happy to be able to talk to .... "How are you, what are you doing now?" – "Oh, I'm teaching .... French at the moment. I .... think it's quite difficult, but my father always says it's not that hard. But what has happened to you? Why do you have a plaster on your arm?" – "Oh, my sister and I were helping .... rock climbing. She taught .... some years ago. Unfortunately I didn't concentrate ...., fell down and hurt .... I felt .... terrible afterwards, but my sister is so nice. She never thinks of ....; she even blamed .... for what had happened!" – "Oh, yes, I remember .... her very well. Let me invite you two for dinner tonight." – "Great idea, but we will pay for ....!" – "OK, let's meet .... in an hour because I have to wash .... and dress .... first." – "OK; bye, then!"

B 11. Gemischte Übungen

Achtung, es wird etwas schwieriger: In den folgenden Übungen wird alles wiederholt, was du über Substantive und Pronomen gelernt hast.

Übung 1

Verbinde die folgenden Wortpaare entweder mit einem *s*-Genitiv oder einem *of*-Genitiv.

1. the legs / chair ....
2. the pullovers / men ....
3. the handbag / lady ....
4. the shop / Millers ....
5. the tail / dog ....
6. the friends / Tony and Linda ....

Übung 2

Vervollständige das Gespräch zwischen Sandy, Sally und Tom. Füge die passenden Personalpronomen, Possessivbegleiter oder Possessivpronomen ein.

Sandy: Hello, Sally, how are ....?

Sally: Hello, Sandy, ... 'm fine, thank .... Sandy, can .... help ...., please?

Sandy: Yes, of course I can help .... What's .... problem?

Sally: I have lost .... English book, but fortunately Tom lent .... English book … Oh, where is ....? I can't find .... anymore … Ah, here .... is.

Sandy: Oh, yes, Tom … I saw .... talking to Miss Jenkins yesterday. He asked .... for help with .... English homework. So English is a problem for both of you? There .... is. Come here, Tom.

Tom: Yes, English is .... problem. Can you help ....?

Sandy: Of course, show me .... book.

Mother: Sandy, what are you doing?

Sandy: Tom and Sally have problems with .... English homework and I'm trying to help ...., Mum.

Mother: Look at .... daughter. .... always helps .... friends …

Übung 3

Colin berichtet über seine Erfahrungen in New York. Füge die angegebenen Substantive in den Text ein. Achtung: Manchmal ist auch der Plural nötig!

experience – luggage – furniture – job – work – information – time – progress

When I arrived at New York airport I didn't have much .... I wanted to move into that new apartment with lots of new .... The only problem was .... I had been looking for a .... for some ...., but I still hadn't found what I was looking for. Unfortunately I didn't have much ...., which is why I was worried about not making any .... in finding good employment. I collected lots of .... everywhere but today I'm still unemployed. What a pity!

Übung 4

Setze die Sätze vollständig in den Plural (alle Pronomen und Substantive).

1. I have to buy a loaf of bread and some milk.

   ....

2. I will have a party in the boy's house.

   ....

3. He has got a bad tooth, but he's very nice.

   ....

4. He has got a garden with a cat, a mouse, an ox, a fish and a sheep.

   ....

Übung 5

***self* oder *each other* oder / ?**

At yesterday's party Harry and Sally met .... for the first time. Sally was rather upset and she didn't feel .... very good. She had dressed .... very elegantly and was watching .... in the mirror all the time. Harry had washed .... and shaved .... very thoroughly and was nervous, too. He wasn't able to relax .... The two stared at .... for more than two hours before they started talking to .... It was love at first sight.

Adjektiv – Adverb

igerung des Adjektivs

- Einsilbige Adjektive werden mit *-er* und ***-est*** gesteigert. → great – great**er** – **the** great**est**
- Zweisilbige Adjektive auf *-y*, ***-ow***, ***-er*** und ***-le*** werden ebenfalls mit ***-er*** und ***-est*** gesteigert. → narr*ow* – narrow**er** – **the** narrow**est**; eas*y* – easi**er** – **the** easi**est**
- Alle anderen zweisilbigen und alle mehrsilbigen Adjektive werden mit ***more*** und ***the most*** gesteigert. → beautiful – **more** beautiful – **the most** beautiful

Besonderheiten in der Schreibung:

- Endungs-***y*** nach Konsonant wird zu ***-i***. → eas**y** – eas**i**er – the eas**i**est
- Einfache Endkonsonanten nach betontem Vokal werden verdoppelt. → bi**g** – bi**gg**er – the bi**gg**est
- Endungs-***e*** entfällt vor *-er* und *-est*. → nic**e** – nic**er** – the nic**est**

Übung 1

Steigere die folgenden Adjektive.

clever ....

ugly ....

big ....

heavy ....

Übung 2

Ergänze die fehlenden Formen.

....	more famous	....
....	....	the nicest
noisy	....	....
....	....	the most terrible

Übung 3 Gib die Vergleiche in ganzen Sätzen wieder.

trendy: volleyball (+++) tennis (+) basketball (++)
Beispiel: *Tennis is trendy, basketball is trendier, but volleyball is the trendiest.*

1. **interesting:** school (+) sports (+++) playing (++)

....

2. **exciting:** "Tatort" (++) "Derrick" (+) "The X-Files" (+++)

....

3. **fast:** Frentzen (++) Barichello (+) Schumacher (+++)

....

4. **sweet:** bubble gum (+) chocolate (++) ice-cream (+++)

....

Übung 4 Lucy ist nicht sehr beliebt, weil sie immer besser, schneller, schöner ... sein will. Ergänze die Steigerungsformen.

1. Your pet is not very dangerous; mine is .... than yours!
2. Your father is very nice and very rich, but mine is .... and ....: he always buys me everything I want.
3. Your clothes are trendy, but my clothes are .... than your clothes.
4. Your Mercedes is fast, but my Porsche is ....
5. Your house is quite big, but ours is much ....
6. Your mother gets up very early, but my mother gets up ....
7. Your book is thin, but mine is much .... than yours.

Übung 5 Ergänze die Sätze mit den richtigen Steigerungsformen.

1. I expected Mary to arrive at three o'clock, but she arrived at four o'clock.

   Mary arrived .... (late) than I had expected.

2. Going to the cinema costs five Euro. Going to the theatre costs ten Euro.

   Going to the theatre is .... (expensive) than going to the cinema.

3. The way to the theatre is difficult to understand, the way to the cinema is not.

   The way to the cinema is .... (easy) than the way to the theatre.

er Vergleich im Satz
nd unregelmäßige Steigerungsformen

- Vergleiche, bei denen die verglichenen Dinge ungleich sind, werden mit ***than*** gebildet. → I am taller **than** you. Mary is older **than** Tom.
- Vergleiche, bei denen die verglichenen Dinge gleich sind, werden mit ***as … as*** gebildet. → Sarah is **as** old **as** Peter. The dog is **as** friendly **as** the cat.
- Doppelt so … wie" heißt ***twice as … as***. → Red wine is **twice as expensive as** white wine.
- „Das gleiche wie" heißt ***the same as***. → My salary is **the same as** yours.

Die folgenden Adjektive und Begleiter werden **unregelmäßig** gesteigert:

good	***better***	***the best***
bad	***worse***	***the worst***
little *(= klein)*	***smaller***	***the smallest***
little *(= wenig)*	***less***	***the least***
much	***more***	***the most***
many	***more***	***the most***
far	***farther / further***	***the farthest / the furthest***

Übung 1

Vervollständige die Dialoge des eifersüchtigen Timmy und seiner Mutter mit den Adjektiven in Klammern.

Beispiel: Ann's pullover is ***newer*** *than mine. – No, your pullover is* ***as new as*** *hers.*

1. "Ann's jeans are .... (expensive) than mine." – "No, yours are .... hers."
2. "Ann's school tests are .... (easy) than my school tests." – "No, your school tests are .... hers."
3. "Ann's birthday cake is .... (big) than mine." – "No, your birthday cake is .... hers."
4. "Ann's friends are .... (nice) than my friends." – "No, your friends are .... hers."

Übung 2

Ergänze die Sätze mit den Steigerungsformen der Adjektive in Klammern.

Yesterday I had a bad headache. After two hours it had got even .... (bad), so I went to Doctor Smith. He is the .... (good) doctor in town. I walked there because I thought his house was not very far away, but it was .... (far) than I had thought. Because I had had a lot of work that day I had eaten very little, even .... (little) than usual, which is why the doctor couldn't give me pills for my headache. He told me to work .... (little), to eat .... (much) and not to drink so much coffee. He told me that .... (many) people have heart attacks because they work too much.

Übung 3

Gib die folgenden Vergleiche in Sätzen wieder.

1. **pretty:** Sally (10 points) Sandra (10 points)

   ....

2. **intelligent:** Peter (8 points) Tom (10 points)

   ....

3. **rich:** Mr Smith (5 points) Mr Miller (5 points)

   ....

Übung 4

Schon wieder Lucy und ihre Wichtigtuerei ...
Übersetze die Sätze ins Englische.

1. Unser Haus ist genauso groß wie euer Haus.

   ....

2. Meine Mutter ist nicht so alt wie deine Mutter.

   ....

3. Mein Vater verdient zweimal so viel wie dein Vater.

   ....

4. Dein Bruder ist schlechter in der Schule als meiner.

   ....

5. Deine Note im Englischtest ist die gleiche wie meine.

   ....

3. Die Bildung des Adverbs

Ein Adverb kann ein Verb, ein Adjektiv, ein weiteres Adverb oder einen ganzen Satz näher bestimmen. Es gibt verschiedene Arten von Adverbien:

- ursprüngliche Adverbien (v. a. Orts- und Zeitadverbien) → **here, everywhere, there, always, never, now, often, seldom, sometimes, soon, then, today, yesterday, quite**
- von Adjektiven abgeleitete Adverbien → **quickly, slowly, perfectly …**
- Die meisten abgeleiteten Adverbien werden gebildet, indem man an das Adjektiv *-ly* anhängt. → slow – slow**ly**

Aber:

- *-le* wird zu ***-ly***, → simp**le** – simp**ly**
- *-y* wird zu ***-ily***, → eas**y** – eas**ily**
- *-ic* wird zu ***-ically***. → fantast**ic** – fantast**ically**
- **Ausnahme** → publ**ic** – publ**icly**

Übung 1

Finde im Gitternetz 10 Adverbformen (nur längs und quer).

L	O	N	G	Z	H	E	R	E	L
O	R	I	G	I	N	A	L	L	Y
G	R	E	E	N	X	R	U	L	E
I	Y	N	O	W	E	R	C	O	L
C	A	R	Q	U	I	C	K	L	Y
A	L	W	A	Y	S	R	I	N	K
L	Y	N	N	H	O	L	L	E	S
L	O	U	D	Y	M	V	Y	V	O
Y	E	T	T	H	E	R	E	E	O
O	V	E	R	K	Z	X	O	R	N

Übung 2 Wie lauten die abgeleiteten Adverbien der folgenden Adjektive?

real – ....

lucky – ....

dangerous – ....

bad – ....

tragic – ....

successful – ....

comfortable – ....

clever – ....

high – ....

crazy – ....

probable – ....

terrible – ....

strange – ....

wonderful – ....

Übung 3 Vervollständige den Text mit einer der Adverbformen.

absolutely – there – carefully – fluently – unfortunately – quickly – suddenly – extremely – terribly – often – heavily – reasonably

In our last holidays we went to Italy for the first time. Driving .... can be very dangerous, which is why my father always drove very .... Shopping was no problem because my mother speaks Italian .... Food in Italy is .... cheap and .... good. We were all .... happy there and had a lot of fun. On our first day, however, we were .... upset about the weather because when we arrived it was raining .... But then the weather .... changed, and we .... went to the beach. .... the holiday was over far too ....

Übung 4 Vervollständige den Text mit der Adverbform der in Klammern angegebenen Adjektive.

Maria .... (real) likes playing football and she is .... (usual) very excited when she is on the field. But today she is playing .... (bad) and running too .... (slow). She is .... (probable) ill. She feels .... (terrible) bad about that and says .... (nervous) to her coach: "I am .... (complete) exhausted. I think I'm .... (serious) ill. Please let me go home." Her coach .... (simple) says, "OK, you have been playing .... (fantastic) up to today, so it doesn't matter." Maria .... (quick) gets her bag and goes home. The next day she plays better than ever.

4. Unregelmäßige Adverbformen 1

Einige Adverbien werden unregelmäßig gebildet:

- **Zeitadverbien** auf *-ly* haben die gleiche Adjektiv- und Adverbform. → daily – **daily**, weekly – **weekly**
- Andere Adjektive auf *-ly* und ***difficult*** werden mit ***way, manner*** umschrieben. → friendly – **in a friendly way**, difficult – **in a difficult manner**
- Bei ***true*** und ***whole*** fällt das stumme Endungs-***e*** weg. → true – tru**ly**, whole – whol**ly**
- ***good*** hat ein eigenes Adverb. → good – **well**

Einige Adverbien haben die gleiche Form und die gleiche Bedeutung wie ihre Adjektive. Sie müssen gelernt werden.

Adjektiv	**Adverb**	
deep	***deep***	*tief*
early	***early***	*früh*
fast	***fast***	*schnell*
hard	***hard***	*schwer*
late	***late***	*spät*
little	***little***	*wenig*
long	***long***	*lange*
straight	***straight***	*direkt*

Übung 1

Wie lauten die Adverbien der folgenden Adjektive?

monthly ....

good ....

fast ....

friendly ....

hard ....

whole ....

silly ....

Übung 2 Finde in der Wortschlange Adverbien und unterstreiche sie.

summermonthlyweeksuperinadifficultmannerbrotherstraighthugewhollytruegoodbabyday dailyinafriendlywaylittlehomehardearnearlydifficultlybubblegumlongfastestlateadjective

Übung 3 Claire schildert die Situation in ihrer Familie. Ergänze mit den Adverbformen der angegebenen Adjektive.

absolute – hard – deep – terrible – strange – real – late – friendly – early – daily – lucky

Last month my dad had to work very .... and got up very .... every day, which is why he couldn't sleep very .... in the night. It was a terrible month and we argued almost .... He was not very nice and didn't speak to us .... He was angry all day long and went to bed very .... because in the evening he had to solve difficult problems. He behaved very .... and shouted .... when talking to us. He was .... stressed and .... overworked. .... this terrible month is over now.

Übung 4 Korrigiere die falschen Sätze und schreibe sie richtig auf.

1. Dad's car drives very fastly.

....

2. He never comes lately with it.

....

3. He always drives straightly to work.

....

Übung 5 Forme die folgenden Sätze mithilfe von Adverbien um.

1. My dad is a hard worker. He works very ....
2. Last month he was very angry, he spoke to us very ....
3. He was sometimes late for dinner. He sometimes came ....
4. In his free time he is a good drummer. He plays the drums very ....
5. He's a bad singer, though. He sings quite ....
6. All in all he is a very lively person. He behaves ....

5. Unregelmäßige Adverbformen 2

Einige Adverbien und Adjektive haben bei gleicher Form verschiedene Bedeutung. Auch diese müssen gelernt werden.

	Adjektiv	Adverb
well	*gesund*	*gut*
just	*gerecht*	*eben*
only	*einzig*	*einzig, nur*
pretty	*hübsch*	*ziemlich*
ill	*krank*	*schlecht*
still	*still*	*immer noch*

Einige Adverbien auf *-ly* haben eine andere Bedeutung als die Adjektive, von denen sie abgeleitet sind.

deeply	*zutiefst*
fairly	*ziemlich*
hardly	*kaum*
highly	*höchst*
lately	*in letzter Zeit*
mostly	*meistens, vorwiegend*
nearly	*beinahe*
shortly	*in Kürze*

Übung 1

Ordne die Ausdrücke in die richtige Spalte der Tabelle ein.

a hard day – suffering hard – sleeping deep – a deep sleep – a pretty girl – looking pretty good – He dances well. – Sue isn't well. – Sue is ill. – He spoke ill of us. – He is my only friend. – It's only eight o'clock?

Adjektiv	Adverb
....	....
....	....
....	....
....	....
....	....
....	....

Übung 2 **Übersetze die Sätze ins Deutsche.**

1. My mother will shortly be 50.

....

2. She still is very pretty, though.

....

3. She is highly motivated lately because she's learning English.

....

4. She mostly learns in the evenings and she hardly sleeps.

....

5. In the morning she still looks fairly good, though.

....

Übung 3 **Finde die richtige Übersetzung für die unterstrichenen Ausdrücke.**

John erzählt:

1. "Viele von euch können sich <u>kaum</u> an meinen Freund Peter erinnern. –
   Many of you can .... remember my friend Peter.
2. Ich habe ihn <u>in letzter Zeit</u> nicht gesehen. – I haven't seen him ....
3. Wir haben uns <u>fast</u> ein Jahr nicht getroffen. –
   We haven't met for .... a year.
4. Ich hoffe, er ist <u>gesund</u>. – I hope he is ....
5. Er arbeitet immer sehr <u>hart</u>. – He always works very ....
6. In seiner Freizeit spielt er <u>meistens</u> Fußball. –
   In his spare time he .... plays football.
7. Er spielt sehr <u>gut</u> Fußball. – He plays football very ....
8. Er fährt ein <u>schnelles</u> Auto und hat eine <u>hübsche</u> Freundin. –
   He drives a .... car and has a .... girl-friend.
9. Ich bedaure <u>zutiefst</u>, dass wir uns <u>nur</u> einmal im Jahr treffen. –
   I .... regret that we .... meet .... once a year.
10. Nun hat er seinen <u>jährlichen</u> Besuch angekündigt und <u>in Kürze</u> wird er hier sein. –
    Now he has announced his .... visit and he will .... be here."

6. Die Steigerung des Adverbs

Die Steigerungsregeln für Adverbien ähneln denen der Adjektive. Allerdings wird der Superlativ der Adverbien ohne den bestimmten Artikel *the* gebildet.

- Einsilbige Adverbien sowie ***early*** werden mit ***-er*** und ***-est*** gesteigert. → soon – soon**er** – soon**est**; fast – fast**er** – fast**est**; early – earl**ier** – earl**iest**
- Alle mehrsilbigen Adverbien werden mit ***more*** und ***most*** gesteigert. → carefully – **more** carefully – **most** carefully
- ***well*** und ***badly*** haben besondere Steigerungsformen. → **well – better – best**; **badly – worse – worst**

Übung 1

Bilde zu den folgenden Informationen über John die beiden Steigerungsformen.

1. John talks slowly.

....

2. He drives fast.

....

3. He gets up early.

....

4. He works hard.

....

5. He plays tennis well.

....

Übung 2 **Bilde vergleichende Sätze. Deine Meinung ist entscheidend.**

Peter – John – Jim (drive – slow)
*Beispiel: Peter drives **slowly**, John drives **more slowly** but Jim drives **most slowly** of all.*

1. Backstreet Boys – Caught in the Act – Roxette (sing – good)

....

2. Simon – Sandra – Sally (play the trumpet – bad)

....

3. Anthony – Thomas – Carl (run – quick)

....

4. Schumacher – Irvine – Hakkinen (drive – dangerous)

....

5. Mercedes – Porsche – Ford (go – fast)

....

6. Ann – Paul – Sarah (work – hard)

....

Übung 3 **Bilde vergleichende Sätze mit den angegebenen Elementen.**

My Your Our	neighbours friend aunt brother father grandparents	to play tennis to dance to play football to wake up to speak English to paint	wonderfully well badly early successfully beautifully

Beispiel: My grandparents dance better than my father, but your brother dances best of all.

1. ....
2. ....
3. ....
4. ....
5. ....
6. ....
7. ....

7. Adjektiv oder Adverb?

Im Deutschen haben Adjektive und Adverbien die gleiche Form, im Englischen jedoch nicht.

Adjektiv:	*Das Auto ist **langsam**.*	*The car is **slow**.*
Adverb:	*Das Auto fährt **langsam**.*	*The car drives **slowly**.*

Nach dem Adjektiv fragt man: **Wie ist** etwas beschaffen?
→ *The car **is** slow.*

Nach dem Adverb fragt man: **Auf welche Art und Weise** wird etwas **getan**?
→ *The car **drives** slowly.*

Übung 1

Schreibe hinter die folgenden Sätze, ob es sich bei dem unterstrichenen Wort um ein Adjektiv oder ein Adverb handelt.

1. Terry spricht ein perfektes Französisch. ....
2. Sie spricht perfekt Französisch. ....
3. Sally agiert immer sehr ruhig. ....
4. Sie ist ein ruhiges Mädchen. ....
5. Gina ist ein ernsthaftes Mädchen. ....
6. Heute hat sie sich ernsthaft verletzt. ....
7. Sie sieht mich ärgerlich an. ....

Übung 2

Übersetze die Sätze aus Übung 1 ins Englische.

1. ....
2. ....
3. ....
4. ....
5. ....
6. ....
7. ....

Übung 3

Vervollständige den Text mit der entsprechenden Adjektiv- oder Adverbform des Wortes in Klammern.

My friend Gina is a .... (serious) girl. She always thinks before she speaks, which is why she never talks too .... (fast). She speaks many languages .... (fluent) because she takes her homework very .... (serious), ... (special) French. She is always .... (happy) when she meets someone .... (special) she can talk to. She is a very .... (sensible) girl, too. She always drives very .... (careful) and .... (safe). She's a .... (perfect) friend, although she can get on my nerves, too. When we go out, she is always .... (absolute) .... (perfect) dressed and everybody looks at her. What a girl!

Übung 4

Finde das Adverb zu den angegebenen Adjektiven und bilde dann einen Satz mit beiden Formen.

1. easy – ....

   My homework is very easy, I can do it ....

2. terrible – ....

   ....

3. sad – ....

   ....

4. heavy – ....

   ....

5. fast – ....

   ....

6. good – ....

   ....

7. beautiful – ....

   ....

8. bad – ....

   ....

C 8. Gemischte Übungen

Auf den folgenden zwei Seiten wird noch einmal alles abgefragt, was du über Adjektive und Adverbien gelernt hast.

Übung 1

Bilde vergleichende Sätze mithilfe der angegebenen Adjektive und *as … as, not as … as, -er than* oder *more … than.* Deine Meinung ist entscheidend.

1. London – Paris (nice)

   ……………………………………………………………………………………

2. apples – bananas (good)

   ……………………………………………………………………………………

3. airports – stations (exciting)

   ……………………………………………………………………………………

4. towns – villages (big)

   ……………………………………………………………………………………

5. football – tennis (interesting)

   ……………………………………………………………………………………

Übung 2

Vervollständige Toms Träumereien mit den Steigerungsformen der angegebenen Adjektive.

Tom often dreams of a better life.

1. In this other life he is very <u>strong</u>. He is ………………………… than Henry Maske.

   He is ………………………………… man in the world.

2. Furthermore he is very <u>rich</u>. He is ………………………… than Bill Gates.

   He is ………………………………… man in the world.

3. He is a <u>good</u> tennis player. He is a ………………………… player than Boris Becker.

   He is ………………………… tennis player in the world.

4. He is also very <u>popular</u>. He is ………………………………… than Michael Jackson.

   He is ………………………………………… man in the world.

5. Of course he is very funny, too. He is ………………………… than Bill Cosby.

   He is ………………………………… man in the world.

But then he wakes up …

Übung 3

Wie sieht es mit deiner Familie / deinen Freunden aus? Bilde 5 Sätze aus den angegebenen Satzteilen.

My	father mother brother sister friend	sings cooks drives works swims	well badly beautifully carefully dangerously

1. ....
2. ....
3. ....
4. ....
5. ....

Übung 4

Vervollständige die Sätze mit Adjektiven und Adverbien. Manchmal sind auch Komparative (+) und Superlative (++) nötig.

Tomorrow Sally and Peter will take a .... (difficult) cycling test. Peter has checked his bike .... (careful), but Sally has checked her bike even .... (+ careful). Last year the cycling test was very .... (easy), and all the pupils passed it .... (easy). However, they are sure that this year's test will be much .... (+ difficult). Andrew, Peter's friend, is a very .... (good) cyclist. Sally rides .... (good), too. But Carol is .... (++ good) cyclist, she rides .... (++ good) of the three. A cycling test like this is .... (real) exciting. All the children have .... (terrible) red faces. They are all .... (busy) practising their right turns.

Übung 5

Vervollständige die folgenden Sätze mit der passenden Übersetzung.

immer noch – einzig – schnell – gesund – ernsthaft

In his last race Sam was .... hurt. He drove too .... and crashed into a tree. He is .... in hospital. We hope that he will be .... soon. He is the .... one in the team who can win the title.

Teil I:
Deutsch

Rechtschreibung

Lösungen

A Umlaute
1. *ä* oder *e*

Übung 1

*Die **Mehrzahl** (der Plural) ist so zu bilden:*

der Hahn:	die Hähne	das Gras:	die Gräser
die Gans:	die Gänse	der Hals:	die Hälse
das Lamm:	die Lämmer	das Blatt:	die Blätter

Übung 2

*Die Wörter lassen sich auf folgende **Grundformen** zurückführen:*

Kätzchen:	kommt von Katze	wärmer:	kommt von warm
Häschen:	kommt von Hase	kälter:	kommt von kalt
Schnäbelchen:	kommt von Schnabel	härter:	kommt von hart

Übung 3

Die Buchstaben lassen sich zu folgenden Wörtern zusammenfügen:

er rennt	sie hält
er kennt	sie lässt
er bellt	sie rät

2. *äu* oder *eu*

Übung 1

*Die **Herkunft** der Wörter lässt sich so erklären:*

M**äu**schen:	kommt von M**au**s	br**äu**nlich:	kommt von br**au**n
Schn**äu**zchen:	kommt von Schn**au**ze	**äu**ßerlich:	kommt von **au**ßen
B**äu**mchen:	kommt von B**au**m	k**äu**flich:	kommt von k**au**fen

Übung 2

Die Silben lassen sich zu folgenden Wörtern zusammenfügen:

Beute	↔	räuchern	(kommt von Rauch)
Feuer	↔	träumen	(kommt von Traum)
Leute	↔	verbläuen	(kommt von blau)

Übung 3

Die Buchstaben sind so zu ergänzen:

Fr**eu**de, n**eu**lich, verg**eu**den ↔ Geb**äu**de, Gem**äu**er Ger**äu**sch

Übung 4

*Die Schreibweise der Wörter mit **äu** ist so zu erklären:*

Geb**äu**de:	kommt von b**au**en
Gem**äu**er:	kommt von M**au**er
Ger**äu**sch:	kommt von r**au**schen

B Das lange *i*

1. *ie, i, ih* oder *ieh*

Übung 1 *Das Wort* Biene *ist zu korrigieren; es wird mit* ie *geschrieben.*

Übung 2 *Die richtige Schreibweise lautet:* ziemlich (!), nachgiebig (!), er gibt (!)

Übung 3 *Die gesuchten Verbformen sind:*

Grundform:	**Gegenwart:**	**Grundform:**	**Vergangenheit:**
sehen	er sieht	verleihen	er verlieh
befehlen	sie befiehlt	verzeihen	sie verzieh
geschehen	es geschieht	gedeihen	es gedieh

2. Gleich gesprochen – verschieden geschrieben

Übung 1 *Die Wörter passen so zusammen:*

Wiederkehr	Widerspruch
Wiederkäuer	Widerhaken
Wiederholung	Widerrede

Übung 2 *Die Buchstaben sind so zu ergänzen:*
Dieses Buch enthält Stilblüten. Die Blumenstiele sind dick.
Das Verhalten ist stillos. Das Blatt ist stiellos.
Das Stilgefühl muss man lernen. Der Stiel fühlt sich glatt an.

Übung 3 *So ist der Text richtig korrigiert:*
O weh, mitten im Diktat ist meine Kugelschreibermine verbraucht. Was für eine Miene wird meine Deutschlehrerin wohl machen? Ihre Miene verrät, dass sie es gar nicht schlimm findet. Sie bietet mir sogar eine neue Mine an.

Übung 4 *So werden die Wörter geschrieben:*
Dieses Lied höre ich gern. Ich könnte es mit geschlossenen Augenlidern hören.

C Mit oder ohne *h*?
1. Die sichtbare Länge

Übung 1 *So müssen die Wortstämme unterstrichen sein:*
drehen, früher, zäh, wählen, Rahmen, Ohr

Übung 2 *Aus dem Buchstabensalat lassen sich folgende Wörter bilden:*

henjabe	→	bej**ah**en	horf	→	fr**oh**
anh	→	n**ah**	neherd	→	dr**eh**en
ordhen	→	dr**oh**en	euhR	→	R**uh**e

Übung 3 Der Wortstamm endet – nach langem Stammvokal –
mit ***l*** *(zä**hl**en, Ku**hl**e)* – mit ***m*** *(ne**hm**en, Ru**hm**)* – mit ***n*** *(Ka**hn**, wo**hn**en)* –
mit ***r*** *(fa**hr**en, se**hr**)*
*Diese Konsonanten sind Vorbedingung für das Einfügen eines Dehnungs-*h *nach langem Stammvokal.*

Übung 4 In den genannten Wörtern darf trotz langen Stammvokals **kein Dehnungs-*h*** stehen, weil der Wortstamm mit einem anderen Konsonanten endet als *l*, *m*, *n*, *r*.

2. Verwechslungsgefahr

Übung 1 *Die Wortteile lassen sich zu folgenden Wörtern kombinieren:*
M**ah**lwerk, M**ah**lstein, M**ah**lgut ↔ M**a**lblock, M**a**lstift, M**a**lschule

Übung 2 Das Wort Zun**ah**me kommt von dem Verb zun**eh**men.

Übung 3 *Mit diesen Vorsilben lassen sich folgende Substantive bilden:*
Abnahme, **Auf**nahme, **Ein**nahme, **Ent**nahme, **Mit**nahme, **Nach**nahme, **Über**nahme
*Achtung! Das Wort Nachn**ah**me **(mit h!)** bedeutet, dass man eine Postsendung bei Erhalt bezahlen muss; das Wort darf nicht verwechselt werden mit dem Wort Nachn**a**me **(ohne h!)**, das (wie das Wort Zun**a**me) den **Familiennamen** meint.*

Übung 4 *So ist der Text zu korrigieren:*
Holst du mich heute Nachmittag ab? Dann gehen wir zu unserem hohlen Baum und verstecken uns in seinem hohlen Stamm. Ob wohl diesmal Spaziergänger vorbeikommen? Ob sie Angst bekommen, wenn sie unsere Töne hören, die wir durch die hohle Hand blasen? Hoffentlich erholen sie sich bald von ihrem Schrecken. Es soll doch alles nur ein Spaß sein.

3. Durch Nachdenken einfach

16 | 17

Übung 1

späht: kommt von spähen *(vgl. Seite 10)*
währt: kommt von währen *(vgl. Seite 10)*
wehrt: kommt von wehren *(vgl. Seite 10)*
ruhte: kommt von ruhen *(vgl. Seite 10)*

Übung 2

Die Wörter wahr *und* war *sind in folgender Weise einzusetzen:*
Wer nicht lügt, spricht die Wahrheit. Wer etwas vorhersagt, ist ein Wahrsager. Was bisher richtig war, muss nicht immer richtig sein. Was gestern war, kann morgen wieder so sein. Wenn jemand heruntergekommen ist, ist er verwahrlost. Wenn etwas voraussichtlich nicht eintritt, ist es unwahrscheinlich.

Übung 3

Gegensatz zu weniger:	mehr
anderes Wort für Ozean:	Meer
Gegensatz zu voll:	leer
anderes Wort für jemandem etwas beibringen:	lehren

D Der *s*-Laut
1. Am Wortende *s*, *ss* oder *ß*

Übung 1

	Verlängerung im Plural:	Verlängerung im Genitiv:
das Haus:	die Häuser	des Hauses
der Stoß:	die Stöße	des Stoßes

Übung 2

Das Wort bliess *lautet richtig:*
blies; denn der **Vokal vor dem *s*-Laut ist nicht kurz**, sondern lang und **beim Verlängern** wird der ***s*-Laut stimmhaft** gesprochen (bliesen).

Übung 3

So lauten die vervollständigten Wörter: Fass, Blas, Fuß, Spaß.
Die Schreibweise ist so zu erklären:
Fass: *Nach kurzem Vokal steht* **ss**.
blas: *Nach langem Vokal steht* **s**, *wenn die Verlängerung weich gesprochen wird:* blasen.
Fuß: *Nach langem Vokal steht* **ß**, *wenn die Verlängerung hart gesprochen wird:* Füße.
Spaß: *Nach langem Vokal steht* **ß**, *wenn die Verlängerung hart gesprochen wird:* Späße.

18 | 19

2. Verben mit *ss* oder *ß*

Übung 1

Die Vergangenheitsformen sind so zu bilden:

Gegenwart:		Vergangenheit:	Gegenwart:		Vergangenheit:
es fließt	↔	es floss	ich messe	↔	ich maß
sie schließen	↔	sie schlossen	ich lasse	↔	ich ließ

Übung 2

Schließ deine Augen und wünsch dir etwas. Ich schloss meine Augen und vergaß die Welt. Hast du heute auch das schöne Wetter genossen? Leider konnte ich es nicht genießen, weil ich mit meinem Meerschweinchen zum Tierarzt musste. Beißt dein Hund? Nein, er hat noch nie jemanden gebissen.

Bei folgenden Verbformen ist der Vokal davor kurz: schloss, genossen, gebissen.
Bei folgenden Verbformen ist der Vokal davor lang: schließ, vergaß, genießen, beißt.

Übung 3

Die unterstrichenen Wörter waren zu korrigieren; sie enthalten alle nur ein einfaches **s**:
Fast hätte ich es vergessen: Man fasst das Seil ganz unten an. Isst du gern Obstsalat? Er ist sehr gesund. Hast du schon einmal gehört, dass jemand Schulferien hasst?

3. *das* oder *dass*?

Übung 1

Man kann das Wort das jeweils durch das Wort dieses ersetzen:
Für dieses Geländespiel braucht man nur wenige Mitspieler. Dieses Verfolgen der geheimnisvollen Waldindianer kann den ganzen Nachmittag dauern. Wer als Erster den Schatz gefunden hat, darf dieses Versteck niemandem verraten.

Übung 2

So sind die Klammern auszufüllen:
Das (dieses) Spiel, das (welches) beim Schulausflug geplant ist, wird der Höhepunkt des ganzen Tages sein. Nur unser Klassenlehrer kennt das (dieses) Versteck, das (welches) wir suchen müssen. Der Schatz besteht diesmal aus einem riesigen Überraschungspaket, das (welches) der Entdecker an die ganze Klasse verteilen darf.

Übung 3

So sind die Lücken auszufüllen:
(1) Das hat uns gerade noch gefehlt! (2) Aber wer hätte geahnt, dass es heute regnen würde. (3) So eine Gemeinheit, dass nun alles ins Wasser fällt! (4) Dabei hatten wir uns schon sehr auf das große Spiel gefreut. (5) Wie gut, dass unser Überraschungspaket noch nicht in seinem Versteck liegt.
In Satz 2, 3 und 5 lässt sich das Wort dass wirklich nicht durch das Wort dieses oder welches ersetzen.

E *b/p* und *d/t*

1. Am Wortende *b* oder *p*

Übung 1

	Verlängerung im Plural:	Verlängerung im Genitiv:
der Korb:	die Kör**b**e	des Kor**b**es
der Lump:	die Lum**p**en	des Lum**p**en
der Leib:	die Lei**b**er	des Lei**b**es

Übung 2

Gesuchtes Wort:	Verlängerung im Plural:
Videoclip	die Videoclips
Flop	die Flops

Gesuchtes Wort:	Verlängerung im Genitiv:
Laub	des Laubes
Sieb	des Siebes

Übung 3

	Gesuchtes Stammwort:
Trie**b**werk	trei**b**en
Pum**p**station	pum**p**en
Klüm**p**chen	der Klum**p**en
Gelü**b**de	lo**b**en

2. Am Wortende *d* oder *t*

Übung 1

Die Wörter Ra**d**, Nei**d**, To**d** werden mit ***d*** geschrieben, weil die Verlängerung ebenfalls ein ***d*** aufweist: des Ra**d**es, des Nei**d**es, des To**d**es.
Die Wörter Ra**t**, brei**t**, to**t** werden mit ***t*** geschrieben, weil die Verlängerung ebenfalls ein ***t*** aufweist: des Ra**t**es, die brei**t**en (Fenster), die to**t**en (Augen).

Übung 2

Das Wort Lei**d**tragenden wird mit ***d*** geschrieben, weil die Verlängerung von Lei**d** lautet: des Lei**d**es.
Das Wort Lei**t**figuren wird mit ***t*** geschrieben, weil es von folgendem Stammwort kommt: lei**t**en.

Übung 3

Die Buchstaben sind so zu ergänzen:
Sinn: to**t**: to**t**schlagen, to**t**arbeiten, to**t**schießen
Sinn: To**d**: to**d**ernst, to**d**sicher, Feuerto**d**

22 | 23

3. Das verflixte *t*

Übung 1 *Die gesuchten Wörter sind:*
eigen**t**lich, öffen**t**lich, wöchen**t**lich, wissen**t**lich, hoffen**t**lich, flehen**t**lich

Übung 2 Die unterstrichenen Wörter werden mit ***d*** geschrieben, weil die Verlängerung ebenfalls mit ***d*** geschrieben wird *(vgl. Seite 21)*: die unwissen**d**en (Menschen), die hoffen**d**en (Angehörigen).

Übung 3 *So sind die Buchstaben richtig einzusetzen:*
Sei**t** ich den tollen Naturfilm gesehen habe, finde ich den Bio-Unterricht richtig gut.
Sei**d** ihr gestern auch im Kino gewesen?
Sei**d** bitte pünktlich im Zoo.
Sei**t** vielen Jahren habe ich eine süße Katze.

Übung 4 *Der Fehler steckt im zweiten Satz. Er lautet richtig:* Sei**t** langem ist sie stubenrein.

F Der *k*- bzw. *z*-Laut
1. Nach Konsonant

Übung 1 *Folgende Wörter lassen sich bilden:*
mel**k**en, wel**k**en, wal**k**en
wan**k**en, den**k**en, trin**k**en
wir**k**en, mer**k**en, par**k**en

Übung 2 *Passende Reimwörter wären:*
sal**z**en, wal**z**en, fal**z**en
kür**z**en, wür**z**en, stür**z**en
Her**z**, Schmer**z**, Ner**z**
Glan**z**, Tan**z**, gan**z**

Übung 3 *Die falsch geschriebenen Wörter werden so richtig geschrieben:*
Wur**z**el, Hol**z**, Ar**z**t, kräch**z**en, Gewür**z**, Fun**z**el
*(Bei allen steht **nach Konsonant** nur das **einfache z**. Die übrigen Wörter sind richtig geschrieben. Bei ihnen steht jeweils **tz** nach kurzem Vokal.)*

Übung 4 Die richtig geschriebenen Wörter pie**k**en, spu**k**en, Wei**z**en, sie**z**en passen nicht in dieses Kapitel, weil vor dem ***k***- bzw. ***z***-Laut gar kein Konsonant steht, sondern ein Vokal.

2. Nach Vokal

24 25

Übung 1

So sind die Wörter richtig zuzuordnen:

umgangssprachlich für Katze:	Mieze
Backwerk in verschlungener Form:	Brezel
kleines Dach- oder Kellerfenster:	Luke
Gefühl der Abscheu:	Ekel

Übung 2

Die Wörter lauten richtig:
Haken, Schaukel, Pauke, pieken, Lake

Übung 3

Das Wort Grenze gehört nicht in dieses Kapitel, weil vor dem ***z*** ein Konsonant steht. *(vgl. S. 23)*

G Konsonantenzahl
1. Wegen des Buchstabens davor

Übung 1

Die Wörter sind so in die Listen zu schreiben:

Wörter mit einfachem Konsonanten **nach langem Vokal:**	Wörter mit doppeltem Konsonanten **nach kurzem Vokal:**
Schal	Schall
Schlaf	schlaff
Beet	Bett
Düne	dünne

Übung 2

So sind die Buchstaben richtig einzusetzen:

l oder ***ll***?	Von einer Qualle berührt zu werden, kann zur Qual werden.
n oder ***nn***?	Zur Herstellung von Keramik braucht man tonnenweise Ton.
b oder ***bb***?	Der Knabe knabbert an einem Keks.
f oder ***ff***?	Im Schlaf hing seine Hand schlaff vom Bett herab.

26 | 27

2. Wegen des Buchstabens danach

Übung 1 Folgende Wörter gehören nicht in dieses Kapitel: quer, hören, Ware. Sie sind zwar mit dem einfachen Konsonanten richtig geschrieben; der vorangehende Buchstabe ist jedoch kein Konsonant, sondern ein (langer) Vokal (*vgl. Seite 25*).

Übung 2 Die aufgezählten Wörter fallen nicht unter die Regel, weil der auf den (Doppel-)Konsonanten folgende Buchstabe nicht mehr zum Wortstamm gehört, sondern zur Nachsilbe (Angestellter, Rinnsal, Mäppchen) oder zu einem neuen Teilwort (Stammhalter, Klappstuhl, raffgierig).

Übung 3 *So sind die Wörter richtig einzusetzen:*
Durch die Gassen hallt der Lärm. So ist es halt.
Du sonnst dich gern. Sonst machte es dir selten Spaß.
Laute Pfiffe gellten durch den Raum. Die Gesetze gelten für alle.

3. Konfliktwörter

Übung 1 *Dies sind die gesuchten Wörter:*

Stammwort:	Abgeleitetes Wort, das anders geschrieben wird als das Stammwort:
können	(die) Kunst
gönnen	(die) Gunst
schwellen	(die) Geschwulst
Spinnen	(das) Gespinst
brennen	(der) Brand
kennen	(die) Kunde

Übung 2 *Dies sind weitere Beispiele:*

Stammwort:	Abgeleitetes Wort, das anders geschrieben wird als das Stammwort:
schaffen	beschäftigen
brennen	brandmarken
sammeln	insgesamt

Übung 4 Für diese Wörter gilt die Regel von Seite 26 **nicht**, weil der folgende weitere Konsonant jeweils **nicht** mehr **zum Wortstamm** gehört, **sondern zur Endung**.

H Feste Silben
1. Schwierige Vorsilben

28 | 29

Übung 1 *Die Wortteile sind so zuzuordnen:*
En**t**haltung, En**t**schädigung, En**t**gleisung ↔ En**d**betrag, En**d**rechnung, En**d**phase

Übung 2 *Folgende Wörter ergeben sich beim Kombinieren der Wortteile:*
En**d**fassung, En**d**punkt, En**d**station, En**d**ergebnis ↔ En**t**behrung, En**t**scheidung, En**t**täuschung, En**t**deckung

Übung 3 *Folgende Verben könntest du finden:*
verlaufen, **ver**reisen, **ver**rechnen, **ver**schenken, **ver**arbeiten, **ver**geuden, **ver**geben, **ver**lieren, **ver**schmelzen, **ver**kaufen

2. Schwierige Nachsilben

Übung 1 *Die Adjektive sind so zu bilden:*

Ausgangswort:	**Abgeleitetes Adjektiv:**	**Verlängerungsform des Adjektivs:**
Winkel	wink(e)**lig**	(die) wink(e)**lig**en (Gänge)
Laune	laun**isch**	(die) laun**isch**en (Menschen)
Tatsache	tatsäch**lich**	(die) tatsäch**lich**en (Ereignisse)
Nutzen	nütz**lich**	(die) nütz**lich**en (Geräte)
Spott	spött**isch**	(die) spött**isch**en (Texte)
Stachel	stach**lig**	(die) stach**lig**en (Tiere)
Eile	ei**lig**	(die) ei**lig**en (Fahrgäste)
Hohn	höhn**isch**	(die) höhn**isch**en (Rufe)
Freund	freund**lich**	(die) freund**lich**en (Leute)

Übung 2 *Dies sind die Wörter mit den richtig eingesetzten Nachsilben:*
zick**ig**, zänk**isch**, art**ig**, ziem**lich**, angeb**lich**, mut**ig**, schlitzohr**ig**, herr**isch**, weich**lich**, spött**isch**

30 | 31

I Einzelfälle

1. Der *x*-Laut

Übung 2

Dies sind die gesuchten Wörter:

umgangssprachlich für *besonders schnell:* fix
Verschwendung, Prunksucht: Luxus
scharfes Werkzeug: Axt
besonders: extra

Übung 3

Die gesuchten Tiernamen sind: Luchs, Fuchs, Dachs, Lachs, Echse, Ochse

Übung 4

In den Beispielwörtern steckt jeweils ein Stammwort, von dem man „abgucken" kann:

	Verstecktes Stammwort:		**Verstecktes Stammwort:**
anfangs	anfangen	hinterrücks	der Rücken
neuerdings	das Ding	Klecks	kleckern
unterwegs	der Weg	zwecks	der Zweck, die Zwecke

2. Der *f*-Laut

Übung 1

Dies könnten Wörter sein, die du mit deinen Freunden findest:

	Wörter, die **mit *f* beginnen**:	Wörter, die **mit *f* enden**:	Wörter, die **mit *v* beginnen**:	Wörter, die **mit *v* enden**:
1.	Familie	doof	Vater	aktiv
2.	Freund	reif	vielleicht	positiv
3.	Flasche	steif	Veilchen	Detektiv

Übung 2

Die Silben kann man so zusammensetzen:
Vorwand *(Vorsilbe!)*, **Vor**teil *(Vorsilbe!)*, **Vor**arbeit *(Vorsilbe!)* ↔ **for**dern *(keine Vorsilbe!)*, **for**schen *(keine Vorsilbe!)*, **for**men *(keine Vorsilbe!)*

Übung 3

Die Buchstaben sind so einzusetzen:
Gestern beim Völkerballspiel ging es um viel *(unbestimmtes Zahlwort)*. Wir mussten viel *(unbestimmtes Zahlwort)* kämpfen, bis wir endlich gewannen. Das Ergebnis fiel *(von fallen)* recht knapp aus. Statt eines Pokals bekamen wir einen Tag hausaufgabenfrei! Das gefiel *(von gefallen)* uns sehr!!!

J Worttrennung
1. Aussprechen erwünscht

32 33

Übung 1 *Die Wörter sind so richtig zu trennen:*
Rei-se, Ha-fen, Wo-ge, Ru-der, Schau-fel, Kie-sel, Leu-te, se-hen, ba-den

Übung 2 *Das fehlerhaft getrennte Wort wird richtig so getrennt:* wäh-len.

Übung 3 *Die Zusammensetzung der Sprechsilben ergibt die Wörter:*
Lehrerin, Erfinderin – Begrenzung, Hoffnung

Übung 4 *Folgende Trennungsregel lässt sich aus den Beispielwörtern ableiten:*
Zusammengesetzte Wörter (und Wörter mit Vorsilben) trennt man nach ihren Bauteilen.

2. Trennung bestimmter Konsonanten

Übung 1 *Die Wörter mit **ch** sind so zu **trennen**:*
la-**ch**en, La**ch**-gas • Schlei**ch**-weg, schlei**ch**en • Su**ch**-trupp, su-**ch**en
(Bei den zusammengesetzten Wörtern muss die Trennungsregel berücksichtigt werden, die du in Übung 4 auf Seite 32 gebildet hast.)

Übung 2 *Das fehlerhaft getrennte Wort ist so zu korrigieren:* we-**ck**en.
*(Seit der Rechtschreibreform gilt **ck** – wie **ch** – als **ein** Buchstabe, der **nicht getrennt** wird.)*

Übung 3 *Alle Wörter sind falsch getrennt, da **p** und **f** **getrennt** werden müssen:*
käm**p**-**f**en, im**p**-**f**en, em**p**-**f**ehlen, em**p**-**f**angen, Schnu**p**-**f**en, Ho**p**-**f**en, ru**p**-**f**en, Wi**p**-**f**el

Übung 4 *Die Wörter mit **st** sind so zu **trennen**:*
Wü**s**-**t**e, Wü**st**-ling • Ra**st**-platz, ra**s**-**t**en • ro**s**-**t**en, Ro**st**-fleck

Übung 5 *Die Wörter mit **ch**, **ck**, **pf** und **st** sind so zu trennen:*
Ku**p**-**f**er, Ha-**ck**e, Li**s**-**t**e, Flä-**ch**e, Ra-**ch**e, me-**ck**ern, O**p**-**f**er, mei**s**-**t**ens, Ko**s**-**t**en, Zu-**ck**er, Sa-**ch**e, ta**p**-**f**er

K Substantive
1. Echte Substantive

Übung 1

*Folgende Wörter sind zu unterstreichen, da sie **Substantive** sind:*
(der) **W**ald, (der) **B**aum, (der) **S**tamm, (das) **L**aub, (der) **A**usflug, (das) **W**etter, (der) **W**ind, (der) **F**arn, (die) **F**ußspur, (der) **S**chatten

Übung 2

So sieht die Wortschlange aus, nachdem sie zu einem richtigen Text geworden ist:
Hast du schon einmal **ein** **E**ichhörnchen ganz aus **der** **N**ähe gesehen? Es hat **einen** langen, braunen **S**chwanz. Wenn es auf **den** **H**interpfoten steht, kann man seinen (***den***) weißen **B**auch sehen. Manchmal ist es so zahm, dass es ohne *(**die**)* **A**ngst aus **der** **H**and frisst. Besonders gern mag es *(**die**)* **N**üsse.

Übung 3

Folgende Substantive lassen sich bilden:

die **R**icht**ung**	das **V**ersäum**nis**	die **H**err**schaft**	die **F**rei**heit**
die **K**leid**ung**	das **E**rleb**nis**	die **E**rb**schaft**	die **S**chön**heit**
die **M**ess**ung**	das **H**inder**nis**	die **L**eiden**schaft**	die **G**esund**heit**

2. Zusammen mit Verben

Übung 1

*Dies sind die gebräuchlichen **festen Verbindungen** aus **Substantiv** und **Verb**:*

Not leiden	**K**uchen backen
Schlange stehen	**S**chlittschuh laufen
Musik machen	**S**chatten spenden
Rad schlagen	**A**uto fahren
Recht sprechen	**A**ngst haben
Hof halten	**F**olge leisten
Schuld tragen	**W**ert legen auf
Anteil nehmen	**R**ätsel raten

Übung 2

*In drei Sätzen wurde die **Substantiv-Verb-Verbindung substantivisch gebraucht**. Sie muss deshalb **in einem Wort** und **großgeschrieben** werden:*
Habt ihr heute Zeit zum (*zu* ***dem***) **R**adfahren? Beim (*bei* ***dem***) **M**ittagessen muss es dann heute schnell gehen. Das **M**usikmachen können wir ja auf morgen verschieben.

3. Zusammen mit *sein* oder *werden*

36 | 37

Übung 1

So werden die Verbindungen richtig geschrieben:
Zunächst **hatte** ich wirklich Angst. Mir **wird** heute noch angst und bange, wenn ich nur daran denke. Aber heute weiß ich, dass sie nur jemandem aus Spaß Angst und Bange **machen** wollten. Ob sie wussten, dass mir angst und bange **wurde**?

Übung 2

Die Wörter sind so richtig einzusetzen:
Ich **bin** es leid, dass ihr uns immer so ärgert. *(Achtung:* **leid sein** *schreibt man getrennt,* **leidtun** *hingegen zusammen.)* – Ihr **tragt** die Schuld für unsere Verspätung. Wir **sind** jedenfalls nicht schuld daran.

Übung 3

So sind die Verben bzw. Hilfsverben zu unterstreichen:
Dass alles geklappt hat, ist mir viel **w**ert. Da ihr viel **W**ert auf den Ausflug legt, könnt ihr Getränke mitbringen. Ich bin nämlich **p**leite. Und bei der Hitze soll es keine **P**leite geben. – Ich hätte nicht gedacht, dass sie **E**rnst machen würden. Aber dann wurde es plötzlich **e**rnst. Ich bin ihnen aber nicht **g**ram; sie wollten nämlich keinen **G**ram verursachen.

Übung 4

Der Fehler befindet sich im ersten Satz; er lautet richtig:
Es ist mir nicht recht. *(Achtung! Für* **recht sein** *gibt es nur diese eine Schreibweise.) Man kann jedoch auswählen zwischen* **recht haben** *und* **Recht haben***.)*

L Adjektive
1. Verwandlung in Substantive

Übung 1

Folgende Wörter müssen unterstrichen sein:
Manche Schulstunden sind einfach herrlich. Man erfährt tolle Sachen und auch die weniger Interessierten horchen dann auf. Das Seltsame daran ist, dass man manchmal sogar den Schlussgong überhört. Leider gibt es auch das Gegenteil. Das Langweiligste sollen wir dann interessant finden. Da ist es kein Wunder, dass die Aufgewecktesten von uns unter der Bank Schiffe-Versenken spielen.

Übung 2

So lauten die „reparierten" Sprichwörter:
Der Klügere gibt nach. Am Abend wird der Faule fleißig. Dem Glücklichen schlägt keine Stunde.

Übung 3

So sind die ***unbestimmten Zahlwörter*** *zu unterstreichen:*
Ab sofort sollte es verboten sein, in der Schule etwas **L**angweiliges zu unterrichten. Kein Lehrer wird zwar offen zugeben, dass bei ihm manches **U**ninteressante vorkommt; aber insgeheim weiß er, dass dies auch bei ihm so ist. Aber manchmal liegt es auch an den Schülern, wenn sie sich gegen alles **N**eue sperren. Zum Glück ist die Schule eine bunte Mischung: Manchmal gibt es nichts **S**pannendes zu lernen, und manchmal spitzt man die Ohren, damit man nichts **W**ichtiges verpasst.

38 | 39

2. Adjektiv bleibt Adjektiv

Übung 1

Folgende Substantive sind zu ergänzen:
Am ersten Ferientag denkt bestimmt noch niemand an **den l**etzten (Ferientag). Ein gemütlicher Tagesablauf ist viel schöner als **ein h**ektischer (Tagesablauf). Was man an einem sonnigen Tag nicht tun möchte, verschiebt man eben auf **einen r**egnerischen (Tag). Wenn man keine Möglichkeit zu einer großen Unternehmung hat, sollte man **eine k**leine (Unternehmung) planen. Wer allerdings ein leeres Schwimmbad erwartet, sollte lieber mit **einem v**ollen (Schwimmbad) rechnen. Dort tummeln sich nicht nur die jungen Leute, sondern auch **die ä**lteren (Leute). Das warme Wasser erfrischt zwar nicht so wie **das k**alte (Wasser); aber ein langer Badespaß ist eben schöner als **ein k**urzer (Badespaß).

Übung 2

So ist jedes Wort des Textes richtig geschrieben:
Das Schönste in den Ferien ist, dass man nicht mehr so oft auf die Uhr schauen muss. Man zählt zu **den G**lücklichen, die viel Zeit haben. Ein leerer Terminkalender macht den Tag auch nicht so stressig wie **ein v**oller. **Das U**ngewöhnliche an der Ferienzeit ist, dass die Stunden viel länger scheinen als sonst. Die Schule ist weit weg, und **das** weit **E**ntfernte kümmert uns nicht. Man kann seine Zeit frei planen und selbst einteilen; **das T**raurige ist nur, dass manche dies schon verlernt haben. Wer nicht mehr weiß, was er mit der freien Zeit anfangen soll, kann dies von kleinen Kindern lernen: Die kleinen Kinder können dies nämlich (noch) viel besser als **die g**rößeren …

3. In festen Verbindungen

Übung 1

Folgende feste Verbindungen von Adjektiv und Präposition müsstest du gefunden haben:
im **F**olgenden, im **W**esentlichen, im **B**esonderen, im **Ü**brigen, im **K**laren, im **G**roßen und **G**anzen

Übung 2

In allen festen Verbindungen steht das Adjektiv nach der Präposition *im*.

Übung 3

So sind die mit Großbuchstaben gesetzten Wörter richtig in die Liste zu schreiben:

Feste Verbindungen von **Präposition** und **Adjektiv**, das dann **ausnahmsweise kleingeschrieben** wird:	Zufällige Verbindungen von **Präposition** und **Substantiv**, das dann (**natürlich**) **großgeschrieben** wird:
seit **l**angem	von **S**üden
von **w**eitem	seit **M**ontag
von **n**ahem	von **F**reunden

4. In Redewendungen

Übung 1	genau das Richtige tun:	ins Schwarze treffen
	sich aus dem Staub machen:	das Weite suchen
	keine Änderung vornehmen:	alles beim Alten lassen
	unterlegen sein:	den Kürzeren ziehen
	keine Klarheit haben:	im Dunkeln tappen
	alle Möglichkeiten haben:	aus dem Vollen schöpfen
	etwas so gut wie möglich machen:	sein Bestes geben
	das Schlimmste überstanden haben:	aus dem Gröbsten heraus sein
	in Verlegenheit sein:	auf dem Trockenen sitzen

Übung 2 *Folgende Redewendungen sind zu unterstreichen:*
im Trüben fischen, im Unklaren bleiben, im Argen liegen, im Reinen sind (sein)

Übung 3 Die festen Verbindungen in Übung 2 unterscheiden sich von denen auf Seite 39 dadurch, dass in Übung 2 zu den Redewendungen jeweils noch ein Verb gehört.

5. Beim Steigern

Übung 1 *So sind die Steigerungsformen einzusetzen:*

Grundstufe:	1. Steigerungsstufe (Komparativ):	2. Steigerungsstufe (Superlativ):
gut	besser	**am** besten
viel	mehr	**am** meisten
weit	weiter	**am** weitesten

Übung 2 *Der Text ist so richtig:*
Wettbewerbe werden immer am Besten gemessen. Beim letzten Sprung habe ich mich am besten gefühlt. Wer sich am sportlichsten verhält, genießt große Anerkennung. Am Sportlichsten schätzt man besonders die Fairness.

Übung 3 *Der Fehler steckt in der zweiten Zeile. Dort muss es heißen:*
Am schönsten ist es natürlich, wenn man das erreicht, was man sich vorgenommen hat.
*(Dieses Beispiel passt in **dieses Kapitel**, das die Steigerungsformen der Adjektive behandelt.)*

M Verben
1. Verwandlung in Substantive

Übung 1

Folgende Verben müssen unterstrichen sein, da sie sich zu einem Substantiv verwandelt haben:
Das Erledigen von Hausaufgaben ist zwar lästig; aber **das** Stöhnen hilft nicht. Es ist nun einmal so, dass **das** Üben nützlich ist. Auch vor Klassenarbeiten kann **das** Wiederholen hilfreich sein. Danach kann man **das** Ausruhen doppelt genießen.

Übung 2

Dies ist das Ergebnis der Verwandlung der Sätze:

	Was verboten ist:
Es ist verboten, auf dem Flur zu lärmen.	**das L**ärmen auf dem Flur
… während der Schulstunde zu essen.	**das E**ssen während der Schulstunde
… vom Nachbarn abzuschreiben.	**das A**bschreiben vom Nachbarn
… mit anderen zu schwatzen.	**das S**chwatzen mit anderen
… sich auf dem Schulhof zu prügeln.	**das P**rügeln auf dem Schulhof
… die Schule zu schwänzen.	**das** Schwänzen der Schule

Übung 3

Unterstrichen sein müsste das Substantiv Konzentration. *Es ist nicht aus einem Verb entstanden, sondern ein ganz normales Substantiv.*

2. Als Infinitiv mit *zu*

Übung 1

Die Sätze sind so zu ergänzen:

(picknicken)	Sicher hast du schon einmal erlebt, wie schön es ist **zu p**icknicken.
(machen)	Es ist eine gute Gelegenheit, alles einmal ganz anders **zu m**achen.
(organisieren)	Es bedarf wenig Vorbereitung, um alles **zu o**rganisieren.
(vergessen)	Wichtig ist nur, nichts **zu** vergessen.
(finden)	Auch kommt es darauf an, einen gemütlichen Platz **zu f**inden, an dem man eine große Decke ausbreiten kann.
(genießen)	Hier braucht man wohl niemanden aufzufordern alles **zu g**enießen.

Übung 2

Außer dem ersten Satz sind alle Infinitive zu unterstreichen:
zu wählen, **zu e**ssen, **zu z**ögern, **zu p**icknicken

Übung 3

So sind alle Wörter richtig geschrieben:
Es macht Spaß **zu p**icknicken. *(Infinitiv mit* zu*)* Man sollte ab und zu einmal **zum** *(zu* ***dem****)* **P**icknicken fahren. *(vgl. Seite 42: Substantivierung eines Verbs)*
Natürlich braucht man etwas **zu t**rinken. *(Infinitiv mit* zu*)* **Zum** *(zu* ***dem****)* **T**rinken haben wir diesmal Saft mitgebracht. *(vgl. Seite 42: Substantivierung eines Verbs)*
Was habt ihr **zum** *(zu* ***dem****)* **E**ssen da? (*vgl. Seite 42: Substantivierung eines Verbs*) Natürlich genießen es alle, mitten in der Natur **zu e**ssen. *(Infinitiv mit* zu*)*

N Zeitangaben
1. Ehemalige Substantive

44 : 45

Übung 1 *Der Text lautet richtig so:*
Dennis steht morgens gegen 7 Uhr auf. Vormittags ist er in der Schule. Auf dem Nachhauseweg geht er mittags noch ein Stück mit Tanja und Thomas. Manchmal holt er dienstags noch seine kleine Schwester vom Kindergarten ab. Natürlich muss er nachmittags Hausaufgaben machen. Der schönste Tag ist Freitag; denn freitags trifft er sich mit seinen Freunden zum Fußballspiel.

Übung 2 Beide Sätze bedeuten dasselbe: ***m**orgens (kleingeschriebenes Adverb!) = **des M**orgens (großgeschriebenes Substantiv!)*

Übung 3 *So sind die Wörter richtig geschrieben:*
Zu Hause kann es abends recht gemütlich sein. Manchmal sitzen wir abends alle zusammen beim Fernsehen; manchmal ist **des** Abends (*Substantiv!*) aber auch jeder mit etwas anderem beschäftigt. Meine große Schwester darf am Wochenende abends in die Disko gehen.

2. Verbindung zweier Zeitangaben

Übung 1 *Folgende Tageszeiten sind einzusetzen:*
Gestern Vormittag haben wir endlich nach der 3. Stunde Ferien bekommen! Gestern Nachmittag gegen 16 Uhr hat uns mein Onkel abgeholt und wir sind zum Zelten gefahren. Natürlich haben wir heute Nacht wenig geschlafen, weil meine Cousine und ich uns so viel zu erzählen hatten. Dass wir heute Morgen todmüde sind, ist also kein Wunder. Wir freuen uns aber schon auf heute Nacht, da wollen wir nämlich eine Nachtwanderung machen. Morgen früh werden wir allerdings dann wohl wieder sehr müde sein.

Übung 2 *Der Fehler steckt im letzten Satz:*
Natürlich hatten wir ein bisschen Angst und waren froh, als es dann heute Morgen endlich hell wurde.

Übung 3 *Nur die Zeitangabe in Satz 3 passt in dieses Kapitel; denn dort steht eine **Verbindung** einer **Tageszeit** (**Nacht**) mit einem **Adverb** (**heute**):*
(3) Etwas mulmig könnte uns zwar werden, wenn heute Nacht einer von uns stolpert oder wenn sich der Weg verzweigt.

46 | 47

3. Zusammen mit einem Wochentag

Übung 1

So sind die Buchstaben zu ergänzen:
Hast du am Donnerstagmittag Zeit, mit mir in die Stadt zu gehen? Ich brauche nämlich für Samstagnachmittag noch ein Paar Turnschuhe. Spätestens muss ich sie also am Samstagmittag kaufen. Falls dir Freitagmittag lieber ist, passt es mir auch. Wenn du Lust hast, könntest du noch bis Freitagabend bei uns bleiben und wir könnten noch Tischtennis spielen.
Hoffentlich regnet es am Samstagnachmittag nicht. Dann müsste das Sportfest nämlich auf nächsten Mittwochnachmittag verlegt werden.

Übung 2

Die Buchstabenschlangen sehen als richtige Sätze so aus:
Wenn das Sportfest auf Mittwochnachmittag verlegt wird, haben wir hausaufgabenfrei.
Für das Diktat am Donnerstagmorgen könnten wir aber dann nicht üben.
Vielleicht wird das Diktat dann auf Freitagmorgen verschoben.

Übung 3

*Diesmal steckt der Fehler im ersten Satz: **Wochentag** und **Tageszeit** werden **zusammengeschrieben**.*
Es wäre nicht schön, wenn das Sportfest gerade auf Mittwochnachmittag verlegt würde.

O Zahlwörter
1. Verwandlung in Substantive

Übung 1

So werden die Wörter richtig geschrieben:
Diesmal war ich beim Sportfest so gut in Form, dass ich die Erste im Hochsprung geworden bin. Auch beim Hindernislauf wäre ich fast (die) Dritte geworden. Nur im Werfen bin ich eine Null. Die drei Gesamtsieger sind unsere besten Sportler. Sie haben alle auf dem Zeugnis eine Eins.

Übung 2

So sind die Ziffern in Zahlwörter zu verwandeln:
Wer pünktlich um (8) acht auf dem Sportplatz ist, bekommt einen besseren Startplatz. Wer sein Lampenfieber zügeln möchte, muss ganz langsam bis (5) fünf zählen. Wer (4.) Vierter wird, sollte sich nicht ärgern. Wer beim Auslosen der Mannschaft eine (13) Dreizehn zieht, darf den nächsten Mitspieler aussuchen. Wer älter als (12) zwölf ist, wird nach einer anderen Punktetabelle bewertet. Wer eine Urkunde erhält, bekommt auf dem Zeugnis bestimmt keine (5) Fünf.

Übung 3

	Man könnte einen Artikel vor das Zahlwort setzen.	Man könnte keinen Artikel vor das Zahlwort setzen.
Lisa war (die) Dritte im Weitwurf.	X	
Babs startete als (die) Erste.	X	
Tom ist schon über zwölf.		X
Sven ist noch unter zehn.		X

2. Zu wenig für ein Substantiv

48 49

Übung 1

*So müssen die **unbestimmten Zahlwörter** zugeordnet werden:*

Unbestimmte Zahlwörter **nach Artikel**:	Unbestimmte Zahlwörter **nach Präposition**:
die meisten	mit einigen
das wenige	auf weniges
das meiste	am meisten
	vor allem

Übung 2

*So sind die **Pronomen** zu unterstreichen, die **trotz Artikel oder Präposition kleingeschrieben** werden:*

Der eine oder andere hat bestimmt schon einmal gezaubert. Wer geschickt ist, kann dabei die anderen mit kleinen Tricks verblüffen. Man muss sich jedoch zum einen sehr konzentrieren und zum anderen ganz cool bleiben, damit man keine falschen Bewegungen macht. Man muss unter anderem auch darauf achten, dass die anderen nicht allzu nah stehen. Das andere kommt dann ganz von allein.

P Wie viele Wörter?

1. Verblasstes Substantiv und Verb

Übung 1

So sind die Verben mit den verblassten Substantiven zu verbinden:

schutzimpfen	irreführen
handhaben	segelfliegen
bauchreden	seiltanzen
kopfrechnen	brandmarken
schlafwandeln	wundernehmen

Übung 2

	Korrigierte Schreibweise *(Zusammenschreibung von verblasstem Substantiv mit Verb):*		**Korrigierte Schreibweise** *(Zusammenschreibung von verblasstem Substantiv mit Verb):*
Lob spenden		Kopf stehen	kopfstehen
(Lob preisen)	lobpreisen	(Statt geben)	stattgeben
(Maß regeln)	maßregeln	Pleite gehen	pleitegehen
Not tun	nottun	(Wett laufen)	wettlaufen
Not leiden		(Heim fahren)	heimfahren
(Not landen)	notlanden	Rad fahren	

50 | 51

2. Adjektiv und Verb

Übung 1 Adjektiv und Verb müssen getrennt geschrieben werden, weil die Adjektive jeweils erweitert sind: ***sehr** genau, **besonders** schön, **zu** voll.*
(Beim Adjektiv voll *gibt es jedoch noch eine Besonderheit: Ohne Erweiterung wird es mit einem Verb zusammengeschrieben, z. B.* vollpacken, vollstopfen, volltanken.*)*

Übung 2 *Die Wörter wären in ihrer neuen (übertragenen) Bedeutung so zu erklären:*

bloßstellen = blamieren
festnageln = festlegen
gutschreiben = anrechnen
heimlichtun = geheimnisvoll tun
kaltmachen = umbringen
kürzertreten = sich einschränken
richtigstellen = berichtigen
schwerfallen = Mühe verursachen
wahrsagen = prophezeien

3. Verb und Verb

Übung 1 *Die Verben lassen sich zu folgenden Verb-Pärchen zusammenstellen:*
sitzen bleiben, stecken bleiben
laufen lernen, schätzen lernen
flöten gehen, einkaufen gehen
liegen lassen, fallen lassen

Übung 2 *So sind die Verben einzusetzen:*
Als ich neulich mit meinem Hund einkaufen ging, hatte ich es sehr eilig.
Mein Hund wollte aber an jedem Baum stehen bleiben.
Wenn ich Zeit gehabt hätte, hätte ich ihn frei laufen lassen.
Diesmal durfte er mir auf keinen Fall stiften gehen.

Übung 3 Beide Sätze sind richtig geschrieben. *(Der zweite Satz enthält nämlich nur **ein einziges Verb*** tun*; das Wort* Gefallen *ist hier ein **Substantiv**, das natürlich großgeschrieben wird.)*

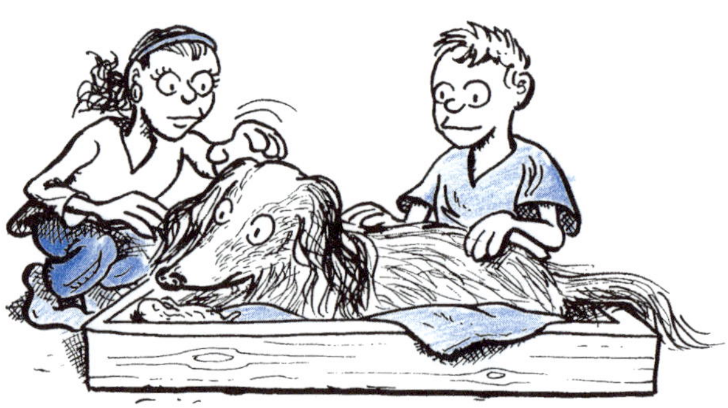

4. Zusammengesetztes Adverb und Verb

52 | 53

Übung 2

Die Sätze wären so zu vervollständigen:

Damit ich morgen an der Rad-Meisterschaft teilnehmen kann, muss ich meine Drahtesel auseinander nehmen.
Wenn ich nicht am Start bin, werden mich die anderen auseinandernehmen.
Auch Leute, die langsam vorwärtsgehen, kommen ans Ziel.
Leute, die vorwärts laufen, geraten schneller aus der Puste als die, die vorwärts gehen.
Manche Fußballfans könnten bequem auf teuren Plätzen zusammen sitzen, finden es aber viel cooler, wenn sie auf billigen Plätzen zusammen stehen.
Wollen wir morgen beim Fußballspiel zusammensitzen?
Wenn wir Glück haben, können wir mit einem blauen Auge davonkommen.
Ob die Flecken davon kommen, dass die Schokolade geschmolzen ist?

5. Verbindungen mit *wie* oder *so*

Übung 1

So sind die Wörter einzufügen:

Wie viele Handys mag es wohl schon in Deutschland geben? Und wie viele Stunden verbringen Schüler wohl täglich mit Telefonieren? Wie viel Taschengeld könnte man da sparen … Denn wie viele Gespräche sind wirklich so wichtig, dass sie nicht bis zum nächsten Tag Zeit hätten …
Eigentlich sollten junge Leute vernünftiger sein als die Erwachsenen, die durch fortwährendes Telefonieren zeigen müssen, wie viel Bedeutung sie haben …

Übung 2

Die Wörter müssen so korrigiert werden:

Du hast mich **so lange** nicht angerufen! Ich wusste ja nicht, dass du es **so oft** versucht hast. **Soviel** ich weiß, war ich meist zu Hause. Es hat aber **so viel** geklingelt, dass ich manchmal das Handy abgestellt habe … **Solange** es abgestellt war, bin ich durch das Internet gesurft.

Übung 3

So sind die vorgegebenen Wörter einzusetzen:

Ich wusste nicht, wie oft du versucht hast mich zu erreichen. Sooft du es vergeblich probiert hast, warst du sicherlich genervt. Deine Kritik ist insofern berechtigt, als ich schuld an deinem Frust bin. Ich verstehe jetzt, dass du so lange gewartet hast, bis du es noch einmal versucht hast.

54

6. Verbindungen mit *mal-/Mal*

Übung 1

Die Wortteile sind so zu Adverbien zu verbinden:
ein**mal**, dies**mal**, alle**mal** – vor**mals**, nie**mals**, viel**mals**

Übung 2

Die Adverbien lassen sich so umwandeln:

			Beispiele für eine gebeugte Form:
drei**mal**	→	das dritte **Mal**	Der Erfolg des dritte**n** Male**s** macht Mut.
dies**mal**	→	dieses **Mal**	Bei diese**m** Mal**e** hat es geklappt.
kein**mal**	→	kein einziges **Mal**	Ich erinnere mich kein**es** einzige**n** Mal**es**.
viel**mal**s	→	viele **Male**	Die viele**n** Male haben gereicht.
vor**mal**s	→	voriges **Mal**	Beim vorige**n** Mal**e** hatten wir uns schon gefreut.
erst**mal**s	→	das erste **Mal**	Die erste**n** Mal**e** zögerten wir noch.

Teil II:
Deutsch

Aufsatz: Bericht, Beschreibung, Brief

Lösungen mit Beispielaufsätzen

66 | 67

B Der Bericht
1. Von der Erzählung zum Bericht

Übung 1

… wurde er durch eine zweite Verwundung daran gehindert. ✗ 12. Weil er nun merkte, dass er von allen Seiten …

Folgende Verben sind zu unterstreichen:

<u>zurückweist</u>, <u>reißt</u>, <u>schreit</u>, <u>verletzt</u>

Übung 2

1. große Selbstbeherrschung besaß?	Satz Nr. 15
2. sich gern über seine Mitmenschen lustig machte?	Satz Nr. 5
3. auf seine Ehre bedacht war?	Satz Nr. 13
4. pflichtbewusst war?	Satz Nr. 4

Übung 3

Lösungsvorschlag

Rom. Soeben wurde (Gaius Julius) Cäsar (, Pontifex maximus und Diktator auf Lebenszeit,) im Rathaus von mehreren Senatoren mit Dolchen ermordet. Zu den Mördern gehören Cimber Tullius und einer der Casca-Brüder. Unbestätigten Quellen zufolge soll Cäsar 23 Stichwunden erhalten haben. Die Mörder sind nach ihrer Tat geflohen. (Noch fehlt von ihnen jede Spur. Auf die Hintergründe für die Tat gibt es bislang noch keine Hinweise. Welche Folgen die Tat für das Imperium Romanum haben wird, ist derzeit noch völlig offen.)

2. Die verschiedenen Arten des Berichts unterscheiden

68 | 69

Übung 1

Text 1:
Am Unfalltag arbeitete ich als Funkamateur auf der obersten Plattform meines 25 Meter hohen Antennenmastes. Als ich mit meinen Reparaturarbeiten fertig war, stellte ich fest, dass sich …
Unfallmeldung

Text 2:
Im Rahmen der diesjährigen Projekttage zum Thema „Leben in Zentralasien", die vom 25.–28.11. an unserer Schule stattfanden, habe ich zusammen mit weiteren 14 Schülern der …
Arbeitsbericht

Text 3:
Vor ca. einer Woche erhielt ein international tätiger schweizerischer Briefmarkenhändler einen Anruf von einem ihm unbekannten Mann, der ihm eine mehrere Millionen Euro wertvolle …
Polizeibericht

Text 4:
Gegen 8.40 Uhr schloss uns Frau Golding, die den Wettbewerb leitete, den Musiksaal auf. Zusammen mit Claudia, die auch die 6c besucht, betrat ich den ovalen, mit nach hinten …
Veranstaltungsbericht

Text 5:
Washington. Wegen Tierquälerei ist ein 19-Jähriger von einem Gericht im US-Bundesstaat North Carolina zum Lesen aller „Lassie"-Bücher verurteilt worden. Der Angeklagte behauptet, …
Zeitungsbericht

Übung 2

Lösungsvorschlag

	Ichform / Er-/Sieform	**Adressat (Empfänger)**
Text 1	Ichform	Versicherungsgesellschaft
Text 2	Ichform	z. B. ein Freund, die Schülerzeitung
Text 3	Er-/Sieform	vor allem die Medien
Text 4	Ichform	z. B. ein Freund, die Schülerzeitung
Text 5	Er-/Sieform	die interessierte Öffentlichkeit

Übung 3

Lösungsvorschlag
Wetterbericht, Reisebericht (Arztbericht, Rechenschaftsbericht)

70 71

3. Der Veranstaltungsbericht I: Die W-Fragen

Übung 1

Mutti, du hast dir doch hoffentlich keine Sorgen wegen mir gemacht! Weißt du, wo ich war? Unten an der Bundesstraße, wir haben Frösche über die Straße getragen, es hat riesig Spaß gemacht. Ständig kommen neue Frösche, die man rübertragen muss. Weißt du, die sind jetzt auf der Wanderung zu ihrem Laichgewässer – immer zwischen Mitte Februar und Mitte Mai. Du bist doch nicht böse, dass ich erst jetzt komme. Hab doch vielen Fröschen das Leben gerettet! Sonst wären sie vielleicht von Autos überfahren worden. Zusammen haben wir über 2200 Tiere in Sicherheit gebracht, dabei waren wir vielleicht gerade mal zu zehnt. Auch mehrere Jungen in meinem Alter waren dabei. Wenn du mir nicht glaubst, dann erkundige dich doch beim Naturkundeverein Bruck, der hat die Aktion geleitet …

Übung 2

1. Wann fand die Rettungsaktion für die Frösche statt?
   An einem Abend zwischen Mitte Februar und Mitte Mai.
2. Wo fand die Aktion statt?
   An der Bundesstraße.
3. Wer war der Veranstalter / beteiligte sich an der der Aktion?
   Veranstalter war der Naturkundeverein Bruck, ca. 10 Personen beteiligten sich an der Aktion, darunter auch mehrere Jungen im Alter von ungefähr zehn Jahren.
4. Was geschah?
   Frösche wurden über die Straße getragen, damit sie nicht von Autos überfahren werden.
5. Welches Ergebnis / Welche Folgen hatte die Aktion?
   Über 2200 Tiere konnten in Sicherheit gebracht werden.
6. Was ist der Hintergrund für die Aktion?
   Die Wanderung der Frösche zu ihrem Laichgewässer.

Übung 3

Zu wenig genau für einen Bericht sind die Zeit- und die Ortsangabe.

Übung 4

In der Einleitung des ersten Artikels bleibt die Frage „Wo fand die Veranstaltung statt?" unberücksichtigt; in der Einleitung des zweiten Artikels die Frage „Wer war der Veranstalter?".

Übung 5

Lösungsvorschlag

Nur der zweite Artikel ist sachlich geschrieben. Der Autor des ersten Artikels könnte eine unterhaltsame Schreibweise gewählt haben, weil viele Menschen seinen Artikel dann lieber lesen. Auch das Mitleid des Lesers wird auf diese Weise stärker erregt, wodurch sich vielleicht weitere freiwillige Helfer der Aktion anschließen.

4. Der Veranstaltungsbericht II: Adverb, Adverbiale, Gliedsatz, Attribut

72 | 73

Übung 1

	Adverb / Adverbiale des Ortes	Adverb / Adverbiale der Zeit	Adverb / Adverbiale der Art und Weise
eilends	○	○	⊗
am 18. Februar	○	⊗	○
gern	○	○	⊗
darauf	⊗	⊗	○
in schriftlicher Form	○	○	⊗
bald	○	⊗	○
nach der ersten Pause	○	⊗	○
an der Tafel	⊗	○	○
in unserem Klassenzimmer	⊗	○	○

Übung 2

Die Klassensprecherwahl

Am 18. Februar haben wir, die Klasse 5a, einen neuen Klassensprecher gewählt. Frau Burger, unsere beliebte Klassenlehrerin, hat die Wahl geleitet. Michael Wachter wurde erster Klassensprecher, Ruth Vogelsang Stellvertreterin.

Die Wahl wurde unmittelbar nach der ersten Pause in unserem Klassenzimmer durchgeführt. Zunächst wies Frau Burger darauf hin, dass die Wahl in schriftlicher Form und geheim erfolgen müsse. Anschließend durften Wahlvorschläge gemacht werden. Insgesamt wurden sechs Mitschüler vorgeschlagen. Trotzdem standen schließlich nur drei Namen an der Tafel: Ruth Vogelsang, Jenny Hausmann und Michael Wachter. Die anderen lehnten es ab, zu kandidieren.

Bevor Frau Burger die kleinen, quadratischen Stimmzettel austeilte, erklärte sie noch, dass jeder nur einen Namen daraufschreiben dürfe. Auch bat sie uns, die Zettel nur zweimal zu falten. Ein mühsames Öffnen bleibe uns dann erspart. Die Wahl konnte beginnen. Jeder schrieb eilends einen Namen auf das Papier und bald lagen alle 26 Stimmzettel in der unansehnlichen Schirmmütze, die ein Mitschüler zur Verfügung gestellt hatte.

Während Franziska Ertl sich gern dazu bereitfand, die Stimmzettel zu öffnen und zu verlesen, setzte Erdal …

Übung 3

Lösungsvorschlag

Temporalsatz (Umstandssatz der Zeit):
Nachdem Frau Burger darauf hingewiesen hatte, dass die Wahl in schriftlicher Form und geheim erfolgen müsse, durften Wahlvorschläge gemacht werden.
Oder: Bevor Wahlvorschläge gemacht werden durften, wies uns Frau Burger darauf hin, dass die Wahl in schriftlicher Form und geheim erfolgen müsse.

Kausalsatz (Umstandssatz des Grundes):
Auch bat sie uns, die Zettel nur zweimal zu falten, da / weil uns ein mühsames Öffnen dann erspart bleibe.

Konzessivsatz (Umstandssatz der Einräumung):
Obwohl insgesamt sechs Mitschüler vorgeschlagen wurden, standen schließlich nur drei Namen an der Tafel.

Übung 4

Durchzustreichen sind:
beliebte, unansehnlichen, arme

74 75

5. Der Veranstaltungsbericht III: Der Stichwortzettel

Übung 1

Lösungsvorschlag

Sandras Stichwortzettel:	**Philipps Stichwortzettel:**
Besichtigung der Tropfsteinhöhle Schulerloch im Altmühltal durch die Klasse 5b der Eichendorff-Hauptschule in Regensburg in Begleitung von Frau Leucht am 6.7.2001	Unser Besuch einer Tropfsteinhöhle bei Essing
– Regensburg mit dem Bus ab: 9.34 Uhr – Tropfsteinhöhle an: 10.06 Uhr – vom Parkplatz zur Tropfsteinhöhle: 15 Minuten Gehzeit, ziemlich steil bergauf (50 m Höhenunterschied), durch Laubbäume	– gemütliche Busfahrt zur Tropfsteinhöhle (ca. halbe Stunde Fahrtzeit) – vom Parkplatz aus kurze, aber schweißtreibende Wanderung zur Höhle
– vor der Höhle zu besichtigen: originalgetreuer Abguss der Felsgravur aus dem kleinen Schulerloch	– vor der Höhle: Bewunderung einer in einen Felsen geritzten Zeichnung, die aber nicht echt ist
– Eintrittspreise: – Erwachsene: 3,00 € inkl. MwSt. – Kinder (4–13 Jahre): 2,00 € inkl. MwSt. – Gruppenkarte ab 20 Kinder (4–13 Jahre): je 1,80 € inkl. MwSt.	– Jeder Schüler muss 1,80 € bezahlen.
Öffnungszeiten: – geschlossen zum Schutz der Fledermäuse bis 31. März – ab 1.4. von 13.00 bis 16.00 Uhr	– Auf mich macht die Höhle einen nicht sehr unheimlichen Eindruck, da sie relativ flach ist und sandige, gut begehbare Wege sowie elektrische Beleuchtung hat.
Infos des Höhlenführers: – Höhlenlänge 420 m – größter Raum 793 m³ – Temperatur: immer 9 Grad – Wohnhöhle des Neandertalers und eiszeitlicher Tiere – Stalagmiten: von unten nach oben wachsende Tropfsteine; Stalaktiten: von der Decke herabwachsende Tropfsteine	Wissenswertes: – ziemlich lang – ziemlich groß – auch im Sommer ziemlich kalt – schon von Menschen und Tieren der Eiszeit bewohnt – überall säulenartige Gebilde; teils von unten nach oben, teils von oben nach unten gewachsen – kurze Musikvorführung: beeindruckende Akustik
– kurz nach 11 Uhr: alle wieder im Bus – in Essing: noch kurze Eispause; Lehrerin fragt nach unseren Eindrücken	– nach knapper Stunde: alle wieder im Bus – Eisessen in Essing, weil wir brav waren

74 | 75

Übung 2 *Die Fachausdrücke sind:*
Abguss, Felsgravur, Neandertaler, Stalagmiten, Stalaktiten

Übung 3 *Lösungsvorschlag*
- Eintrittspreis pro Schüler: 1,80 €
- Höhle nicht sehr unheimlich, da relativ flach, sandige, gut begehbare Wege, elektrische Beleuchtung

Übung 4 *Lösungsvorschlag*
Am 6. Juli besichtigten wir, die Klasse 5b, die Tropfsteinhöhle Schulerloch im Altmühltal. Unsere Lehrerin, Frau Leucht, begleitete uns dabei.
Nach einer etwa halbstündigen Busfahrt erreichten wir den Besucherparkplatz. Von dort aus führte uns ein kurzer, aber steil ansteigender Weg zum Schulerloch. Bereits vor der Höhle wartete die erste Sehenswürdigkeit auf uns: ein originalgetreuer Abguss der Felsgravur aus dem kleinen Schulerloch. Wir warfen nur einen flüchtigen Blick darauf, um möglichst bald im Innern der Tropfsteinhöhle zu sein. Nun waren wir allerdings doch etwas enttäuscht. Da die Höhle relativ flach ist und sandige, gut begehbare Wege sowie elektrische Beleuchtung hat, wirkt sie nicht sehr unheimlich. Laut Höhlenführer ist die Höhle übrigens 420 m lang. Die Temperatur beträgt immer (also auch im Sommer) 9 Grad. Bereits in der Eiszeit haben hier Tiere gehaust und auch dem Neandertaler diente der Ort als Wohnung. Mit der Erklärung des Unterschieds zwischen Stalagmiten (von unten nach oben wachsende Tropfsteine) und Stalaktiten (von der Decke herabwachsende Tropfsteine) beendete der Führer den Vortrag. Nun ließ man uns noch ein kurzes Musikstück hören, damit wir die beeindruckende Akustik miterleben konnten.
Nach einer knappen Stunde saßen wir wieder im Bus. Eine kurze Eispause in Essing krönte den Ausflug.
Wer nun Lust bekommen hat, selbst einmal das Schulerloch zu besichtigen, den interessiert bestimmt auch der Eintrittspreis: Er beträgt für Einzelbesucher (Kinder) bis 13 Jahre 2,00 €. Aber Achtung: Die Höhle bleibt zum Schutz der Fledermäuse bis Ende März geschlossen.

76 77

6. Der Unfallbericht I: Einleitung – Hauptteil – Schluss

Übung 1

	1. Artikel	2. Artikel
Wann …?	gestern	Dienstag gegen 7.45 Uhr
Wo …?	in Neuwied	auf Zebrastreifen in Saarstraße, Höhe Amtsgericht
Wer …?	11-jähriger Junge	10-jähriges Mädchen
Was …?	mit Fahrrad gegen parkenden Lkw geprallt	von Porsche erfasst, acht Meter weit durch Luft geschleudert
Welche …?	mit schweren Kopfverletzungen ins Krankenhaus eingeliefert	bewusstlos, mit lebensbedrohlichen Verletzungen im Krankenhaus

Übung 2

Am 7. Juli ereignete sich in der Pausenhalle ein Unfall, bei dem sich ein Schüler der Klasse 6d den linken Arm ausrenkte. Er wurde bis zu den Sommerferien vom Sportunterricht freigestellt.

Am 5. Mai wurden zwei Gastschülerinnen aus Frankreich an der Bushaltestelle vor der Schule von einem Skinhead mit einem Messer leicht verletzt. Sie kehrten sofort nach Frankreich zurück.

Am 27. Oktober wurde Studienrat Gasmeier im Physiksaal Opfer eines Arbeitsunfalls. Er erlitt bei der Explosion eines Wasserstoff-Sauerstoff-Gemischs Verbrennungen am Kopf, die möglicherweise Narben im Gesicht hinterlassen werden.

Übung 3

Unfallort	Tätigkeit	Unfallursache	Unfallhergang	Verletzung
Türschwelle vor Turnhalle	Zahnradbahn fahren	Felsen auf Gleis	Aufprallen	Prellungen und Quetschungen
Schneejoch	Springen vom Fünfmeterbrett	Wasseroberfläche	Entgleisen und Umkippen	Hautaufschürfungen an Knie
Blausee	schnelles Laufen	Türschwelle	Stürzen	Aussetzen der Atemtätigkeit

Übung 4

	Warnung	Appell	Schulleiter	Versicherung
Sorgen Sie für eine Absperrung zwischen Gehweg …	○	X	X	○
Ich habe nun nachgewiesen, dass meinem Sohn …	X	○	○	X

7. Der Unfallbericht II: Stichwortnotizen verarbeiten

78 | 79

Übung 1

Lösungsvorschlag

2. Idorfer Feuerwehrmänner beginnen mit Löscharbeiten
3. Flammen schlagen durchs Dach
4. Feuerwehrmänner aus Nachbargemeinden bringen Tanklöschfahrzeuge in Stellung / sind mit Tanklöschfahrzeugen eingetroffen
5. Flammen mithilfe zahlreicher Strahlrohre fast unter Kontrolle gebracht
6. Erfolgloser Versuch, mithilfe von Atemschutzgeräten Pferde zu befreien – Einsturzgefahr

Übung 2

Lösungsvorschlag

Um 18.25 Uhr bemerkte ich, dass die Scheune an der Dorfstraße 20 brannte. Sofort alarmierte mein Onkel die Feuerwehr. Um 18.40 war die Idorfer Feuerwehr zur Stelle und begann sofort mit den Löscharbeiten. Trotzdem konnte nicht mehr verhindert werden, dass das Dach von den Flammen erfasst wurde. Um 18.55 Uhr waren dann auch die Feuerwehren aus den Nachbargemeinden mit den Tanklöschfahrzeugen eingetroffen. Mithilfe zahlreicher Strahlrohre brachten sie die Flammen rasch unter Kontrolle. Der Versuch, nun mithilfe von Atemschutzgeräten die Pferde zu befreien, scheiterte hingegen wegen der Einsturzgefahr des Gebäudes. Mehrere Pferde starben in den Flammen eines qualvollen Todes.
Als Ursache für das Feuer vermute ich Brandstiftung, da die Tür zum Pferdestall vor der Ankunft der Feuerwehr ordentlich verschlossen war. Hätten Kinder in dem Gebäude gezündelt, wären sie beim Ausbruch des Feuers höchstwahrscheinlich in panischer Angst davongelaufen.

Übung 3

Lösungsvorschlag

Am 21.4.2001 ist in Idorf eine Scheune abgebrannt. In der Scheune war ein Pferdestall untergebracht, mehrere Tiere kamen ums Leben. Der Kripo zufolge lösten zwei Kinder, die in der Scheune gezündelt haben sollen, den Brand aus. Vieles jedoch deutet auf vorsätzliche Brandstiftung hin.
Gegen 18.15 Uhr brach das Feuer in dem Pferdestall an der Dorfstraße 20 aus. Als die Idorfer Feuerwehr ca. 25 Minuten später mit den Löscharbeiten begann, hatten die Flammen bereits das Dach erfasst. Erst mithilfe der Feuerwehren aus den Nachbargemeinden konnte der Brand unter Kontrolle gebracht werden. Der Versuch, die Pferde zu retten, musste wegen Einsturzgefahr abgebrochen werden.
Auf vorsätzliche Brandstiftung deutet zunächst einmal der Umstand, dass die Tür zum Pferdestall ordentlich verschlossen war, als die Feuerwehr eintraf. Hätten Kinder in dem Gebäude gezündelt, wären sie beim Ausbruch des Feuers höchstwahrscheinlich panikartig davongelaufen, ohne vorher die Tür zu schließen. Auch der genaue Tatort sowie die Tatzeit scheinen keineswegs dem Zufall überlassen worden zu sein. Der Ort, wo das Feuer gelegt wurde, ist wahrscheinlich die leer stehende Pferdebox in der Stallmitte, was der durch die große Hitze von der Wand gefallene Putz beweist. Von hier aus konnten sich die Flammen sehr gut zu beiden Seiten der Stallgasse ausbreiten. Auch die Tatzeit (gegen 18 Uhr) war geschickt gewählt. Die Stallhilfe verlässt das Gebäude nämlich gewöhnlich bereits gegen 17.15 Uhr, während die Pferdebesitzer wochentags meist nicht vor 19 Uhr nach ihren Tieren schauen. Und letztendlich wird man Kindern nicht zutrauen, dass sie Pferdeboxen zunageln.
In Anbetracht dieser Tatsachen stellt das Ermittlungsergebnis der Kripo einen Skandal dar. Trotzdem erwarte ich nicht, dass der Fall noch einmal aufgerollt wird. Ich bin schon glücklich, wenn ich hiermit erreiche, dass alle Pferdefreunde künftig noch besser auf ihre Tiere aufpassen.

80 | 81 8. Der Unfallbericht III: Zeugenaussagen verarbeiten

Übung 1

Lösungsvorschlag

Version Frau Ehrlein: Radfahrer fährt durch Schlagloch und stürzt, keine Verletzungen, Hund fällt Radfahrer von hinten an, beißt erst in Kopf, dann in rechten Oberschenkel, Motiv: Mordlust

Übung 2

Lösungsvorschlag

Der junge Mann fuhr offenbar durch ein Schlagloch und verlor dadurch das Gleichgewicht, sodass er stürzte. Dabei aber hat er sich unter Umständen/womöglich noch keine Verletzungen zugezogen. Erst der plötzlich auftauchende Hund dürfte/könnte ihm zunächst die Kopfverletzung und dann die Wunde am Oberschenkel zugefügt haben. Möglicherweise aus purer Mordlust.

Übung 3

Lösungsvorschlag

Ganz anders allerdings stellt Frau Grämlich, die Hundehalterin, den Unfallhergang dar. Als sie mit ihrem Hund Gassi gegangen sei wie jeden Abend, sei aus dem Garten des Hauses mit der Nummer 13 plötzlich ein kleines, rundes, weißes Tierchen über den Gehsteig und zwischen zwei parkenden Autos hindurch auf die Straße gelaufen. Der Hund sei hinterhergerannt und der Radfahrer ihm in die Seite gefahren und gestürzt. Durch den Sturz habe er sich die Kopfverletzung zugezogen. Allein die Bisswunde am Oberschenkel stamme von dem Hund, der sich schuldlos angegriffen gefühlt und darum zugebissen habe.

Übung 4

Lösungsvorschlag

Am 15.5., ca. 17.15 Uhr, brachte in Peinstadt in der Schnorrstraße ein Hund einen jungen Radfahrer zum Stürzen. Dabei zog sich dieser eine Kopfverletzung zu. Anschließend biss ihn der Hund in den Oberschenkel.

Als Frau Grämlich (79) mit ihrem Hund, einem Boxer, Gassi ging wie jeden Abend, kam aus dem Garten des Hauses mit der Nummer 13 plötzlich ein Tischtennisball geflogen, der von den beiden darin spielenden Jungen stammte, und rollte über den Gehsteig und zwischen zwei parkenden Autos hindurch auf die Straße. Sofort rannte der Hund hinterher. Der Radfahrer aber, ein junger Mann (ca. 20), dem die Sicht wegen der Autos genommen war, fuhr dem Tier in die Seite, woraufhin er mit seinem Fahrrad stürzte. Durch den Sturz zog er sich die Kopfverletzung zu. Die Gabel seines Rads, eines blauen Citybikes, verbog sich. Anschließend biss der Hund, der sich offenbar schuldlos angegriffen fühlte, den hilflos am Boden Liegenden noch in den rechten Oberschenkel. Der Verletzte wurde sogleich ins Kreiskrankenhaus eingeliefert.

Der junge Mann ist inzwischen auf dem Weg der Genesung. Der Sachschaden beläuft sich auf ca. 150 €.

D Die Vorgangsbeschreibung
1. Vom Bericht zur Beschreibung

84 85

Übung 1 *Durchzustreichen sind die Sätze* 1, 3, 4, 5, 9, 13, 18.

Übung 2

am 1. April	Ende März bis Anfang April
am 10. April	Anfang bis Mitte April
am 20. Mai	Mitte bis Ende Mai
am 15. Oktober	Mitte Oktober

Übung 3

	nach Satz
Kürbisse sind nämlich immer hungrig; man kann sie kaum überdüngen.	Nr. 11
Wenn die Kürbisse in der Nähe des Komposthaufens wachsen, bekommen sie nämlich genügend Nährstoffe.	Nr. 14
Kürbiskerne keimen nämlich am besten bei 22 bis 25 Grad.	Nr. 8

Übung 4 *Lösungsvorschlag*

Wie ich Kürbisse ziehe

Zunächst kümmere ich mich um die für die Anzucht erforderlichen Dinge: Komposterde, Düngemittel, Joghurtbecher und natürlich Kürbiskerne.

Ende März bis Anfang April kann ich dann mit der Anzucht beginnen: Ich fülle die Joghurtbecher mit der Komposterde und stecke je drei Kürbiskerne hinein. Anschließend stelle ich das Ganze an einen möglichst sonnigen und geschützten Platz für die Keimung. Kürbiskerne keimen nämlich am besten bei einer Temperatur von 22 bis 25 Grad. Anfang bis Mitte April beginnen normalerweise dann alle Kerne zu keimen. Nun gebe ich den jungen Pflanzen bereits zum ersten Mal Dünger, um dies von jetzt an alle zwei bis drei Tage zu wiederholen. Kürbisse sind nämlich immer hungrig; man kann sie kaum überdüngen. Mitte bis Ende Mai schließlich setze ich die kräftigsten Pflanzen aus. Ich stecke sie rings um den Komposthaufen im Abstand von ca. 70 cm in Pflanzlöcher, die ich zuvor ausgehoben und mit Komposterde angefüllt habe. Wenn die Kürbisse in der Nähe eines Komposthaufens wachsen, bekommen sie nämlich genügend Nährstoffe. Von nun an heißt es: Nur nicht vergessen, die Kürbisse ausreichend zu gießen. Aber mit Gießen allein ist es nicht getan. Ich dünge meine Kürbisse auch, und zwar mit Jauche aus Brennnesseln und Beinwell, einem sehr wirksamen Düngemittel.

Mitte Oktober ist dann Erntezeit. Viel Erfolg bei der Kürbiszucht!

Übung 5 …aus Kürbissen eine Suppe zubereitet, verfasse ich ein Kochrezept.
… Kürbiskernöl herstellt, verfasse ich eine Arbeitsanweisung.
… aus dem Kürbis die Kürbislampe macht, den sogenannten „Jack O'Lantern", verfasse ich eine Bastelanleitung.

86 | 87

2. Das Kochrezept

Übung 1

Die Zubereitung des Pizzateigs
400 g Weizenvollkornmehl mit einem halben Teelöffel Salz mischen. In die Mitte eine Mulde drücken, 20 g Hefe hineinbröckeln, mit vier Esslöffeln lauwarmen Wassers begießen. Warten, bis sich die Hefe aufgelöst hat, dann 200 ml Wasser und 4 Esslöffel Olivenöl dazugeben. Alle Zutaten schnell zu einem Hefeteig verkneten. Den Teig an einem warmen Ort zugedeckt 15 Minuten gehen lassen, noch einmal durchkneten. Dann auf einem bemehlten Brett ausrollen, ein gefettetes Backblech damit auslegen, den Rand hochdrücken. Weitere 15 Minuten gehen lassen.

Übung 2

Lösungsvorschlag
Der Pizzateig ist die Grundlage für die Pizza, die vor allem bei Kindern und Jugendlichen so beliebt ist. Falls er aus Vollkornmehl gebacken wird, ist er sogar gesund, weil er reich an Ballaststoffen ist.

Übung 3

400 g Weizenvollkornmehl
einen halben Teelöffel Salz
20 Gramm Hefe
4 Esslöffel lauwarmes Wasser
200 Milliliter Wasser
4 Esslöffel Olivenöl

Übung 4

Lösungsvorschlag
Zunächst mische ich 400 g Weizenvollkornmehl mit einem halben Teelöffel Salz. Nun drücke ich in die Mitte des Gemisches eine Mulde und bröckele 20 g Hefe hinein, die ich mit 4 Esslöffeln lauwarmen Wassers begieße. Sobald sich die Hefe aufgelöst hat, gebe ich 200 ml Wasser und 4 Esslöffel Olivenöl dazu. Nun müssen alle Zutaten schnell zu einem Hefeteig verknetet werden. Nachdem ich den Teig an einem warmen Ort zugedeckt 15 Minuten habe gehen lassen, knete ich ihn noch einmal durch. Dann rolle ich ihn auf einem bemehlten Brett aus und lege ihn auf einem gefetteten Backblech aus, wobei ich den Rand hochdrücke. Nun muss ich ihn weitere 15 Minuten gehen lassen, fertig.

Übung 5

Die Champignons / Pilze schneide ich in dünne Scheiben.
Die Salami schneide ich in Scheiben.
Die Tomaten schneide ich in Scheiben.
Die Knoblauchzehe presse ich durch.
Das Basilikum / Die Kräuter hacke ich.

Übung 6

Welchen der drei Schlüsse du ankreuzt, bleibt dir überlassen.

3. Die Spielanleitung

88 89

Übung 1 *Folgende fünf Verben sind zu unterstreichen:*
schreibe, teile, lasse, skizziere, vermerke

Übung 2

- [x] Interesse für das Spiel wecken
- [x] Spielort (und Spieldauer) nennen
- [ ] Spielerzahl nennen
- [x] Spielgegenstände aufzählen
- [ ] Spielvorbereitung beschreiben
- [ ] Spielverlauf beschreiben

Übung 3 *Da alle drei Ideen gut sind, gibt es hier keine eindeutige Lösung.*

Übung 4 *Lösungsvorschlag*

Montagsmaler
Montagsmaler ist ein lustiges Spiel, das auch im Klassenzimmer gut gespielt werden kann und etwa eine halbe Stunde lang dauert. Die Spielerzahl liegt zwischen vier (abgesehen vom Spielleiter) und zwanzig Personen, die mindestens acht Jahre alt sein sollten.
Man braucht zwanzig leere Kärtchen, einen Stift, eine Tafel und Kreide.
Zunächst schreibt der Spielleiter auf jedes Kärtchen ein Substantiv. Nachdem die Teilnehmer in zwei gleich große Gruppen, Gruppe A und Gruppe B, aufgeteilt worden sind, kann das eigentliche Spiel beginnen.
Der Spielleiter lässt nun abwechselnd einen Mitspieler aus Gruppe A und einen aus Gruppe B eines der Kärtchen ziehen. Wer ein Kärtchen gezogen hat, skizziert den angegebenen Begriff so an der Tafel, dass seine eigene Gruppe ihn möglichst schnell errät. Es ist jedoch nicht erlaubt, durch Worte oder Gesten der eigenen Partei auf die Sprünge zu helfen. Gelingt es einem Mitspieler der eigenen Gruppe, den Gegenstand innerhalb der festgesetzten Zeit (z. B. 2 Minuten) zu erraten, bekommt die ganze Gruppe einen Strich, den der Spielleiter unter einem großen A für Gruppe A bzw. B für Gruppe B an der Tafel vermerkt.
Gewonnen hat die Gruppe, die am Ende mehr Striche erzielt hat.

Schluss für Anjas Vorschlag:
Für den Fall, dass die Begriffe zu schnell erraten werden, empfiehlt sich folgende Spielvariante: Der Spielleiter schreibt statt irgendwelcher Substantive nur „Teekessel" auf die Kärtchen, also Substantive die zwei Bedeutungen haben (z. B. Bank = 1. Sitzbank, 2. Geldinstitut).
Schluss für Beates Vorschlag:
Für den Fall, dass die Begriffe zu schnell erraten werden, empfiehlt sich folgende Spielvariante: Die Spieler zeichnen statt der Gegenstände selbst nur ihre Attribute, also z. B. statt eines Königs nur seine Krone.
Schluss für Claras Vorschlag:
Für den Fall, dass die Begriffe zu schnell erraten werden, empfiehlt sich folgende Spielvariante: Der Spielleiter schreibt statt einfacher Substantive zusammengesetzte Substantive, z. B. „Hundekuchen", auf die Kärtchen. Der vorgegebene Begriff kann dann entweder als ganzer gezeichnet werden oder aber seine Bestandteile einzeln.

90 | 91 4. Die Bastelanleitung

Übung 1

Lösungsvorschlag
Zum Basteln eines Solarrads brauchst du folgende Materialien:
einen Solarmotor mit Triebrad (sollte ab 0,15 Volt / 0,01 Amper laufen), eine eingebettete Solarzelle (Spannung mind. 0,5 Volt), eine quadratische Holzplatte (Seitenlänge ca. 10 cm), eine Küchenrolle (ohne Papier, auf 13 cm Länge gekürzt), dünnen Karton, einen Kunststofftrinkhalm (auf 5 cm gekürzt), einen Schaschlikstab (auf 72 mm gekürzt), zwei Spielsteine aus dem Mühlespiel, eine Luftschlange und einen dünnen Gummiring (Durchmesser 5 cm).
An Werkzeug brauchst du nur eine Schere; es ist gut, wenn du auch eine Lochzange hast. An sonstigen Hilfsmitteln benötigst du einen Bleistift und Klebstoff; falls du das Solarrad anmalen oder bekleben möchtest, auch Farben bzw. Aufkleber.

Übung 2

Lösungsvorschlag
2. Arbeitsschritt: Das Dach mit der Solarzelle montieren
Schneide zunächst das Dach (Abb. 2) aus dem Karton und knicke es in der Mitte ab. Nun führst du die Stromleitungen der Solarzelle von oben durch das Dachloch und klebst dann die Solarzelle auf eine der beiden Dachhälften. Den Dachträger (Abb. 3) klebst du von unten in das Dach hinein, indem du die schraffierten Dreiecke abknickst und als Klebeflächen verwendest (Abb. 4). Du kannst den Dachträger in die beiden dafür vorgesehenen Schlitze am Mantel stecken, sobald der Klebstoff trocken ist. Verbinde jetzt die Stromleitungen der Solarzelle mit den Stromleitungen des Motors: Verdrehe dazu die Enden der Leitungen mit den gleichen Farben miteinander.

3. Arbeitsschritt: Das Flügelrad mit Achse herstellen
Nun muss noch das dritte Bauteil, das Flügelrad mit Achse, gebastelt werden. Schneide zuerst das Flügelrad und die Scheibe A aus dem Karton (Abb. 5). Anschließend sind die beiden Spielsteine so zu durchbohren, dass der Schaschlikstab darin festen Halt findet (Abb. 6). Einen der beiden gelochten Spielsteine klebst du auf die Mittelscheibe des Flügelrads. Stecke den Schaschlikstab von der anderen Seite in den Spielstein und klebe ihn fest (Abb. 7). Unmittelbar neben dem Spielstein beginnst du die Luftschlange um den Schaschlikstab zu wickeln. Du wickelst so lange, bis die Luftschlangenrolle einen Durchmesser erreicht hat, der etwas kleiner ist als der des Spielsteins. Dann durchtrennst du die Luftschlange und klebst ihr Ende fest. Stecke nun noch Scheibe A auf und klebe sie an der Luftschlangenrolle fest.

4. Arbeitsschritt: Das Solarrad fertigstellen
Jetzt führst du den mit dem Flügelrad verbundenen Schaschlikstab, die Achse, in den Trinkhalm ein. Damit die Achse nicht zurückrutscht, steckst du den mit Scheibe B (aus Karton) beklebten zweiten Spielstein auf das Achsenende. Wenn du jetzt den Gummiring um das Triebrad am Motor und um die Luftschlangenrolle am Flügelrad stülpst, ist das Solarrad startklar: Sobald die Solarzelle auf die Sonne ausgerichtet ist, setzt sich das Triebrad und mit ihm das Flügelrad in Bewegung.

Weitere Informationen zum Solarrad auf S. 112.

92 | 93

5. Bewegungsabläufe / sportliche Übungen beschreiben

Übung 1

Lösungsvorschlag
Zunächst läuft der Weitspringer mit möglichst großer Geschwindigkeit zum Absprungbalken.

Übung 2

1. Nr. 2; 2. Nr. 5; 3: Nr. 1; 4. Nr. 3; 5. Nr. 4

Übung 3

In Phase 2 zeigt der linke Arm nach vorn oben, während der rechte Arm nach hinten unten weist.
In Phase 3 zeigt der linke Arm nach oben, während der rechte Arm nach vorn weist.
In Phase 5 zeigen beide Arme nach (vorn) unten.

Übung 4

Von Phase 2 zu 3: Während sich das Sprungbein nach hinten bewegt und dabei leicht anwinkelt, schwingt das Schwungbein nach vorn, wobei es sich streckt.
Von Phase 3 zu 4: Während sich das Sprungbein nach vorn bewegt und dabei seine Gestalt nicht ändert, bleibt das Schwungbein vorn, wobei es sich leicht anwinkelt.

Übung 5

Der Körper hat die sogenannte Klappmesserhaltung eingenommen.	Phase Nr. 4
Es sieht so aus, als ob der Springer mit Siebenmeilenstiefeln über den Erdboden schreiten würde.	Phase Nr. 3
Absprungbein und Oberkörper liegen auf einer Linie.	Phase Nr. 1
Der Rumpf hat sich ein wenig nach rechts gedreht.	Phase Nr. 2
Der Springer befindet sich in einer Art Liegestützstellung.	Phase Nr. 5

Übung 6

Lösungsvorschlag
Zunächst läuft der Weitspringer mit möglichst hoher Geschwindigkeit zum Absprungbalken. Dabei sollte er darauf achten, dass er den Balken mit seinem Sprungbein (häufig das linke Bein) genau trifft, ohne ihn zu übertreten. Im Augenblick des Absprungs liegen das gestreckte Sprungbein und der Oberkörper auf einer Linie, die nach vorn oben zeigt. Kurz danach dreht sich der Rumpf infolge des von links erfolgten Absprungs ein wenig nach rechts. Gleichzeitig bewegt sich das Sprungbein nach vorn, während das Schwungbein kräftig nach hinten schwingt und dabei angewinkelt bleibt. Um die erfolgte Drehung zu korrigieren, bewegt der Springer den linken Arm nach oben. Am höchsten Punkt der Flugbahn greifen zudem die Beine weit aus, um so die Balance zu halten, wobei es so aussieht, als ob der Springer mit Siebenmeilenstiefeln über den Erdboden schreiten würde. Kurz vor der Landung nimmt der Körper die sogenannte Klappmesserhaltung ein: Beide Arme zeigen nach vorn, die leicht angewinkelten Beine nähern sich dem Rumpf. Nur in dieser Haltung kann der Weitspringer ein optimales Ergebnis erzielen, da andernfalls die Füße zu früh aufsetzen. Sobald Bodenkontakt hergestellt ist, klappt das „Messer" aus: Das Becken gerät nach oben, während der Oberkörper nach vorne schnellt, sodass sich der Sportler zuletzt in einer Liegestützstellung befindet.

94 95

6. Naturwissenschaftliche Versuche beschreiben

Übung 1

Lehrer schüttet heißes Wasser in rotes Gefäß – stellt große, farblose Glasflasche hinein – Marek warnt, Flasche könnte zerspringen, was nicht passiert – ein paar Minuten warten – Luft in Flasche erwärmt sich und dehnt sich dadurch aus – Lehrer erzählt inzwischen, wo sonst noch Vakuum vorkommt: z. B. bei Konservendosen oder in der Lunge – ermahnt Rolf, nicht ständig zu schwätzen – stülpt blauen Luftballon über Flaschenhals – nimmt Flasche aus Wasser – stellt Flasche auf Pult – geht mit dem Gefäß zum Wasserhahn – füllt Schale mit frischem, kaltem Wasser – stellt Flasche hinein – Rolf muss schon wieder ermahnt werden – Luft in Flasche kühlt ab und zieht sich dadurch zusammen: teilweises Vakuum entsteht – Ballon wird nach und nach in Flasche hineingezogen, verschwindet mit hörbarem Blubb im Inneren, bläst sich etwas auf – Mirjam, die Streberin, sagt, dass sie das schon vorher wusste

Übung 2

Durchzustreichen sind:
rotes, blauen, frischem

Übung 3

Lösungsvorschlag
Man braucht für den Versuch eine große, farblose Glasflasche, einen Luftballon und ein größeres Gefäß.
In das Gefäß wird heißes Wasser geschüttet und die Flasche hineingestellt. Nach ein paar Minuten hat sich die Luft in der Flasche erwärmt und dadurch ausgedehnt. Nun wird der Luftballon über den Flaschenhals gestülpt und das heiße Wasser durch kaltes ersetzt. Die Luft in der Flasche kühlt ab und zieht sich dadurch zusammen, sodass ein teilweises Vakuum entsteht. Die Folge davon ist, dass der Ballon nach und nach in die Flasche hineingezogen wird, bis er mit einem hörbaren Blubb in ihrem Inneren verschwindet und sich etwas aufbläst.

Übung 4

Beim Aufblasen eines Luftballons durch ein Vakuum handelt es sich um einen Versuch, der weder großes physikalisches Wissen voraussetzt noch handwerkliches Geschick erfordert. Zudem ist er völlig ungefährlich. ○

Könnt ihr euch vorstellen, dass ein Luftballon, wie von Geisterhand bewegt, in einer Flasche verschwindet und in ihrem Inneren auch noch aufgeblasen wird? Nein? Dann müsst ihr den folgenden Versuch unbedingt mal selbst ausprobieren. ☒

Der im Folgenden beschriebene Versuch ist sehr zu empfehlen, da er praktisch keinerlei Kosten verursacht. Eine geeignete Flasche wird man in jedem Haushalt vorfinden und Luftballons werden in manchen Geschäften sogar kostenlos abgegeben. ○

Übung 5

Lösungsvorschlag
Achtung! Der Versuch gelingt nur dann, wenn eine große Flasche mit breitem Hals verwendet wird. Ist die Flasche zu klein, wird der Ballon nicht vollständig in die Flasche hineingezogen (da sich der Unterdruck in der Flasche schon vorher ausgeglichen hat). Ist der Flaschenhals zu eng, hat der Luftballon keinen Platz, sich auszudehnen.

E Die Gegenstandsbeschreibung
1. Die Wegbeschreibung

96 97

Übung 1 Regel Nr. 1, 2 und 3.

Übung 2 Am Ende der Thalbacher Straße wird Simon möglicherweise in die Industriestraße einbiegen und nicht in die Driescherstraße.

Übung 3 gehen, überqueren, sich wenden, folgen, abbiegen, einschwenken, gelangen, marschieren, hinunterlaufen, kommen

Übung 4 zunächst, erst, anschließend, nun, daraufhin, jetzt, dann

Übung 5 Regel Nr. 4 und 5.

Übung 6 *Lösungsvorschlag*
Der von Jakob beschriebene Weg: Er führt nicht so lange an der viel befahrenen Thalbacher Straße entlang; er weist dort, wo Simon ihn überqueren soll, eine Fußgängerampel auf und ist darum nicht so gefährlich; er ist wohl auch kürzer.

Übung 7 *Lösungsvorschlag*
Ein paar Meter nur gehst du hier an der Straße entlang. Benutze dabei den Gehsteig auf der gegenüberliegenden Straßenseite, denn hier gibt es keinen. Dann biegst du rechts in die Fronängerstraße ein, die kurz vor dem hohen, fensterlosen Gebäude dort drüben beginnt. Anschließend schwenkst du nach wiederum nur ein paar Metern links in die Schäfflerstraße ein. Ihr folgst du bis vor zur Thalbacher Straße. Drücke wegen des starken Verkehrs auf jeden Fall die Fußgängerampel, bevor du die Straße überquerst. Jetzt trittst du in die ein wenig nach links versetzte Rhenobotstraße ein. Laufe auf ihr bis vor zur Industriestraße und beachte dabei, dass sie schon nach wenigen Metern einen Knick nach links macht. Schau nach links und nach rechts, bevor du die Industriestraße überschreitest, denn auch hier fahren viele Autos. Daraufhin wendest du dich zur ein wenig nach rechts versetzten Albinstraße. Nachdem du am Gymnasium vorbeigegangen bist, steht rechts vor dir die Hauptschule.

98 | 99

2. Die Tierbeschreibung

Übung 1

Der Fuchs (Pferd) unterscheidet sich von Schimmel und Rappen durch
☒ sein rotbraunes Fell
Die Wespe unterscheidet sich von Biene und Hummel durch
☒ ihren unbehaarten Körper
Der Dachs unterscheidet sich von Iltis und Wiesel durch
☒ den weißen Kopf mit schwarzen Längsstreifen
Der Tiger unterscheidet sich von Jaguar und Leopard durch
☒ sein gestreiftes Fell

Übung 2

Werner beschreibt den Boxer.

Übung 3

Vorderbein	→	Vorderlauf
Mund-Nasen-Gegend	→	Schnauze
Lippen	→	Lefzen
Fingernägel	→	Krallen
Hände	→	Vorderpfoten
Füße	→	Hinterpfoten

Übung 4

Lösungsvorschlag

Der Tyrannosaurus Rex ist zwar ein gewaltiges Tier, gehört aber nicht zu den größten Dinosauriern. Mit einer Länge von 15 m ist er doch deutlich kleiner als der Brachiosaurus, der 22 m lang ist. Als Fleischfresser unterscheidet er sich von diesem aber nicht nur durch seine Größe, sondern durch den gesamten Körperbau: Statt an einen behäbigen Elefanten zu erinnern, lässt der Tyrannosaurus Rex eher an ein behändes Reptil denken, das auf der Suche nach Beute allerdings nicht auf dem Boden dahinkriecht, sondern mit hoch aufgerichtetem Oberkörper einherrennt.
So unterscheiden sich auch die Schädel der beiden Tiere erheblich voneinander, vor allem in der Größe. Während auf dem langen Hals des Brachiosaurus ein vergleichsweise kleiner Kopf sitzt, hat der Tyrannosaurus Rex einen eher kurzen Hals, dafür aber einen riesigen, länglichen Schädel mit sehr kräftigen Kiefern. Diese sind mit langen Reihen scharfer Zähne bestückt, wie sie für das Zermalmen von rohem Fleisch erforderlich sind. Die Augen stehen hoch in der Stirn, Ohren sind keine zu erkennen. An den kurzen Hals schließt sich der wuchtige, aber keineswegs plumpe Rumpf an, der nahtlos in den Schwanz übergeht. Rumpf und Schwanz sind mit einer schuppigen und genoppten Haut überzogen, wie sie auch Reptilien aufweisen, nicht aber der Brachiosaurus, dessen Haut viel glatter ist. Wohl am augenfälligsten wird der Unterschied zwischen den beiden Tieren, wenn man die vorderen Gliedmaßen vergleicht: Während der Brachiosaurus säulenartige Vorderläufe hat, muss sich der nur auf den Hinterläufen gehende Tyrannosaurus Rex mit geradezu zierlichen Armen zufriedengeben. Immerhin weisen sie Krallen auf, und so dürften sie ihm zwar nicht beim Töten der Beute, wohl aber beim Fressen nützlich sein. Die kräftigen, aber nicht klobigen Beine schließlich erinnern an die des Hahns. Sie enden in scharf bekrallten Füßen. Mit ihnen dürfte der Saurierkönig seiner Beute den Todesstoß versetzen, bevor er sie mit weit aufgerissenem Maul verschlingt.

3. Beschreibung eines technischen Geräts

100 101

Übung 1

Größe:
lang – kurz | breit – schmal
Form:
eckig – rund | spitz – stumpf
Material:
stabil – brüchig | undurchlässig – porös
Oberfläche / Farbe:
glänzend – matt | genoppt – geriffelt

Übung 2

Discman:
Pausentaste
Wiedergabetaste
Zählwerk
Rückspultaste
Kopfhörerbuchse
Kopfhörerlautstärkeregler

Handy (Mobiltelefon):
Telefonbuchtaste
Tastensperre
Verbindungstaste
Löschtaste
Informationstaste
Ein-, Aus-, Endetaste

Übung 3

Handelt es sich um eine Herrenuhr?
Nein, um eine Damenuhr.
Hat die Uhr ein aus schmalen Metallplättchen zusammengesetztes Armband? Ja.
Hat sie ein ovales Gehäuse? Nein, ein rundes Gehäuse.
Hat sie einen Knopf an der Seite oder zwei? Einen.
Hat sie ein Zifferblatt mit Zeigern oder eine Digitalanzeige? Ein Zifferblatt.
Hat sie römische Ziffern? Nein, arabische.
Besitzt die Uhr einen Sekundenzeiger? Ja.
Sind Sekunden- und Minutenzeiger am Ende spitz? Ja.
Besitzt sie eine Wochentagsanzeige? Ja.

Übung 4

Lösungsvorschlag
Das mir geklaute Fahrrad ist ein pinkfarbenes Citybike mit 26-Zoll-Reifen und Aluminiumrahmen. Der Hersteller ist „Sattler" und der Name des Modells lautet „Rasant". Ich habe das Fahrrad erst vor drei Wochen für 530 € gekauft.
Für den Fall, dass Euch ein Fahrrad zu Gesicht kommen sollte, auf das die genannten Angaben zutreffen, hier noch einige Details. Das Fahrrad hat eine Nabenschaltung der Marke Manuba mit sieben Gängen. Die Schutzbleche sind schwarz. Besonders auffällig ist der robuste Mittelständer, den ich anstelle des sonst üblichen Seitenständers habe montieren lassen. Natürlich kann er inzwischen abgeschraubt worden sein. Auch der Fahrradcomputer, der zum Zeitpunkt des Diebstahls am Lenker befestigt war, dürfte inzwischen nicht mehr dort zu finden sein. Dafür aber werden die Lackkratzer im Rahmen nach wie vor sichtbar sein. Vor allem aber ermöglicht Euch die Rahmennummer, die unten am Tretlager eingestanzt ist, eine sichere Identifizierung meines Fahrrads. Sie lautet: Y 702 28469.

102 103 F Die Personenbeschreibung

Übung 1

Durchzustreichen sind folgende Ausdrücke:

intelligent	unsympathisch	dürr
mutig	fett	gewissenhaft
dumm	cool	streng

Übung 2

	Ilse	**Otto**
Alter	ca. 50 Jahre	ca. 30 Jahre
Größe	etwa 1,80 m	etwa 1,50 m
Figur	schlank	beleibt
Kleidung	Ohrringe, Stöckelschuhe, schwarzes Abendkleid, schwarzes Halstuch mit weißen Punkten	Lederjacke mit Fransen, Jeans, Turnschuhe
besondere Merkmale	Muttermal auf der Stirn	Narbe auf der rechten Wange

Übung 3

	Ilse	**Otto**
Gesicht	schmal, knochig	breit, aufgedunsen
Haar	kurz, glatt	schulterlang, gelockt
Haarfarbe	schwarz	blond
Bart	—	Dreitagebart
Ohren	bedeckt	abstehend
Augenfarbe	grau	blau
Nase	schmal / lang	knollig

102 103

Übung 4

Lösungsvorschlag

Der Mann ist etwa 1,50 m groß und beleibt. Er trägt schulterlanges, gelocktes, blondes Haar und einen Dreitagebart. Seine Augen sind blau, seine Nase ist knollig. Der Entflohene wurde zuletzt in einer Lederjacke mit Fransen, Jeans und Turnschuhen gesehen. Auf der rechten Wange ist eine Narbe zu erkennen.

Übung 5

Folgende Angaben sind womöglich nicht mehr aktuell:

Kleidung:	Lederjacke mit Fransen, Jeans, Turnschuhe
Haar:	schulterlang, blond
Bart:	Dreitagebart

106 107

H Der sachliche Brief
1. Eine Einladung schreiben und beantworten

Übung 1

	1. Brief	2. Brief
Orts- und Zeitangaben fehlen.	○	⊗
Das Pronomen *du* fehlt fast ganz, daher zu unpersönlich.	⊗	○
Der Aufbau ist durcheinandergeraten.	○	⊗
Der Briefschreiber schmeichelt zu sehr.	○	○
Der Brief enthält viele Übertreibungen.	○	⊗
Das Pronomen *wir* fehlt ganz, daher zu distanziert.	⊗	○
Zu viele Verbindungen aus Substantiven und leeren Verben.	⊗	○
Der Brief wirkt zu aufdringlich.	○	⊗

Übung 2

Lösungsvorschlag

Berlin, 5. Juni 20..

Liebe Vanessa,

hiermit lade ich Dich zu meiner Geburtstagsfeier ein. Sie findet am Samstag, dem 15. Juni statt.
Wir treffen uns gegen 15 Uhr zunächst in unserem Gartenhäuschen bei Wansdorf. Dort essen wir die Geburtstagstorte und auch sonst wird für das leibliche Wohl gesorgt werden. Nach dem Essen machen wir dann einen Verdauungsspaziergang in den nahe gelegenen Wald, wo uns spannende Geländespiele erwarten. Lass Dich überraschen! Gegen 18 Uhr werden wir dann wieder zurück sein. Nun steht noch der Besuch eines Schnellrestaurants auf dem Programm. Papa wird uns in seinen Kleinbus packen und nach Wedding zu McNature fahren, einem Schnellrestaurant, das auch Vollkornburger anbietet – ich weiß nicht, ob Du schon mal dort warst.
Ich habe übrigens noch sechs weitere Klassenkameraden eingeladen, mit denen Du Dich prima verstehst. Also, ich würde mich sehr freuen, wenn Du kommst. Wenn nur das Wetter auch mitspielt!

Hoffentlich bis bald

Dein Rezzo

Übung 3

Lösungsvorschlag

Berlin, 7. Juni 20..

Lieber Rezzo,

über die freundliche Einladung zu Deiner Geburtstagsfeier habe ich mich sehr gefreut. Ich bedaure, nicht kommen zu können. Der Grund dafür ist, dass ich am Nachmittag eine Nachhilfestunde in Mathematik habe. Es ist nicht möglich, die Stunde vorzuverlegen. Da wir, wie Du ja selbst weißt, am 17. Juni die letzte Mathematikschularbeit schreiben, möchte ich den Termin auch auf keinen Fall absagen. Ich hoffe, Du hast Verständnis dafür.

Deine Vanessa

2. Eine Anfrage schreiben

108 | 109

Übung 1

Lösungsvorschlag

Vor allem interessiert uns die Frage, welche Bedeutung die Moschee für Euer religiöses Leben hat. Aber natürlich wollen wir auch wissen, ob Ihr Euch dort noch zu anderen als religiösen Zwecken trefft. Einige aus unserer Arbeitsgruppe sind auch darüber erstaunt, dass Eure Moschee gar nicht wie eine Kirche aussieht, und hätten gern eine Erklärung dafür. Bitte seid doch so freundlich, uns außerdem mitzuteilen, ob es stimmt, dass Mädchen nur mit Kopftuch in die Moschee hineingelassen werden. Und eine letzte Frage: Ist es uns als Christen erlaubt, eine Moschee zu betreten?

Übung 2

Moschee des
Diyanet Türkisch Islamischen Kulturvereins
Fatma Gürses
Riesengebirgsstr. 6
85999 Mossing

Mossing, 17.01.20..

An das
Ritter-von-Frisch-Gymnasium
Lilli Ludwig, 6d
Albinstr. 5
85999 Mossing

Euer Schreiben / Eure Anfrage vom 10.01.20..

Liebe Mitglieder der Arbeitsgruppe „Junge Muslime in unserer Stadt", liebe Lilli,

vielen Dank für Eure Anfrage. Die Aufgabe, Eure Fragen zu beantworten, habe ich gern übernommen, da mir mein Glaube sehr viel bedeutet …

110 | 111

3. Eine Beschwerde schreiben

Übung 1

Missstand:
Direkte Sonneneinstrahlung im Klassenzimmer

Gründe für den Missstand:	
Fehlen jeglichen Sonnenschutzes	Ausrichtung der Fenster nach Südosten

Folgen in der Vergangenheit:	Folgen in der Gegenwart:	Folgen in der Zukunft:
Einsatz des Tageslichtprojektors nicht möglich	hitzebedingte Konzentrationsschwierigkeiten	steigendes Hautkrebsrisiko
Beleg (konkretes Beispiel):	Beleg (konkretes Beispiel):	Beleg (Berufung auf Autorität):
Erdkundelehrer verärgert	schlechte Note beim Abfragen englischer Vokabeln	Bestätigung des Hautkrebsrisikos durch den Biologielehrer

Übung 2,3,4 *Lösungsvorschlag*

Sehr geehrter Herr Bürgermeister Dingel,

lassen Sie uns, die Klasse 6a des Keplergymnasiums, heute mit einem Problem vor Sie treten, das uns seit ca. drei Monaten beschäftigt. Uns macht die direkte Sonneneinstrahlung zu schaffen, der wir in unserem neuen Klassenzimmer Vormittag um Vormittag ausgesetzt sind.	Selbstvorstellung Kurze Beschreibung des Missstandes
Keine Markisen, keine Jalousien, ja noch nicht einmal Vorhänge schützen uns vor dem grellen Licht.	1. Begründung für den Missstand
Und das, obwohl die Fenster nach Südosten ausgerichtet sind, sodass wir bei schönem Wetter den ganzen Vormittag in der Sonne sitzen.	2. Begründung für den Missstand
Im Februar und März hatte dieser Mangel noch keine gravierenden Folgen. Da wir während des Unterrichts unsere Schirmmützen aufbehalten durften, waren unsere Augen dem Sonnenlicht nicht unmittelbar ausgesetzt.	Folgen in der Vergangenheit
Allerdings konnte der Tageslichtprojektor nicht eingesetzt werden, was besonders unseren Erdkundelehrer ärgerte.	Beleg (konkretes Beispiel)
Nun aber hat sich die Situation verschärft. Die Sonne steht zwar schon höher am Himmel, sodass nicht mehr das ganze Klassenzimmer in Sonnenlicht getaucht ist und auch niemand mehr geblendet wird. Dafür aber setzt die Hitze denjenigen, die in der Fensterreihe sitzen, dermaßen zu, dass sie sich nicht mehr richtig konzentrieren können.	Folgen in der Gegenwart

110 111

Ein Mitschüler z. B., der sonst sehr gut in Englisch ist, hat letzten Dienstag offenbar nur deshalb beim Vokabelabfragen eine schlechte Note bekommen, weil er in der prallen Sonne saß.	Beleg (konkretes Beispiel)
Was aber werden erst die Spätfolgen der unfreiwilligen Sonnenbäder sein! Möglicherweise Hautkrebs!	Folgen in der Zukunft
Unser Biologielehrer wird Ihnen das bestätigen können.	Beleg (Berufung auf eine Autorität)
Wir haben uns bereits mehrmals beim Direktor unserer Schule beschwert. Aber es hat nichts geholfen. Nun wenden wir uns an Sie, da Sie als Bürgermeister unserer Stadt für den sogenannten Sachaufwand unserer Schule letztlich verantwortlich sind.	Schritte, die zur Beseitigung des Übels bereits unternommen wurden
Bitte haben Sie Verständnis für unser Anliegen und sorgen Sie möglichst bald für Abhilfe.	Bitte um Abhilfe
Wir sind Ihnen auch schon dankbar, wenn Sie nur die Montage von Vorhangstangen in den nächsten Tagen veranlassen. Die Vorhänge würden wir dann selbst besorgen und das Geld dafür auslegen. Die Stadt könnte es uns zum Ende des Schuljahres zinslos zurückerstatten.	Unterbreiten eigener Vorschläge zur Abhilfe
Vielen Dank für Ihre Bemühungen.	Danksagung im Voraus

Mit freundlichem Gruß

Klasse 6a

Teil III:
Mathematik

Textaufgaben, Sachrechnen

Lösungen

118–119

2. Lösungswege I – Gesamtansatz oder kleine Schritte?

S. 118–119
Übung 1

1. Gesamtgewicht braune Kisten: $15 \cdot 100$ kg = 1500 kg
Gesamtgewicht blaue Kisten: $50 \cdot 40$ kg = 2000 kg
Restgewicht: 7500 kg – 2000 kg – 1500 kg = 4000 kg
Stückzahl: 4000 kg : 50 kg = 80 Stück rote Kisten
Es ist noch Platz für 80 rote Kisten.

S. 120–121

3. Gewicht – Eine Menge Kies

Übung 1–4

1. Gewicht Pakete: $108 \cdot 38$ kg = 4104 kg; Gewicht Fässer: $9 \cdot 50$ kg = 450 kg
Gesamtgewicht des Lkw: 2,8 t + 4104 kg + 450 kg = 7 t 354 kg;
ja, mit 7 t 354 kg darf der LKW über die Brücke fahren.
2. Das Gesamtgewicht beträgt 6500 g, das ergibt 14 Gläser, Rest 200 g.
3. a) Gewicht Limonadenkiste: $(20 \cdot 920$ g) + 1600 g = 20 000 g = 20 kg;
260 kg : 20 kg = 13. Er kann 13 Kisten Limonade anheben.
b) 26 cm $\cdot$ 13 = 3 m 38 cm; der Stapel wäre 3 m 38 cm hoch.
4. $12 \cdot 650 + 30x = 15\,000$; $x = 240$ (kg) oder $(15\,000 - 12 \cdot 650) : 30 = 240$
Eine rote Kiste wiegt 240 kg.
(Die Aufgabe findest du mit Gesamtansatz schon auf Seite 118–119.)

S. 122–123

4. Lösungswege II – Die Sache mit dem „*x*"!

Übung 1–4

1. a) $(189 - 45) + x = 123 + 234$; $x = 213$; Die gesuchte Zahl lautet 213.
b) $(95 - 24) - x = (67 - 35) + 19$; $x = 20$; Die gesuchte Zahl lautet 20.
c) $x + 99 = 999 - 222$; $x = 678$; Die gesuchte Zahl lautet 678.
2. a) $x \cdot (128 : 16) = 4 \cdot 125 - 720 : 12$; $x = 55$; Die gesuchte Zahl lautet 55.
b) $x : (18 + 82) = (11 + 19) \cdot (29 - 18)$; $x : 100 = 30 \cdot 11$; $x = 33\,000$
Die gesuchte Zahl lautet 33 000.
3. a) $2\frac{3}{4} \cdot x = 4\frac{1}{8}$; $x = 1{,}5$; Die gesuchte Zahl lautet 1,5.
b) $x - \left(20\frac{1}{2} + 18\frac{3}{4}\right) = 212\frac{2}{3} - 195\frac{5}{6}$; $x = 56\frac{1}{12}$; Die gesuchte Zahl lautet $56\frac{1}{12}$.
4. a) $x : \left(1\frac{2}{3} + \frac{5}{12}\right) = 1\frac{3}{5}$; $x = 3\frac{1}{3}$; Die gesuchte Zahl lautet $3\frac{1}{3}$.
b) $8{,}5 : x = 3{,}4 \cdot 0{,}25$; $x = 10$; Die gesuchte Zahl lautet 10.

S. 124–125

5. Längen – Rennfahrer, Radler, Wanderer

Übung 1–2

1. a) 2 600 000 cm = 26 000 m.
Die erste Etappe ist 26 km lang.
b) 3 000 000 cm : 50 000 = 60 cm
Für die zweite Etappe misst er 60 cm.
c) 3 000 000 cm : 40 cm = 75 000; Der Maßstab ist 1 : 75 000.
2. 29 km + 31 km + 35 km + x = 132 km
95 km + x = 132 km
x = 132 km – 95 km = 37 km
Die letzte Strecke ist 37 km lang.

S. 126–127

Übung 1–3

6. Gewicht – Flugzeug

1. (Koffer + Rest) : (Passagier + Handgepäck) = 10 (Rest 20 kg). Das Flugzeug könnte zusätzlich 10 Passagiere mitnehmen.
2. a) [(64 · 3) : 2] · 5 = 480. Die gesamte Ladung wiegt 480 kg.
   b) [480 kg – (192 kg + 3,52 kg · 25)] : 12,5 = 16. Der dritte Kunde erhält 16 Kisten.
   c) 200 : 480 = 41,66… = 42 %. Auf den dritten Kunden entfallen 42 % des Gesamtgewichts.
3. a) (11 655 kg – 3,4 kg · 450) : 450 = 22,5 kg. Der Inhalt einer Kiste wiegt 22,5 kg.
   b) 22500 g : 125 g = 180 „Dufti"; 22500 g : 125 g = 300 „Fleckweg". In einer Kiste sind entweder 180 „Dufti" - oder 300 „Fleckweg"-Seifenstücke.

S. 128–129

Übung 1–4

7. Geld – Christian als Zeitungsjunge

1. 5000 ct – 790 ct – (8 · 65 ct) – (15 · 40 ct) – 1350 ct – 175 ct – 565 ct = 1000 ct.
   Sie muss 10 € wieder mit nach Hause bringen.
2. Susi: [74,40 € – (74,40 € : 6)] : 4 = 15,50 €;
   Christiane: [(74,40 € + 23,90 €) – 8,30 €] : 4 = 22,50 €.
   Susi hat im Durchschnitt 15,50 €, Christiane 22,50 € ausgegeben.
3. a) [(Gesamtkosten – (Übernachtung · Schülerzahl)] : Schülerzahl = 14,40 €.
   Die Fahrtkosten für jeden Schüler betragen 14,40 €.
   b) 14,40 € : 24 = 0,60 € oder: 360 € : 24 – 14,40 € = 0,60 €.
   Jeder Schüler muss für die Busfahrt 0,60 € mehr bezahlen.
4. a) 88 € + 25 € = 113 €. Lisa ermittelt 113 € Gesamtkosten.
   b) (40 € – 0,49 € · 48) : 0,19 € $\Rightarrow$ 86 SMS. Lisa kann 86 SMS verschicken.

S. 130–131

Übung 1–4

8. Geld – Prozente

1. a) 385 € – 0,30 · 385 € = 269,50 € oder 0,70 · 385 € = 269,50 €.
   Herr Schön muss für den Anzug 269,50 € bezahlen.
   b) 135,85 entspricht 65 % des Preises: (135,85 : 65) · 100 = 209 €.
   Das Kleid von Frau Hübsch sollte ursprünglich 209 € kosten.
   c) 120 € – 84 € = 36 €; 36 : 120 = 0,3 = 30 %.
   Die Schuhe sind um 30 % billiger geworden.
2. a) 140 000 € · 0,06 = 8400 €. Nach einem Jahr erhält Glückspilz 8400 € Zinsen.
   b) 148 400 € + 148 400 € · 0,06 = 157 304 € oder: 148 400 € · 1,06 = 157 304 €.
   Nach dem zweiten Jahr besitzt er 157 304 €.
3. 26 500 € entspricht 106 %, also 26 500 : 1,06 = 25 000 €.
   Ihr Kapital am Jahresanfang betrug 25 000 €.
4. Heraufgesetzter Preis: (2040 € : 85)· 100 = 2400 € oder 2040 € : 0,85 = 2400 €.
   Ursprünglicher Preis: (2400 € : 120) · 100 = 2000 € oder 2400 € : 1,20 = 2000 €

S. 132–133

Übung 1–3

9. Zeit – Fernsehen

1. Monat: (282 s + 278 s) · 30 = 4 h 40 min; Jahr: 56 h.
   David muss im Monat 4 h 40 min, im Jahr 56 h Werbung über sich ergehen lassen.
2. a) 660 min – 300 min · 2 = 60 min. Es fehlen 60 Minuten Bandlänge.
   b) Er bringt 5 Folgen auf eine Kassette. Pro Kassette bleibt ein Rest von 25 Minuten.
   c) (Sendezeit – Werbung) · 6 = 42 min 40 s · 6 = 256 min.
   oder: Werbung · 6 = 12 min 20 s · 6 = 74 min (mehr als 1 Folge).
   Die beiden Kassetten reichen ihm jetzt aus.
3. Unterwegs 3 h 30 min + 40 min + 3 h + 25 min = 7 h 35 min;
   8.10 Uhr + 7 h 35 min = 15.45 Uhr
   Harry ist um 15.45 Uhr wieder zu Hause.

134–141

10. Geschwindigkeit – Harry Hurtig auf Achse

S. 134–135
Übung 1–4

1. 3 h = 180 min und 63 km = 63 000 m
   63 000 m : 180 = 350 m (in 1 Minute)
   350 m – 300 m = 50 m
   Harry legt in einer Minute 50 m mehr zurück.
2. 308 000 m : 88 = 3500 m (pro min); 3500 m · 60 = 210 km (pro h)
   Er war im Schnitt mit 3500 m pro Minute bzw. 210 km pro Stunde unterwegs.
3. 221 km : 3,4 h = 65 km/h; 65 km/h · 2,8 h = 182 km, Gesamtstrecke 403 km;
   403 km : 80 km/h = 5,0375 h = 5 h 2 min 15 s; (375 : 10000 · 3600)
   Für die gesamte Strecke hätte er 5 h 2 min 15 s gebraucht.
4. a) 54 cm : 2 min = 27 cm/min = 270 mm/60 s = 4,5 mm/s;
   27 cm/min = 0,27 m/min. Sie legt 4,5 mm/s bzw. 0,27 m/min zurück.
   b) 27 cm/min · 35,4 min = 955,8 cm. Sie hat 955,8 cm zurückgelegt.

11. Fläche – Pferdekoppel

S. 136–137
Übung 1–6

1. (8 m · 3 m 50 cm) : (50 cm · 50 cm) = 2800 dm^2 : 25 dm^2 = 112.
   Man braucht 112 Platten.
2. 150x = 120 · 120; x = 96. Das Rechteck ist 96 dm (9,6 m) lang.
3. 1. Feld: 11025 m^2; 2. Feld: 2025 m^2; neues Feld: 13 050 m^2 : 145 m = 90 m
   Das neue Feld muss 90 m breit werden.
4. 327 000 · x = 10 464 000; x = 32. Die durchschnittliche Trassenbreite beträgt 32 m.
5. (40 a – 1080 m^2 – 480 m^2 · 2) : 5 = 392 m^2.
   Auf jedes Mittelhaus entfallen 392 m^2 Grund.
6. 6 m · 5,5 m + 2· 6 m ·2,5 m + 2 · 5,5 m · 2,5 m = 90,5 m^2
   Die Fläche, die gestrichen werden muss, beträgt 90,5 m^2.

12. Volumen – Eiszeit in Europa

S. 138–139
Übung 1–4

1. a) Verbrauch insgesamt: 8200 ml · 20 000 = 164 000 000 ml
   Packungen insgesamt: 164 000 000 ml : 500 ml = 328 000.
   Eine deutsche Stadt mit 20 000 Einwohnern verbraucht im Jahr durchschnittlich 328 000 Packungen Eis.
   b) 328 000 · 5 cm = 16 km 400 m. Der Eisturm wäre 16 km 400 m hoch.
2. a) 12 hl – (700 ml · 820 + 1 l · 378 + 20 l · 11) = 28 l.
   In dem großen Fass bleiben 28 l übrig.
   b) 28 l : 700 ml = 40. Er muss noch 40 Flaschen besorgen.
3. a) Kathrin trinkt pro Tag im Schnitt 965 ml; Frau Sorge kann zufrieden sein.
   b) Kathrin würde im Monat: 27 l, im Jahr 324 l trinken.
   c) 324 l : 9 l = 36. Das ergibt 36 Kisten im Jahr.
4. 4,5 m · 2,4 m · 1,5 m = 16,2 m^3 = 16 200 l = 162 hl.
   Das Wasserbecken enthält 162 hl.

13. Kleinstes gemeinsames Vielfaches (kgV) – Trainingsrunden

S. 140–141
Übung 1–2

1. a) kgV (42, 30, 36) = 1260. Sie erreichen eine Höhe von 1 m 26 cm.
   b) Die Anzahl der Klötzchen beträgt: gelb: 30; grün: 42; rot: 35
2. a) kgV (25, 30, 40) = 600. Nach 10 Minuten kommen sie gemeinsam an.
   b) Die Anzahl der Runden beträgt: Schnauf: 24; Zisch: 20; Knatter: 15.

S. 142–143

14. kgV und ggT – Holz sägen

Übung 1–2

1. ggT (42, 66) = 6 ⇒ Plattenlänge = 6 dm; Plattenzahl: 11 · 7 = 77.
   Herr Flieser benötigt 77 Platten.
2. ggT (66, 42, 36) = 6 ⇒ Abstand: 6 m : 2 = 3 m. Er nimmt einen Abstand von 3 m.

S. 144–145

15. Direkte und indirekte Proportionalität

Übung 1–3

1. (12 · 6 · 500) : (200 · 9) = 20. Es werden 8 Arbeiter zusätzlich benötigt.
2. 70 000 € : 875 m^2 = 80 € pro m^2; 1062,5 m^2 · 80 €/m^2 = 85 000 €
   oder: 70 000 € : 35 = 2000 € (pro m Länge); 42,5 · 2000 € = 85 000 €
   Der Bauplatz kostet 85 000 €.
3. 165 € : 8250 € = 0,02.
   Die Lieferkosten betragen für Dreher: 3500 € · 0,02 = 70 €; für Schreiner: 95 €.

S. 146–147

16. Zahlenterme

Übung 1–3

1. a) (85 – 15) : (17 + 18) = 2; Das Ergebnis der Rechnung lautet 2.
   b) (126 – 39) – (34 + 47) = 6; Das Ergebnis der Rechnung lautet 6.
   c) 9 · 8 + 84 : 4 = 72 + 21 = 93; Das Ergebnis der Rechnung lautet 93.
2. a) (5898 + 1000) + (12 479 + 8609 + 6574) = 34 560;
   Das Ergebnis der Rechnung lautet 34 560.
   b) 12 · (–8) + 109 = –96 + 109 = 13; Das Ergebnis der Rechnung lautet 13.
   c) (–23 + (–45)) – (22 – (–16)) = –106; Das Ergebnis der Rechnung lautet –106.
3. a) (55 – 43) · (–12 + (–13)) = –300; Das Ergebnis der Rechnung lautet –300.
   b) (–12 + (–18)) : (38 – 32) = –5; Das Ergebnis der Rechnung lautet –5.
   c) (5,68 – 3,04) – (0,58 + 0,6) = 1,46; Das Ergebnis der Rechnung lautet 1,46.

S. 148–149

17. Noch mehr Terme

Übung 1–9

1. (12 · 11 + 8 · 13) – 144 : 16 = 227; Das Ergebnis der Rechnung lautet 227.
2. [(79 – 24) · (33 + 17)] + 100 = 2850; Das Ergebnis der Rechnung lautet 2850.
3. 2. Waggon: (37 – 19); 3. Waggon: 37 · 2; 4. Waggon: (37 · 2 + 15);
   Das Ergebnis der Rechnung lautet 218.
4. {[–31 + (–32)] + (–15) · 12} · (–5) = [(–63) + (–180)] · (–5) = (–243) · (–5) = 1215;
   Das Ergebnis der Rechnung lautet 1215.
5. [(–12) · (–9) – (–48) : (–6)] + (–9 – (–35)) = [108 – 8] + 26 = 100 + 26 = 126;
   Das Ergebnis der Rechnung lautet 126.
6. $\left[\left(2\frac{12}{130} - \frac{3}{13}\right) : 11 - \left(1\frac{1}{13} - \frac{24}{65}\right) : 23\right] + \frac{2}{5} \cdot \frac{6}{13} = \left[\frac{11}{65} - \frac{2}{65}\right] + \frac{12}{65} = \frac{21}{65};$
   Das Ergebnis der Rechnung lautet $\frac{21}{65}$.
7. (35,5 · 1,2 + 48,6 : 0,6) : 0,5 – (723,5 · 0,1 – 0,056 : 0,001) = 230,85;
   Das Ergebnis der Rechnung lautet 230,85.
8. [8,4 + (–9,2)] · [–2,1 + (–3,9)] = 4,8; Das Ergebnis der Rechnung lautet 4,8.
9. {(–8,6 – 9,4) + [–9,6 – (–11,4)]} · [–0,9 + (–2,1)] = 48,6;
   Das Ergebnis der Rechnung lautet 48,6.

150–157

18. Sport – Spiel – Freizeit I

S. 150–151
Übung 1–5

1. Die Kosten für das Betreiben eines Gasgrills: (46,65 € – 30 €) : 15 = 1,11 €
2. a) 9 880 000 € : 4 = 2 470 000 €. Jeder erhält 2 470 000 €.
   b) (20 € : 4) · 52 · 18 = 4680 €. Jeder hat in der Zeit 4680 € ausgegeben.
3. a) LBS, LBH, LSH, BSH; sie hatte also 4 Wahlmöglichkeiten
   b) LBS, LBH, LBM, LSH, LSM, LHM, BSH, BSM, BHM, SHM.
   Jedes Kind hat jetzt 10 Wahlmöglichkeiten.
4. a) Die relative Häufigkeit der Ziehung beträgt: 23 : 60 ≈ 0,38;
   nach dem Gesetz der großen Zahlen: 60 000 : 3 = 20 000.
   b) 60 000 – 20 000 = 40 000; die relative Häufigkeit beträgt $\frac{2}{3}$
5. a) Die Chance ist 33 %, da es nach der Entscheidung des Spielers egal ist, ob eine andere Karte aufgedeckt ist oder nicht.
   b) Jörg verliert nur dann, wenn die zuerst abgelegte Karte der Joker ist. In diesem Fall aber (vgl. a) ist die Chance gleich 33 %.
   c) 60 000 – 20 000 = 40 000. Jörg würde 40 000-mal den Joker ziehen, wenn er in jedem Fall seine zuerst getroffene Wahl ändert.

S. 152–153

19. Sport – Spiel – Freizeit II

Übung 1–2

1. a) 215 ct · (150 hl : 10 hl) = 32 € 25 ct. Die Füllung kostet 32 € 25 ct.
   b) 150 hl : (5 · 60) = 50 l. Die Umwälzpumpe muss 50 l in der Minute schaffen.
   c) Anzahl der Meter: 11 min 40 s : 50 s = 700 s : 50 s = 14
   ⇒ Das Becken hat 14 m Umfang.
2. a) 170 s · 6 + 3 min · 5 = 1020 s + 15 min = 17 min + 15 min = 32 min.
   Der Spaß auf dem Karussell dauert insgesamt 32 Minuten.
   b) 1,5 € · 6 – 8 € = 1 €. Sie hat 1 € gespart.
   c) (1 : 9) · 100 % = 11 %. Das ist eine Ersparnis von 11 %.

S. 154–155

20. Handel und Gewerbe I

Übung 1–3

1. (2944 € – 384 € – 1680 €) : 11 = 80 €. Eine Arbeitsstunde kostete 80 €.
2. 5895 € – 3460 € – 490 € = 1945 €. Der Gewinn betrug 1945 €.
3. a) 80 € · 0,8 = 64 €. Der Preis der Jacke betrug 64 €.
   b) 80 € · 15 – (45 € · 15 + 180 €) = 1200 € – 855 € = 345 €.
   Der Gewinn betrug 345 €.
   c) 64 € · 30 – (45 € · 30 + 180 € : 4) = 1920 € – 1395 € = 525 €.
   Der Gewinn in der Werbewoche beträgt 525 €.
   d) 80 € · 45 – (45 € · 45 + 180 € : 4 · 16) = 3600 € – 2745 € = 855 €.
   Der Gesamtgewinn wäre 855 € gewesen.

S. 156–157

21. Handel und Gewerbe II

Übung 1–3

1. 1093 € · 2 – 1700 € – 212,65 € = 273,35 €.
   Seine Geschäftskosten waren 273,35 €.
2. (530 € + 718 €) – (445,50 € + 469,90 € + 179,50 €) = 153,10 €.
   Obsthändler Birnbaums Gewinn betrug 153,10 €.
3. 1785 € + 156 € – 95,50 € = 1845,50 €. Die Ware wurde für 1845,50 € eingekauft.

S. 158–159

22. Transport und Verkehr I

Übung 1–2

1. a) 80 km · 4 + 80 km : 2 = 360 km. Er kann höchstens 360 km weit fahren.
   b) Der Fahrer ist mindestens unterwegs:
   Stuttgart – Düsseldorf: 6 h; Leipzig – Kassel: 3 h 30 min;
   c) Er kommt in dieser Zeit höchstens 260 km (440 km) weit.
2. a) 6 000 000 : (75 · 4000) = 20. Es werden 20 Lkw benötigt.
   b) 126 000 000 € : 6 000 000 = 21 €.
   Für die Unterbringung wurden pro Titel durchschnittlich 21 € aufgewendet.

S. 160–161

23. Transport und Verkehr II

Übung 1–2

1. a) 582 km : 250 m = 2328. Es fahren in diesem Moment 2328 Lkw nach Berlin.
   b) In jedem Moment sind 34 920 t auf dieser Autobahn unterwegs.
2. a) 20 · 15 m + 19 · 100 m = 2 km 200 m. Diese Schlange ist 2 km 200 m lang.
   b) Anzahl der Lkw-Schlangen: 2600 : 20 = 130
   Gesamtlänge der Schlangen: 2200 m · 130 = 286 km
   Abstand zwischen den Lkw-Schlangen: (608,5 km – 286 km) : 129 = 2,5 km

S. 162–163

24. Energie und Rohstoffe I

Übung 1–2

1. (36 € + 17 € + 22 ct · 100) : 100 = 75 ct
   Ein Liter Biodiesel kostet an der Tankstelle 75 ct.
2. a) (2600 + 2100 + 3900 + 4500) · 35 ct = 4585 €.
   Die ganze Öllieferung kostet 4585 €.
   b) 4500 · 4 ct = 180 €. Herr Winter hat 180 € gespart.

S. 164–165

25. Energie und Rohstoffe II

Übung 1–2

1. a) (7500 · 0,8 + 15 000 · 0,75 + 12 000 · 0,6) · 32,4 ct = 7921,80 €.
   Die gesamte Heizöllieferung kostet 7921,80 €.
   b) Die Familien sparen ein: Müller: (34,6 ct – 32,4 ct) · 7500 · 0,8 = 132 €;
   Maier: 123,75 €; Huber: 158,40 €.
2. a) 5 h · 7 · 52 = 1820 h. Jede Lampe brennt im Jahr 1820 Stunden.
   b) Glühbirne: 52 · 0,25 € = 13 €; Sparlampe: 52 · 0,05 € = 2,60 €;
   Die Stromkosten sind: für die Glühbirne 13 €, für die Sparlampe 2,60 €.
   c) 9100 h : 1820 h = 5. Eine Energiesparlampe hält 5 Jahre.
   d) (10·1,25 € + 13 € · 5) – (12 € + 2,60 € · 5) = 77,50 € – 25,00 € = 52,50 €.
   Herr Sparsam kann 52,50 € sparen.
   e) 52,50 € · 100 : 77,50 € = 67,74.
   Es werden 68 % der ursprünglichen Ausgaben eingespart.

S. 166–167

26. Natur und Umwelt I

Übung 1–2

1. a) (145 kg : 5) · 25000 · 12 = 8700 t.
   In der Stadt müssen jährlich 8700 t Müll beseitigt werden.
   b) (8700 t : 30 t) · 12 = 3480 m.
   Der Güterzug müsste 3480 m lang sein.
   c) (37,93 € + 53,39 €) · 4 + 1,50 € · 8 = 91,32 € · 4 + 12 € = 377,28 €.
   Die jährliche Abfallentsorgung für die Kellers kostet 377,28 €.
2. (12 l – 7 l) · 12 · 365 = 21900 l; 219 · 23 ct = 50,37 €.
   Es werden an Wasserkosten jährlich 50,37 € gespart.

168–173

27. Natur und Umwelt II

S. 168–169
Übung 1

1. Gewicht von: Förster Specht: 70 kg; Frau Rehbein: 60 kg.

Tiername	Zusammenhang	Gewicht
Reh	x	20 kg
Hirschkuh	$4x$	80 kg
Hirsch	$8x$	160 kg

Gleichung: $x + 4x + 8x = (70 + 60) \cdot 2$; $13x = 260$; $x = 20$
Es wiegen: ein Reh: 20 kg, eine Hirschkuh: 80 kg, ein Hirsch: 160 kg

S. 170–171

28. Urlaub und Reisen I

Übung 1–3

1. (18 € : 40 ct) : 2 = 22,5.
   In einer Entfernung von 22,5 km würden die Kosten ausgeglichen.
2. (300 € – 199,20 €) : 1,40 € = 72; (250 km + 72 km) : 2 = 161 km.
   Die Reise kann 161 km weit gehen.
3. a) Vater: 5 € · 12 Monate = 60 €; 40 % von 60 €: 24 € ⇒ 60 € + 24 € = 84 €;
   Mutter: $\frac{1}{3}$ von 210 € = 70 €.
   Summe mit dem Geld des Opas: 84 € + 70 € + 50 € = 204 €. Es fehlen 6 €.
   b) Vater: 5 € · 12 Monate = 60 €; 60 % von 60 €: 36 € ⇒ 60 € + 36 € = 96 €;
   96 € + 70 € + 50 € = 216 €. Jetzt reicht das Geld (216 €), und es sind sogar noch 6 € übrig.

S. 172–173

29. Urlaub und Reisen II

Übung 1–2

1. 4 Erwachsene: 768 € · 4 = 3072 €;
   2 Erwachsene und 3 Kinder: 768 € · 2 + (768 € – 768 € : 3) · 3 = 3072 €.
   Die Aussage von Frau Sonnemann stimmt also.

2.

Tierart	Zusammenhang	Anzahl
Ziegen	x	6
Kühe	$2x$	12
Hühner	$4x$	24
Schafe	$2x + 4$	16
Gänse	$x + 2$	8

Gleichung: $x + 2x + 4x + 2x + 4 + x + 2 = 10x + 6 = 66$; $x = 6$

S. 174–175

30. Länder und Völker I

Übung 1–4

1. 320 km : 40 km = 8; Sie hatten noch 8 Stunden Zeit.
2. (150 g · 12) : (5 – 1) = 450. Mali muss 450 g oder 90 Heuschrecken einsammeln.
3. a) 3 283 200 : (80 · 24 · 30) = 57.
   Die beiden Reisenden wären 57 Monate unterwegs.
   b) 3 283 200 : 40 000 = 82,08. Sie würden die Erde 82 volle Mal umrunden.
4. 102,8 °C – 67,8 °C = 35 °C; Abweichung: 35 °C – 15 °C = 20 °C
   Im heißesten Sommer waren es 35 °C. Die Abweichung von der mittleren Temperatur betrug 20 °C.

S. 176–177

31. Länder und Völker II

Übung 1

1. a) Afrika: 15 mm, Amerika: 21 mm, Antarktis: 7 mm, Asien: 22 mm, Australien: 4 mm, Europa: 5 mm;
   b) 181 mm; 2 Millionen km^2 · 181 = 362 Millionen km^2.
   Der Reststreifen mit 181 mm Länge entspricht 362 Millionen km^2; das ist die ungefähre Wasseroberfläche der Ozeane.
   c) Land: 149 912 000 km^2;
   Wasser: 510 000 000 km^2 – 149 912 000 km^2 = 360 088 000 km^2.
   Die von Wasser bedeckte Erdoberfläche ist 360 088 000 km^2 groß.
   d) 10 500 000 km^2 : 350 000 km^2 = 30.
   Die Fläche Deutschlands ist 30-mal in der Fläche Europas enthalten.

S. 178–179

32. Technik und Weltraum

Übung 1–3

1. a) Der Astronaut wiegt auf dem Mond 84 kg : 6 = 14 kg.
   b) Rucksack Mond: 70 kg, Rucksack Erde: 70 kg · 6 = 420 kg.
   Er könnte einen Rucksack mit einem Gewicht von 420 kg tragen.
2. a) 4700 kg – 1870 kg · 2 = 960 kg.
   Der dritte Satellit darf höchstens 960 kg wiegen.
   b) 120 000 · 2 + 120 000 : 2 = 300 000. Es können 300 000 Leute telefonieren.
3. a) Es sind 45 · 2 · 80 · 850 = 6 120 000 Buchstaben im Lexikon.
   b) 650 000 000 : (500 · 5000) = 260
   Auf einer CD haben insgesamt 260 Bücher mit 500 Seiten Platz.
   c) Hans Schlau hat ganz schön übertrieben.

180

33. Bauen und Heimwerken

S. 180
Übung 1–3

1. einmaliger Anstrich: 250 ml · 38 = 9 l 500 ml
   zweimaliger Anstrich: 9500 ml + 9500 ml : 2 = 14 250 ml
   Zahl der Farbeimer: 14 250 ml : 2500 ml = 5 Rest 1750 ml ⇒ 6 Eimer
   Kosten: 16 € · 6 = 96 €.
   Er muss für den Anstrich der beiden Zimmer insgesamt 96 € aufwenden.
2. a) [(4,20 m + 3,10 m) · 2 – 1,90 m] : 50 cm = 12,70 m : 0,5 m = 25 Rest 40 cm
   Es sind 26 Tapetenbahnen erforderlich.
   b) 26 : 4 = 6 Rest 2.
   Es sind also 7 Rollen Tapete erforderlich.
   c) 16,50 € · 7 + 9,70 € = 115,50 € + 9,70 € = 125,20 €.
   Das neue Zimmer kostet 125,20 €.
3. a) Die Maße der Skizze: 25 cm, 13 cm; 4 cm für den Plattenweg.

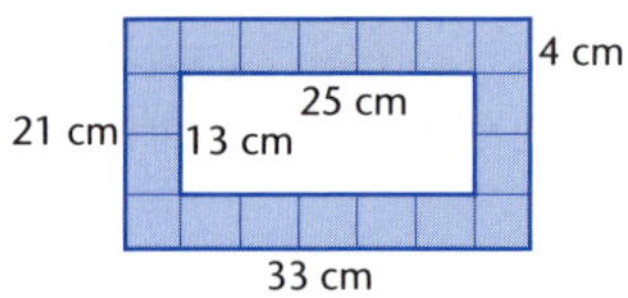

   b) (25 m + 8 m) · (13 m + 8 m) – 25 m · 13 m
   = 33 m · 21 m – 25 m · 13 m = 368 m².
   Es müssen insgesamt 368 m² Platten verlegt werden.
   c) (33 m + 21 m) · 2 – (2,50 m · 2) = 103 m.
   Es müssen insgesamt 103 m Zaun eingekauft werden.

Teil IV:
Englisch

Adjektiv, Adverb, Substantiv, Pronomen

Lösungen

184 185

A Die Artikel
1. Die Form des unbestimmten und des bestimmten Artikels

Übung 1	a book	a university professor
	a uniform	a schoolboy
	an honour	a hall
	an idea	a question
	a page	an exercise
Übung 2	a small book	an old university professor
	a school uniform	an honest schoolboy
	a great honour	an open hall
	a bad idea	an easy question
	an empty page	a difficult exercise
Übung 3	[ðə]	[ðɪ]
	the white ruler	the eagle
	the school bus	the older pupil
	the chair	the interesting lessons
	the United States	the unlucky team
	the classmates	the English school
Übung 4	an English girl	a German book
	a friendly teacher	an orange pen
	a headmaster	a nice girl
Übung 5	an exercise book	a full exercise book
	a question	an easy question
	an answer	a correct answer
	an hour	a long hour
	a headmaster	an old headmaster

Hier ein paar nützliche Vokabeln zum Wortfeld ***Schule:***

blackboard	*Tafel*	**timetable**	*Stundenplan*
class / form	*Klasse*	**exam(ination)**	*Prüfung*
marks	*Noten*	**report**	*Zeugnis*
holidays	*Ferien*	**ruler**	*Lineal*
lesson	*Unterrichtsstunde*	**exercise book**	*Heft*
pupil	*Schüler/-in*	**pencil**	*Bleistift*
subject	*(Schul-)Fach*	**headmaster**	*Direktor*

2. Gebrauch des unbestimmten Artikels

186 187

Übung 1

1. Mr Miller teaches pupils mathematics. He is a teacher.
2. Sandy works in a restaurant. She is a waitress.
3. Ms Smith sells medicine. She is a chemist.
4. John takes photos of people. He is a photographer.
5. Mary looks after the patients in the hospital. She is a nurse.

Übung 2

1. I go to the fitness centre five times a week.
2. It costs 50 Euro a month.
3. I spend three hours a day there.
4. I went there for the first time as a small boy.

Übung 3

Quite a number of schools have teachers whom young people can talk to about their problems. Once a week teenagers can come to Mr Rooney, a teacher and psychologist at their school, and ask for / help or / advice. They come in, take a seat, and sometimes talk for hours. "It is rather a difficult job," Mr Rooney says. "But I like it quite a lot. I've always wanted to do this kind of / job, even when I was a little boy. Sometimes it's such a difficult job, though, and I get in a bad mood because I can't help the pupils very much, but I think I'm quite a good teacher."

Übung 4

1. Mr Rooney is a singer in a choir.
2. He sings there three times a week.
3. As a good singer he has to practise three hours a day.
4. His neighbours say that he makes a noise, but I like it quite a lot.

Hier ein paar nützliche Vokabeln zum Wortfeld ***Berufe:***

baker	*Bäcker/-in*	**mechanic**	*Mechaniker/-in*
butcher	*Metzger/-in*	**interpreter**	*Dolmetscher/-in*
cook	*Koch/Köchin*	**photographer**	*Fotograf/-in*
farmer	*Landwirt/-in*	**nurse**	*Krankenschwester*
tailor	*Schneider/-in*	**waiter / waitress**	*Kellner/-in*
chemist	*Apotheker/-in*	**representative**	*Vertreter/-in*
engineer	*Ingenieur/-in*	**shop assistant**	*Verkäufer/-in*
zoo keeper	*Zoowärter/-in*	**bank clerk**	*Bankangestellte(r)*
psychologist	*Psychologe/-login*	**hairdresser**	*Friseur/-in*

188 189

3. Gebrauch des bestimmten Artikels

Übung 1

"Hi, I'm Tony. When I was younger, I hated / school. The school was opposite the church. In those days I went to / church twice a week. In the evening I usually read in / bed before falling asleep. Nowadays I start / work at eight o'clock in the morning, but I don't work on / Saturdays. I go to the cinema every Saturday, and once a month I go to the zoo, too."

Übung 2

1. Tina: I am afraid of spiders.
2. Sue: Didn't you like the spider we saw in the zoo last week?
3. Tina: No, I hate all spiders.
4. Sue: Women are more often afraid of such animals than men. All the women I know are afraid of them.
5. Tina: No, the female zoo keepers who looked after the animals weren't afraid.

Übung 3

1. Nancy: Normally I don't like / coffee. But the coffee we drank in Italy was great. It was called espresso.
2. Jim: But they drink their espresso with / sugar. / Sugar is not good for you.
3. Nancy: Yes, but the sugar they use in Italy is not so sweet. All the Italians I know drink their espresso with sugar and they're not ill.
4. Jim: But not all / Italians drink espresso. Some drink / tea, as well.
5. Nancy: Yes but / most Italians drink cappuccino.
6. Jim: I thought / Italians drank / red wine.
7. Nancy: Yes, and they love going to the opera, which is healthier than drinking espresso or cappuccino or wine …

Übung 4

1. Life is short.
2. The life of Mr Smith (*oder:* Mr Smith's life) was very long.
3. In the evening he went to bed early.
4. He drank coffee and red wine every day.
5. Last week he was brought into hospital.

Hier einige nützliche Vokabeln zum Wortfeld ***Stadt:***

bridge	*Brücke*	**school**	*Schule*
building	*Gebäude*	**square**	*Platz*
castle	*Schloss*	**station**	*Bahnhof*
church	*Kirche*	**tower**	*Turm*
hall	*Halle*	**town**	*Stadt*
road / street	*Straße*	**village**	*Dorf*

4. Gebrauch des bestimmten Artikels bei Namen

190 191

Übung 1

the Prince of Wales
/ Africa
/ America
the United States of America
the Pyrenees
/ St. Paul's Cathedral
/ Earl Spencer
the Thames

Übung 2

1. London is in the south of / Great Britain.
2. It is on the Thames. (Dieser Satz ist korrekt.)
3. The United Kingdom is in the north of Europe.
4. / India is much warmer than / Europe.
5. / Mount Everest is the highest mountain in the world.
6. The Atlantic Ocean is very large. (korrekt)

Übung 3

1. The highest mountain in the world is Mount Everest.
2. Washington is the capital of the United States.
3. Argentina is in South America.
4. The longest river in Africa is the Nile.
5. Kangaroos live in Australia.
6. Berlin is the capital of Germany.

*Hier einige nützliche Vokabeln zum Wortfeld **Geographie**:*

Africa	*Afrika*	**Japan**	*Japan*
America	*Amerika*	**France**	*Frankreich*
Asia	*Asien*	**Greece**	*Griechenland*
Australia	*Australien*	**Hungary**	*Ungarn*
Europe	*Europa*	**India**	*Indien*
Germany	*Deutschland*	**Italy**	*Italien*
Great Britain	*Großbritannien*	**Ireland**	*Irland*
the United States	*die Vereinigten Staaten*	**the Netherlands**	*die Niederlande*
Austria	*Österreich*	**Russia**	*Russland*
Switzerland	*die Schweiz*	**Spain**	*Spanien*
China	*China*	**Turkey**	*die Türkei*

192 193

5. Gemischte Übungen

Übung 1

/ Little Ann is a radio reporter for / Radio Seven. Last week she wanted to interview some teachers in the school. Three days a week she stood in the hall of the school before / lunch for half an hour and talked to the teachers who went by. She wanted to know everything about the teachers' lives, worries and thoughts. All the people she asked answered her questions, but for / most of them a quick answer was quite a problem. Many said that they had become / teachers because they were worried about / life on / earth, / unemployment and / crime. Ann found out that the life of a teacher can be very hard sometimes. Now she knows that all the students in her school can rely on their teachers.

Übung 2

Selbstverständlich handelt es sich bei diesen Sätzen um Vorschläge. Wichtig ist dabei nur, dass du zwischen abstrakter (kein bestimmter Artikel) und konkreter (bestimmter Artikel) Verwendung der Begriffe unterscheidest.

1. Friendship is important, especially the friendship between me and my boyfriend.
2. Life is hard, but the life of children in Africa is especially hard.
3. Normally I don't drink water, but the water in the mountains is great.
4. Time is precious, especially the time I spend with my friends.
5. I love music, but the music of heavy metal groups is terrible.
6. Art is an interesting subject. The art of Van Gogh is especially interesting.
7. Most birds can fly, but the birds I have at home can't.
8. Normally I like children, but the children of our neighbours are very noisy.

Übung 3

1. Dave is a reporter for Channel Five in Bigville.
2. Once a week he interviews students at Bigville School.
3. He talks with the young about their feelings, thoughts and problems.
4. Some of the pupils are always short of money.
5. Most of them don't like school very much.
6. However, some of them even want to go to university.
7. Unfortunately the university is too far to walk.

Übung 4

1. I want an apple.
2. Excuse me, where is a supermarket?
3. There's a supermarket at the end of the street I live in.
4. Perhaps they have / apples.
5. I love eating / apples for / dinner.

Übung 5

/ Uncle John and his best friend, / Earl Rich, live in a castle in the north of the United Kingdom. They often go swimming in the North Sea and walk around the fields of their castle. / Most of their friends visit them regularly once a month and they often go on holiday together. They visit the Lake District, climb / Ben Nevis or go to / Buckingham Palace. Last year they even visited the United States of America, went to / Washington and saw the White House. When they are not on / holiday, they go to the cinema or the opera together. On / Sundays they go to / church and afterwards they visit their sick friends in / hospital for half an hour. The two old men lead quite an interesting life.

B Substantive und Pronomen
1. Die Pluralbildung beim Substantiv

194 195

Übung 1

Last week we went to the zoo. There were many different animals. There were lions, zebras, oxen and horses, but there were no buffalo/o(e)s (buffalo *hat tatsächlich drei mögliche Pluralformen!*) or wolves. Some of the zoo keepers were women. Their children were also at the zoo: they were watching the animal babies. Some of them were clapping their hands and stamping their feet. There were also some foreign visitors: some Chinese and many Japanese with their cameras. They were posing in different ways and taking photos (*Da* photo *ein Kurzwort ist, bildet es den Plural nicht auf* -oes.) of the fish, the mice and even of some German ladies. We were all watching the leaves falling from the trees and after several hours everybody went home again. What a nice day we had at the zoo!

Übung 2

1. The elephant has two babies.
2. The zoo keeper uses three brushes.
3. In the zoo we saw many geese.
4. The lion has two big teeth.
5. There are many children at the zoo.

Übung 3

page	pages
shelf	shelves
potato	potatoes
photo	photos
match	matches

Hier ein paar nützliche Vokabeln zum Wortfeld ***Zoo und Haustiere:***

animal	*Tier*	**sheep**	*Schaf*
eagle	*Adler*	**calf**	*Kalb*
fox	*Fuchs*	**elephant**	*Elefant*
donkey	*Esel*	**giraffe**	*Giraffe*
cattle	*Vieh*	**lion**	*Löwe*
horse	*Pferd*	**monkey**	*Affe*
ox	*Ochse*	**snake**	*Schlange*
pig	*Schwein*	**tiger**	*Tiger*
lamb	*Lamm*	**wolf**	*Wolf*

196 197

2. Zählbare und nicht zählbare Substantive

Übung 1

1. bread: two loaves of bread
2. milk: three litres of milk
3. chocolate: two bars of chocolate
4. fruit juice: a glass of fruit juice
5. coffee: five cups of coffee
6. flour: two kilos of flour

Übung 2

1. Tom: Yesterday I drank too much wine.
2. Sue: How many glasses did you drink?
3. Tom: I don't remember exactly, but I think it was several glasses. And each / every one was quite big.
4. Sue: And I ate too many sausages.
5. Tom: How many did you eat?
6. Sue: Ten, I think. But I eat that many sausages every day!
7. Tom: Now I know why you're so fat. I think you have to lose some / several / a lot of kilos!
8. Sue: OK, tomorrow I won't eat so many sausages.

Übung 3

1. "At the moment it is very difficult to find work.
2. This is why I don't have much money.
3. But my friends always give me good advice.
4. They also give me the latest information about the job market daily.
5. Of course the bad news every day doesn't make me happy.
6. I haven't made much progress during the last few weeks."

Übung 4

1. Can you give me some information about the burglars?
2. They were tall and had long hair.
3. I've got some evidence that they caused the damage in the house.
4. They have damaged a lot of furniture.
5. I hope the police will make some progress.

*Hier ein paar nützliche Vokabeln zum Wortfeld **Lebensmittel:***

breakfast	*Frühstück*	**bread**	*Brot*
lunch	*Mittagessen*	**cake**	*Kuchen*
dinner	*Abendessen*	**cheese**	*Käse*
dish	*Speise*	**egg**	*Ei*
drink	*Getränk*	**milk**	*Milch*
meal	*Mahlzeit*	**rice**	*Reis*
hunger	*Hunger*	**soup**	*Suppe*
thirst	*Durst*	**noodles**	*Nudeln*

3. Singular und Plural bei Substantiven

198 | 199

Übung 1

1. Deine Kleidung ist großartig.
2. Aber wo hast du deine Brille gekauft? Sie ist nicht sehr modern.
3. Oh, ich trage diese Brille nur, wenn ich Leichtathletik mache.

Übung 2

1. My hair is blond.
2. Gymnastics is my favourite subject.
3. My favourite TV series is "The X-files".
4. My favourite clothes are expensive designer clothes.
5. Physics is a subject I don't like very much.
6. Economics is not interesting for me.
7. My father's wages are extremely high.
8. The staff at our school is / are very strict when we forget our homework.

Übung 3

1. My flat is on the outskirts (of town) / in the suburbs.
2. The young people there are very dangerous at times.
3. There has been a series of pickpocketing lately.
4. The police have often caught burglars there.
5. The government don't / doesn't do anything about / against it.
6. The United States has similar problems with the young people.

Übung 4

Good evening, here is the news. This morning a burglar broke into a house on the outskirts of London. The police are looking for a young man with a black anorak. Some people have seen that the burglar is tall, his hair is blond and his clothes are quite new. His trousers are green and his glasses are dark. The police have already caught some young men, but unfortunately not the right ones. There is still a lot of information needed, so please call the police if you have seen something.

Hier ein paar nützliche Vokabeln zum Wortfeld ***Polizei:***

law	*Gesetz*	**criminal**	*Verbrecher/-in*
police	*Polizei*	**murder**	*Mord*
policeman/-woman	*Polizist/-in*	**murderer**	*Mörder/-in*
police station	*Polizeirevier*	**thief**	*Dieb/-in*
prison	*Gefängnis*	**burglar**	*Einbrecher/-in*
prisoner	*Gefangener*	**witness**	*Zeuge/Zeugin*

200 201

4. *s*-Genitiv und *of*-Genitiv

Übung 1

1. a skirt for a girl: a girl's skirt
2. a school for girls: a girls' school
3. a name for a boy: a boy's name
4. a house for Tom: Tom's house
5. toys for children: children's toys

Übung 2

1. the door / garage: the door of the garage
2. the owner / restaurant: the owner of the restaurant
3. the birthday / my father: my father's birthday
4. the car / parents / Sally: Sally's parents' car
5. the birthday / friend / Ann: Ann's friend's birthday

Übung 3

1. It's Johnny's cat.
2. It's my parents' dog.
3. It's our friends' hamster.
4. It's the hamster's cage.
5. These are the children's pets.

Übung 4

The Millers' house is not very big, so they cannot have big pets, but they have got a white rabbit and a black cat. The rabbit's name is Blacky. Blacky's favourite meal is carrots. The Millers' son's name is Tom. Tom's favourite meal is sausages and chips. Sally and Tina are Tom's sisters. Tom's sisters' favourite meal is salad and his parents' favourite meal is roast beef and potatoes.

Übung 5

1. Timmy is Ronny Smith's brother.
2. The Smiths' house is very small.
3. The neighbours' children are very nice.
4. The children's names are Sally, Tom and Tina.
5. Tom's cat is black.
6. The cat's eyes are green.
7. The rabbits' eyes are red.

Hier ein paar nützliche Vokabeln zum Wortfeld ***Haustiere:***

pet	*Haustier*	**cock**	*Hahn*
cat	*Katze*	**duck**	*Ente*
dog	*Hund*	**hen**	*Henne*
rabbit	*Kaninchen*	**goat**	*Ziege*
guinea pig	*Meerschweinchen*	**goose**	*Gans*
bird	*Vogel*	**mouse**	*Maus*
budgie	*Wellensittich*	**pigeon**	*Taube*
rat	*Ratte*		

5. Die Personalpronomen

202 203

Übung 1

He is my brother.
She is my sister.
They are very young.
We sometimes go to the cinema.
Do you go out together, too?

Übung 2

1. "Where do you live, John and Mary?" – "We live in Bigville."
2. "Where is Mary tonight?" – "She is in the disco."
3. "Where is the disco?" – "It is near the cinema."
4. "And where have the boys gone?" – "They are in London."
5. "And what are you doing tonight?" – "I am watching TV."
6. "Are you happy with that?" – "Yes, I am perfectly happy."

Übung 3

1. c)
2. d)
3. a)
4. b)

Übung 4

"John, where are you? I can't see you." – "I am in the garden, Mum. Why can't you see me?" – "Do you know where the dog is, John? I want to feed it." *(Tiere werden nur mit* he / she *bezeichnet, wenn sie einen Namen tragen.)* – "It is behind the tree." – "Thank you; and Timmy? Where is he?" – "He's over there with Dad. He's helping him clean the car." – "Oh, come on, John, let's help them." – "Daddy, if we all help you now, would you please take us to the disco tonight?" – "Well, Mum must agree first. Go and ask her." – "Mum, please let us go!" – "OK, if you help us today we will let you go." – "Great!"

Übung 5

1. "Mum, do you have something for us to drink?"
2. "Of course I have something for you to drink."
3. "Daddy, can you clean the car for me, please?"
4. "No, sorry, there's something wrong with my bike. I must repair it first."
5. "Where is Mum? I wanted to show her my new shoes."
6. "Here I am, darling. Where are they?"
7. "Oh, very nice. Go and show them to your father, too."

Übung 6

1. I like dogs, but they don't like me.
2. Sarah loves Tony, but he doesn't love her.
3. My mother helps my father, but he doesn't help her.
4. The Millers know Mandy, but she doesn't know them.

204 205

6. Die Possessivbegleiter: *my, your …*

Übung 1

1. Sheila has got a house. It is her house.
2. Tom has got an apartment. It is his apartment.
3. I have got a big garden. It is my garden.
4. Danny, you have got a garage. It is your garage.
5. Sheila and her husband have even got a balcony. It's their balcony.
6. We all live in Bigville. It is our town.

Übung 2

1. "Is this your carpet, Jim?" – *Jim:* "Yes, it's my carpet."
2. "Whose pillow is this?" – *Sandy:* "It's my pillow."
3. "Is this your table, Tony and Sally?" – *Tony and Sally:* "No, it's not our table, it belongs to Ronny. It's his table."
4. "Whose armchair is this?" – *Timmy:* "It belongs to Tom and Sally; it's their armchair."
5. "Is this your couch, Timmy and Henry?" – *Timmy and Henry:* "Yes, it's our couch."

Übung 3

1. Tom put up his hand.
2. He took the keys out of his pocket.
3. Sandra shook her head.
4. She said, "No, I've got my own house."
5. The wind blew in their faces.
6. "You're getting on my nerves", she said and went away.

Übung 4

Yesterday Sheila invited me to her place. She lives with her sister. Their house is very nice. They had a big party there. Sheila's cousin was there, too. His name is Jerry and he has a dog. Its name is Bonnie. Jerry came with his brother Ralph. He asked me, "Hi, what's your name? Is Sheila your girlfriend?" – "No, she is not my girlfriend, her boyfriend's name is Tim." Jerry didn't say anything, he just played with his dog or stood there with his hands in his pockets.

Übung 5

1. Liz: Hello, my name is Liz. What are your names?
2. Jerry and Ralph: Our names are Jerry and Ralph.
3. Liz: Look at that boy, who is he?
4. Jerry: His name is Tony and the girl is his sister. I don't know her name. Do you know those girls?
5. Liz: Yes, their surname is Connor; they're twins.

Hier einige nützliche Vokabeln zum Wortfeld ***wohnen:***

house	*Haus*	**wall**	*Wand, Mauer*
apartment	*Wohnung*	**bed**	*Bett*
flat	*Wohnung*	**desk**	*Schreibtisch*
bedroom	*Schlafzimmer*	**table**	*Tisch*
bathroom	*Badezimmer*	**chair**	*Stuhl*
kitchen	*Küche*	**shelf**	*Regal*
living room	*Wohnzimmer*	**cupboard**	*Schrank*
dining room	*Esszimmer*	**armchair**	*Sessel*
cellar	*Keller*	**carpet**	*Teppich*

7. Die Possessivpronomen: *mine, yours ...*

206 | 207

Übung 1

1. This is my pullover. It's mine.
2. That's your shirt. It's yours.
3. This is his shoe. It's his.
4. That is her skirt. It's hers.
5. And these are my clothes. They're mine.

Übung 2

1. Your shoes are bigger than mine.
2. Your T-shirt is smaller than his.
3. Our pullovers are longer than yours.

Übung 3

1. Jerry: I went to the department store with a neighbour of ours.
2. Liz: Is he a friend of yours or Jane's?
3. Jerry: No, he is a friend of hers. We met some classmates of yours there, too.
4. Liz: Some classmates of mine?

Übung 4

1. "Is this your blouse?" – "Yes, it's mine."
2. "Are these his jeans?" – "No, they're hers."
3. "What about this skirt?" – "Isn't it yours?"
4. "And these shoes?" – "They're theirs."
5. "And this sweatshirt?" – "It's his, I think."
6. "What about these socks?" – "They're ours."

Übung 5

1. Jane: Tony and Henry, is this your money?
2. T & H: No, it' s not ours, we think it's Peter's.
3. Jane: Peter, is this your money?
4. Peter: Oh, yes, thank you, it's mine.
5. Tony: And what about this cheque? Is it John's?
6. Peter: Yes, it's his, I think.
7. Henry: No, it's Jane's. I'm sure it's hers, isn't it?
8. Tony: Jane, is this your cheque?
9. Jane: Oh my God, yes, it's mine, thank you.

Hier ein paar nützliche Vokabeln zum Wortfeld ***Kleidung:***

clothes	*Kleidung*	**pullover**	*Pullover*
dress	*Kleid*	**sock(s)**	*Socke(n)*
pocket	*Hosentasche*	**blouse**	*Bluse*
shirt	*Hemd*	**tie**	*Krawatte*
shoe	*Schuh*	**button**	*Knopf*
skirt	*Rock*	**cap**	*Mütze*
trousers	*Hose*	**coat**	*Mantel*
suit	*Anzug*	**belt**	*Gürtel*

208 209

8. Die Demonstrativpronomen und -begleiter: *this, that …*

Übung 1

1. This is Ralph and that is Johnny.
2. These are the Millers, those are the Smiths.
3. This is beer but that is stout.
4. This here is cheese cake, that over there is apple pie.
5. This is white wine, that is red wine.
6. These are cherries and those are apples.

Übung 2

"Would you like to buy some apples?" – "Yes, I'd like these ones, here."
"What about this melon here?" – "Oh, no, I prefer that one there."
"Can you give me a kilo of those black cherries over there?" – "Yes, but these red ones here are much better and cheaper. Would you like some vegetables, too?" – "Yes, give me that cucumber there. And this lettuce here looks great." – "This is not lettuce, it's cabbage."

Übung 3

~~somebuttermorecheese~~thesepeople~~thesechocolatethatpersons~~thosemen~~moreapples~~ ~~theseman~~thesemen/thathat/thischerry/thesecherries~~morelettucethispeppers~~those pizzas/thismeat~~thatchildren~~thesemelons~~someofthemtheirsocks~~thesevegetables~~those applethese~~

Übung 4

Die Sätze sind wieder nur Vorschläge. Die Hauptsache ist, dass du jeweils das richtige Demonstrativpronomen ausgewählt hast.

1. cup This cup is empty.	this X	~~those~~
2. pan This pan is very expensive.	~~these~~	this X
3. plates Those plates are beautiful.	~~that~~	those X
4. glass That glass is full of red wine.	that X	~~these~~

Übung 5

1. This man is selling apples but that man is selling carrots.
2. These women are drinking beer, those women over there are drinking tea.
3. This girl is eating fruit and that girl is eating meat.

Hier einige nützliche Vokabeln zum Wortfeld ***Obst und Gemüse:***

fruit	*Obst*	**vegetables**	*Gemüse*
apple	*Apfel*	**bean**	*Bohne*
cherry	*Kirsche*	**cabbage**	*Kohl*
orange	*Orange*	**carrot**	*Karotte*
pear	*Birne*	**lettuce**	*Kopfsalat*
banana	*Banane*	**tomato**	*Tomate*
lemon	*Zitrone*	**pepper**	*Paprika*
grape	*Traube*	**cucumber**	*Gurke*
strawberry	*Erdbeere*	**eggplant**	*Aubergine*

9. Die *self*-Pronomen (Reflexivpronomen)

210 | 211

Übung 1

1. "Did you like the rock concert yesterday?" – "The concert itself was not bad, but the drummer was terrible."
2. "I myself didn't like it at all. It was horrible. Especially the trumpets!"
3. "I have just talked to Peter and Ralph. They themselves liked it very much, but their wives were shocked."
4. "Did you know that the singer wrote all the songs himself?"
5. "Of course, and the guitarists taught themselves to play the guitar ..."
6. "And Mary, the backing singer, has never even listened to herself."
7. "The band should have recorded themselves (*oder:* itself) before performing a concert, I think."

Übung 2

1. Jane: Oh dear, can you call an ambulance? I have hurt myself.
2. Sam: Hello? My wife has hurt herself, can you come quickly?
3. Doc: How did that happen?
4. Sam: We were enjoying ourselves at a rock concert when she fell down the stairs.
5. Jane: Everything is my fault, I didn't pay attention!
6. Sam: Oh, darling, don't blame yourself!
7. Jane: What is this strange doctor doing, darling? He is talking to himself.
8. Doc: It is not that strange at all: when I talk to myself I get the best ideas!

Übung 3

1. Have you bought the CD for yourself?
2. Yes, my friend wrote the songs himself.
3. The songs themselves are good, but the singer has got a terrible voice.

Übung 4

1. "Can you remember when we met for the first time?
2. Before that first date I had shaved and had cut myself.
3. I didn't feel well because of that and was looking at myself in the mirror every other minute."
4. "And I was nervous because I had been looking forward to seeing you for so long. It had taken me two hours to dress.
5. I wasn't able to relax for more than two hours and I said a lot of silly things.
6. But in the end it was a very nice date and we enjoyed ourselves at the party."

Hier einige nützliche Vokabeln zum Wortfeld ***Musik:***

concert	*Konzert*	**piano**	*Klavier*
band	*Band, Musikgruppe*	**violin**	*Geige*
singer	*Sänger/-in*	**drums**	*Schlagzeug*
song	*Lied*	**guitar**	*Gitarre*
sound	*Ton, Klang*	**bass**	*Bass(gitarre)*
voice	*Stimme*	**audience**	*Publikum*
instrument	*Instrument*	**performance**	*Vorstellung, Auftritt*

212 213

10. *each other* oder *self*-Pronomen?

Übung 1

1. Mary and John love each other.
2. Mary and John gave each other a present.
3. When they have problems Mary and John help each other.
4. Mary and John look each other in the eyes.

Übung 2

1. Yesterday John asked ~~hisself~~ himself why he had made so many mistakes in the exam.
2. He and Mary had helped ~~themselves~~ each other so much.
3. But he hadn't been able to concentrate ~~himself~~ / at all.

Übung 3

1. John and Mary are close friends and know each other very well.
2. Last year Mary gave John a ticket for a concert as a present and John gave Mary a ticket for the opera as a present. They gave each other tickets.
3. At the concert the two enjoyed themselves very much and held each other close.
4. After the concert Mary bought herself the CD and one for John, too.
5. John can be very selfish, though. Sometimes he only thinks of himself.
6. When he behaves like that, Mary gets very angry and the two don't speak to each other for one or two days.
7. John doesn't even try to defend himself when Mary blames him for being so selfish.
8. But afterwards they try to express themselves and their feelings and everything is OK again.
9. Then they kiss each other and say to each other: "I love you so much!"

Übung 4

Last week Alan and Sandra met / in the youth club. They hadn't seen each other for ages and were very happy to be able to talk to each other. "How are you, what are you doing now?" – "Oh, I'm teaching myself French at the moment. I myself think it's quite difficult, but my father always says it's not that hard. But what has happened to you? Why do you have a plaster on your arm?" – "Oh, my sister and I were helping each other rock climbing. She taught herself some years ago. Unfortunately I didn't concentrate /, fell down and hurt myself. I felt / terrible afterwards, but my sister is so nice. She never thinks of herself; she even blamed herself for what had happened!" – "Oh, yes, I remember / her very well. Let me invite you two for dinner tonight." – "Great idea; but we will pay for ourselves!" – "OK, let's meet / in an hour because I have to wash / and dress / first". – "OK, bye, then!"

Hier einige nützliche Vokabeln zum Wortfeld ***Freizeit:***

to dance	*tanzen*	**fan**	*Fan*
to take photo(graphs)	*fotografieren*	**game**	*Spiel*
to play	*spielen*	**walk**	*Spaziergang*
to climb	*klettern*	**puzzle**	*Puzzle*
to hike	*wandern*	**film**	*Film*
to hunt	*jagen*	**spare time**	*Freizeit*

11. Gemischte Übungen

214 215

Übung 1

1. the legs of the chair
2. the men's pullovers
3. the lady's handbag
4. the Millers' shop
5. the dog's tail
6. Tony and Linda's friends

Übung 2

Sandy: Hello, Sally, how are you?
Sally: Hello, Sandy, I'm fine, thank you. Sandy, can you help me, please?
Sandy: Yes, of course I can help you. What's your problem?
Sally: I have lost my English book, but fortunately Tom lent me his English book … Oh, where is it? I can't find it anymore … Ah, here it is.
Sandy: Oh, yes, Tom … I saw him talking to Miss Jenkins yesterday. He asked her for help with his English homework. So English is a problem for both of you? There he is. Come here, Tom.
Tom: Yes, English is our problem. Can you help us?
Sandy: Of course, show me your book.
Mother: Sandy, what are you doing?
Sandy: Tom and Sally have problems with their English homework and I'm trying to help them, Mum.
Mother: Look at my daughter. She always helps her friends …

Übung 3

When I arrived at New York airport I didn't have much luggage. I wanted to move into that new apartment with lots of new furniture. The only problem was work. I had been looking for a job for some time, but I still hadn't found what I was looking for. Unfortunately I didn't have much experience, which is why I was worried about not making any progress in finding good employment. I collected lots of information everywhere but today I'm still unemployed. What a pity!

Übung 4

1. We have to buy two loaves of bread and some bottles / litres of milk.
2. We will have two parties in the boys' houses.
3. They have got several bad teeth, but they're very nice.
4. They have got two gardens with six cats, several mice, two oxen, some fish and three sheep.

(Die Mengenangaben in diesen Sätzen sind nur Vorschläge, selbstverständlich wäre auch several oxen *oder* four sheep *etc. korrekt.)*

Übung 5

At yesterday's party Harry and Sally met each other for the first time. Sally was rather upset and she didn't feel / very good. She had dressed / very elegantly and was watching herself in the mirror all the time. Harry had washed / and shaved / very thoroughly and was nervous, too. He wasn't able to relax /. The two stared at each other for more than two hours before they started talking to each other. It was love at first sight.

216 | 217

C Adjektiv – Adverb
1. Die Steigerung des Adjektivs

Übung 1

clever	cleverer	the cleverest
ugly	uglier	the ugliest
big	bigger	the biggest
heavy	heavier	the heaviest

Übung 2

famous	more famous	the most famous
nice	nicer	the nicest
noisy	noisier	the noisiest
terrible	more terrible	the most terrible

Übung 3

1. School is interesting, playing is more interesting, but sports is the most interesting of all.
2. "Derrick" is exciting, "Tatort" is more exciting and "The X-Files" is the most exciting of the three.
3. Barichello is fast, Frentzen is faster, but Schumacher is the fastest.
4. Bubble gum is sweet, chocolate is sweeter and ice-cream is the sweetest.

Übung 4

1. Your pet is not very dangerous; mine is more dangerous than yours!
2. Your father is very nice and very rich, but mine is nicer and richer: he always buys me everything I want.
3. Your clothes are trendy, but my clothes are trendier than your clothes.
4. Your Mercedes is fast, but my Porsche is faster.
5. Your house is quite big, but ours is much bigger.
6. Your mother gets up very early, but my mother gets up earlier.
7. Your book is thin, but mine is much thinner than yours.

Übung 5

1. Mary arrived later than I had expected.
2. Going to the theatre is more expensive than going to the cinema.
3. The way to the cinema is easier than the way to the theatre.

*Hier einige nützliche Vokabeln zum Wortfeld **Zwischenmenschliches:***

to disturb	*stören*	**to forgive**	*vergeben*
to excuse	*(etw.) entschuldigen*	**to give in**	*nachgeben*
to help	*helfen*	**to impress**	*beeindrucken*
to promise	*versprechen*	**to interfere**	*sich einmischen*
to apologize	*sich entschuldigen*	**to lie**	*lügen*
to blame	*die Schuld geben*	**to offend**	*beleidigen*
to treat	*behandeln*	**to quarrel**	*streiten*
to curse	*verfluchen*	**to struggle**	*kämpfen*
to encourage	*ermutigen*	**to threaten**	*bedrohen*

2. Der Vergleich im Satz und unregelmäßige Steigerungsformen

218 219

Übung 1

1. "Ann's jeans are more expensive than mine." – "No, yours are as expensive as hers."
2. "Ann's school tests are easier than my school tests." – "No, your school tests are as easy as hers."
3. "Ann's birthday cake is bigger than mine." – "No, your birthday cake is as big as hers."
4. "Ann's friends are nicer than my friends." – "No, your friends are as nice as hers."

Übung 2

Yesterday I had a bad headache. After two hours it had got even worse, so I went to Doctor Smith. He is the best doctor in town. I walked there because I thought his house was not very far away, but it was farther than I had thought. Because I had had a lot of work that day I had eaten very little, even less than usual, which is why the doctor couldn't give me pills for my headache. He told me to work less, to eat more and not to drink so much coffee. He told me that most people have heart attacks because they work too much.

Übung 3

1. Sally is as pretty as Sandra.
2. Tom is more intelligent than Peter.
3. Mr Smith is as rich as Mr Miller.

Übung 4

1. Our house is just as big as your house.
2. My mother is not as old as your mother.
3. My father earns twice as much as your father.
4. Your brother is worse at school than mine.
5. Your mark in the English test is the same as mine.

*Hier einige nützliche Vokablen zum Wortfeld **Krankheit**:*

accident	*Unfall*	**to cough**	*husten*
disease	*Krankheit*	**to hurt**	*verletzen*
cough	*Husten*	**to injure**	*verletzen*
headache	*Kopfschmerzen*	**to ache**	*wehtun*
cold	*Erkältung*	**to bleed**	*bluten*
pain	*Schmerz*	**to faint**	*ohnmächtig werden*
temperature	*Fieber*	**to heal**	*heilen*
blood	*Blut*	**to recover**	*sich erholen*
injury	*Verletzung*	**to swell**	*anschwellen*
sickness	*Übelkeit*	**to tremble**	*zittern*

220 221

3. Die Bildung des Adverbs

Übung 1

längs: logically, luckily, never, soon
quer: here, originally, now, quickly, always, there

L	O	N	G	Z	H	E	R	E	L
O	R	I	G	I	N	A	L	L	Y
G	R	E	E	N	X	R	U	L	E
I	Y	N	O	W	E	R	C	O	L
C	A	R	Q	U	I	C	K	L	Y
A	L	W	A	Y	S	R	I	N	K
L	Y	N	N	H	O	L	L	E	S
L	O	U	D	Y	M	V	Y	V	O
Y	E	T	T	H	E	R	E	E	O
O	V	E	R	K	Z	X	O	R	N

Übung 2

real – really
lucky – luckily
dangerous – dangerously
bad – badly
tragic – tragically
successful – successfully
comfortable – comfortably

clever – cleverly
high – highly
crazy – crazily
probable – probably
terrible – terribly
strange – strangely
wonderful – wonderfully

Übung 3

In our last holidays we went to Italy for the first time. Driving there can be very dangerous, which is why my father always drove very carefully. Shopping was no problem because my mother speaks Italian fluently. Food in Italy is reasonably cheap and extremely good. We were all absolutely happy there and had a lot of fun. On our first day, however, we were terribly upset about the weather because when we arrived it was raining heavily. But then the weather suddenly changed, and we often went to the beach. Unfortunately the holiday was over far too quickly.

Übung 4

Maria really likes playing football and she is usually very excited when she is on the field. But today she is playing badly and running too slowly. She is probably ill. She feels terribly bad about that and says nervously to her coach, "I am completely exhausted. I think I'm seriously ill. Please let me go home." Her coach simply says, "OK, you have been playing fantastically up to today, so it doesn't matter." Maria quickly gets her bag and goes home. The next day she plays better than ever.

*Hier einige nützliche Vokabeln zum Wortfeld **Sport**:*

football	*Fußball*	**to ride**	*reiten*
match	*Spiel*	**to shoot**	*schießen*
race	*Rennen*	**to race / to run**	*rennen*
record	*Rekord*	**to train**	*trainieren*
team	*Mannschaft*	**to ski**	*Ski fahren*
coach	*Trainer*	**to throw**	*werfen*

222 223

4. Unregelmäßige Adverbformen 1

Übung 1

monthly	monthly
good	well
fast	fast
friendly	in a friendly way /manner
hard	hard
whole	wholly
silly	in a silly manner / way

Übung 2

~~summer~~monthly~~weeksuper~~inadifficultmanner~~brother~~straight~~huge~~wholly~~truegoodbaby day~~daily/inafriendlyway/little~~home~~hard~~ear~~nearly~~difficultlybubblegum~~long/fastest/late ~~adjective~~

Übung 3

Last month my dad had to work very hard and got up very early every day, which is why he couldn't sleep very deep in the night. It was a terrible month and we argued almost daily. He was not very nice and didn't speak to us in a friendly way. He was angry all day long and went to bed very late because in the evening he had to solve difficult problems. He behaved very strangely and shouted terribly when talking to us. He was really stressed and absolutely overworked. Luckily this terrible month is over now.

Übung 4

1. Dad's car drives very ~~fastly~~ fast.
2. He never comes ~~lately~~ late with it.
3. He always drives ~~straightly~~ straight to work.

Übung 5

1. My dad is a hard worker. He works very hard.
2. Last month he was very angry, he spoke to us very angrily.
3. He was sometimes late for dinner. He sometimes came late.
4. In his free time he is a good drummer. He plays the drums very well.
5. He's a bad singer, though. He sings quite badly.
6. All in all he is a very lively person. He behaves in a lively way.

Hier einige nützliche Vokabeln zum Wortfeld ***Geist und Verstand:***

mind	*Verstand*	**to remember**	*sich erinnern an*
spirit	*Geist*	**to think**	*denken*
fantasy	*Fantasie*	**to understand**	*verstehen*
imagination	*Vorstellung(skraft)*	**to consider**	*überlegen*
intelligence	*Intelligenz*	**to imagine**	*sich (etw.) vorstellen*
memory	*Gedächtnis*	**to realize**	*erkennen, erfassen*
reflection	*Überlegung*	**to see**	*verstehen, einsehen*
senses	*Sinne, Verstand*	**clever**	*klug*
skill	*Fähigkeit*	**stupid**	*dumm*
thought	*Gedanke*	**crazy**	*verrückt*

224 225

5. Unregelmäßige Adverbformen 2

Übung 1

Adjektiv	*Adverb*
a hard day	suffering hard
a deep sleep	sleeping deep
a pretty girl	looking pretty good
Sue isn't well.	He dances well.
Sue is ill.	He spoke ill of us.
He is my only friend.	It's only eight o'clock?

Übung 2

1. In Kürze wird meine Mutter 50 sein.
2. Aber sie ist noch immer sehr hübsch.
3. In letzter Zeit ist sie hoch motiviert, weil sie Englisch lernt.
4. Sie lernt meistens am Abend und schläft kaum.
5. Aber am Morgen sieht sie immer noch ziemlich gut aus.

Übung 3

1. Many of you can hardly remember my friend Peter.
2. I haven't seen him lately.
3. We haven't met for nearly a year.
4. I hope he is well.
5. He always works very hard.
6. In his spare time he mostly plays football.
7. He plays football very well.
8. He drives a fast car and has a pretty girlfriend.
9. I deeply regret that we meet only once a year.
10. Now he has announced his annual / yearly visit and he will shortly / soon be here.

Hier einige nützliche Vokabeln zum Wortfeld ***Aussehen:***

beauty	*Schönheit*	**pale**	*blass*
look(s)	*Aussehen*	**plain**	*hässlich*
appearance	*Aussehen*	**ugly**	*hässlich*
figure	*Figur*	**fair**	*blond*
beautiful	*schön*	**slim**	*schlank*
pretty	*hübsch (Frau)*	**delicate**	*zart, fein*
handsome	*hübsch (Mann)*	**fat**	*dick*
lovely	*entzückend*	**tall**	*groß*

6. Die Steigerung des Adverbs

226 227

Übung 1

1. John talks more slowly. – John talks the most slowly.
2. He drives faster. – He drives fastest.
3. He gets up earlier. – He gets up earliest.
4. He works harder. – He works hardest.
5. He plays tennis better. – He plays tennis best.

Übung 2

1. Roxette sing well, Caught in the Act sing better but the Backstreet Boys sing best (of all).
2. Simon plays the trumpet badly, Sandra plays it worse but Sally plays the trumpet worst (of all).
3. Anthony runs quickly, Thomas runs quicker but Carl runs quickest.
4. Schumacher drives dangerously, Hakkinen drives more dangerously but Irvine drives most dangerously.
5. A Ford goes fast, a Mercedes goes faster but a Porsche goes fastest of all.
6. Ann works hard, Sarah works harder but Paul works hardest of all three.

Übung 3

Hier hast du die freie Auswahl. Achte aber immer darauf, die korrekten Steigerungsformen der Adverbien zu verwenden. Sie lauten:

wonderfully	more wonderfully	most wonderfully
well	better	best
badly	worse	worst
early	earlier	earliest
successfully	more successfully	most successfully
beautifully	more beautifully	most beautifully

Hier einige nützliche Vokabeln zum Wortfeld ***Umgang mit Dingen:***

to add	*hinzufügen*	**to cover**	*bedecken*
to change	*verändern, wechseln*	**to dig**	*graben*
to close	*schließen*	**to exchange**	*austauschen*
to shut	*schließen*	**to fix**	*befestigen*
to open	*öffnen*	**to fold**	*falten*
to fill	*füllen*	**to collect**	*sammeln*
to find	*finden*	**to press**	*drücken*
to shake	*schütteln*	**to rub**	*reiben*
to cut	*schneiden*	**to sharpen**	*schärfen*
to use	*benutzen*	**to shorten**	*kürzen*
to catch	*fangen*	**to tear**	*(zer)reißen*

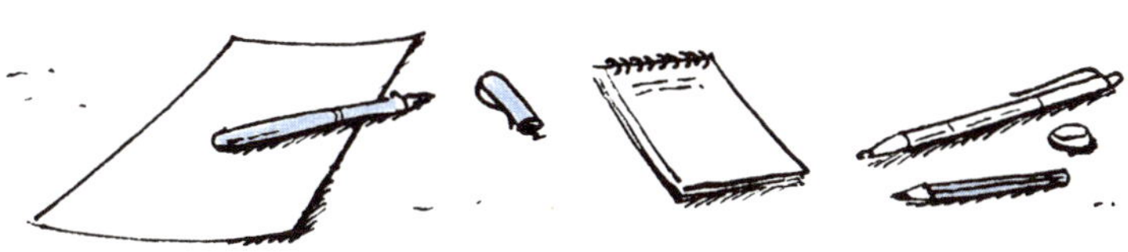

228 229

7. Adjektiv oder Adverb?

Übung 1

1. Terry spricht ein perfektes Französisch. Adjektiv
2. Sie spricht perfekt Französisch. Adverb
3. Sally agiert immer sehr ruhig. Adverb
4. Sie ist ein ruhiges Mädchen. Adjektiv
5. Gina ist ein ernsthaftes Mädchen. Adjektiv
6. Heute hat sie sich ernsthaft verletzt. Adverb
7. Sie sieht mich ärgerlich an. Adverb

Übung 2

1. Terry speaks perfect French.
2. She speaks French perfectly.
3. Sam always acts very quietly.
4. She is a quiet girl.
5. Gina is a serious girl.
6. Today she has hurt herself seriously.
7. She looks angrily at me.

Übung 3

My friend Gina is a serious girl. She always thinks before she speaks, which is why she never talks too fast. She speaks many languages fluently because she takes her homework very seriously, specially French. She is always happy when she meets someone special she can talk to. She is a very sensible girl, too. (*Achtung!* sensible = *vernünftig*, sensitive = *empfindlich*) She always drives very carefully and safely. She's a perfect friend, although she can get on my nerves, too. When we go out, she is always absolutely perfectly dressed and everybody looks at her. What a girl!

Übung 4

Auch hier hast du viele verschiedene Möglichkeiten Sätze zu bilden, solange du Adjektiv und Adverb richtig verwendest.

1. easy – easily
   My homework is very easy; I can do it easily.
2. terrible – terribly
   Tom is a terrible child; he behaves terribly.
3. sad – sadly
   Kim is very sad; she looks at me sadly.
4. heavy – heavily
   There's heavy rain outside; it's raining heavily.
5. fast – fast
   I have a fast car; I like driving fast.
6. good – well
   I'm good at English; I can speak it very well.
7. beautiful – beautifully
   She is so beautiful; she's dressed so beautifully.
8. bad – badly
   He's bad at football; he plays it very badly.

8. Gemischte Übungen

230 231

Übung 1

1. London is nicer than Paris.
2. Bananas are better than apples.
3. Airports are more exciting than stations.
4. Towns are bigger than villages.
5. Football is as interesting as tennis.

Übung 2

Tom often dreams of a better life.

1. In this other life he is very strong. He is stronger than Henry Maske. He is the strongest man in the world.
2. Furthermore he is very rich. He is richer than Bill Gates. He is the richest man in the world.
3. He is a good tennis player. He is a better player than Boris Becker. He is the best tennis player in the world.
4. He is also very popular. He is more popular than Michael Jackson. He is the most popular man in the world.
5. Of course he is very funny, too. He is funnier than Bill Cosby. He is the funniest man in the world.

But then he wakes up …

Übung 3

Bei dieser Übung kannst du deiner Fantasie wieder freien Lauf lassen und alle möglichen Kombinationen wählen. Die korrekten Steigerungsformen kennst du ja mittlerweile.

Übung 4

Tomorrow Sally and Peter will take a difficult cycling test. Peter has checked his bike carefully, but Sally has checked her bike even more carefully. Last year the cycling test was very easy, and all the pupils passed it easily. However, they are sure that this year's test will be much more difficult. Andrew, Peter's friend, is a very good cyclist. Sally rides well, too. But Carol is the best cyclist, she rides the best of the three. A cycling test like this is really exciting. All the children have terribly red faces. They are all busily practising their right turns.

Übung 5

In his last race Sam was seriously hurt. He drove too fast and crashed into a tree. He is still in hospital. We hope that he will be well soon. He is the only one in the team who can win the title.

Zum Schluss einige wichtige ***Redewendungen****:*

Pardon? / Sorry?	*Wie bitte?*
I'd like to …	*Ich möchte …; ich hätte gern …*
Thank you very much.	*Vielen Dank.*
No, thank you.	*Nein, danke.*
Here you are.	*Bitte sehr. (beim Anbieten)*
You're welcome.	*Keine Ursache. (Antwort auf "Thank you!")*
Oh, my God!	*Du meine Güte!*
Here's to you! / Cheers!	*Auf dein Wohl!*
Have a good time! / Have fun!	*Viel Vergnügen!*
Enjoy your meal! / Bon appetit!	*Guten Appetit!*

Register

Deutsch: Rechtschreibung

Adjektiv
- in festen Verbindungen ... 39
- in Redewendungen ... 40
- Adjektiv + Verb ... 50
- Schreibung ... 37–41
- Steigerungsformen ... 41
- Substantivierung ... 37

ä/e-Schreibung ... 10
äu/eu-Schreibung ... 11
b/p, d/t ... 20–22
b/p am Wortende ... 20
das/dass ... 19
d/t am Wortende ... 21
Dehnungs-*h* ... 14, 15
Doppelkonsonant ... 25
ent-/Ent-, end-/End- ... 28
feste Silben ... 28–29
f-Laut (*f, v*) ... 31
k-Laut (*k, ck*) ... 23–24
Konfliktwörter ... 27
Konsonantenzahl nach langem und kurzem Vokal ... 25, 26
k/z nach Konsonant ... 23
k/z nach Vokal und Diphthong ... 24
langer *i*-Laut (*ie, i, ih, ieh*) 12–13
lange Vokale ... 15
-ig, -lich, -isch ... 29
seit/seid ... 22
s-Laut (*s, ss, ß*) ... 17–19
s, ss, ß am Wortende ... 17

Substantiv
- Schreibung ... 34–36
- Substantiv + Verb ... 35
- Substantiv + *sein/werden* .. 36
- verblasstes Substantiv + Verb ... 48

Substantivierung von Zahlwörtern ... 47
Tageszeit + Adverb ... 45
Tageszeit + Wochentag ... 46
t-Schreibung ... 22
Umlaute ... 10–11
unbestimmte Zahlwörter .. 48
ver-/Ver- ... 28

Verb
- Adjektiv + Verb ... 50
- Adverb + Verb ... 52
- Infinitiv mit *zu* ... 43
- Substantivierung ... 42
- Verb + Verb ... 51
- Verben mit *ss/ß* ... 18

Verbindungen mit *mal-/Mal* 54
Verbindungen mit *wie/so* .. 53
vor-/Vor- ... 31
Wortpaare: gleich gesprochen, verschieden geschrieben ... 13, 15, 16
Worttrennung ... 32–33
x-Laut (*x, gs, ks, cks, chs*) ... 30
Zahlwörter ... 47–48
Zeitangaben ... 44–46
z-Laut (*z, tz*) ... 23, 24

Deutsch: Aufsatz: Bericht, Beschreibung, Brief

Bericht ... 64–81
- Arbeitsschritte (Checkliste) 65
- Arten ... 68
- Aufbau (Überblick) ... 64
- Vergleich Erzählung – Bericht ... 66
- Unfallbericht: Einleitung, Hauptteil, Schluss ... 76
  - Stichwortnotizen verarbeiten ... 78
  - Zeugenaussagen verarbeiten ... 80
- Veranstaltungsbericht: W-Fragen ... 70
  - Adverb, Adverbiale, Gliedsatz, Attribut ... 72
  - Stichwortzettel ... 74

Beschreibung ... 82–95
- Arbeitsschritte (Checkliste) ... 82
- Arten (Überblick) ... 82
- Bastelanleitung ... 90
- Bewegungsabläufe ... 92
- Gegenstandsbeschreibung ... 96–101
- Kochrezept ... 86
- naturwissenschaftliche Versuche ... 94
- Personenbeschreibung .. 102
- Spielanleitung ... 88
- technische Geräte ... 100
- Tierbeschreibung ... 98
- Vergleich Bericht – Beschreibung ... 84
- Vorgangsbeschreibung ... 84
- Wegbeschreibung ... 96

Brief ... 104–111
- Anfrage ... 108
- Arbeitsschritte (Checkliste) ... 105
- Aufbau (Überblick) ... 104
- Beschwerde ... 110
- Einladung ... 106

Mathematik: Textaufgaben, Sachrechnen

Differenz ... 122
Dividend ... 122
Divisor ... 122
Faktor ... 122
Fläche ... 136
Geld ... 128, 130
Gesamtansatz ... 118f.
Geschwindigkeit ... 134
Gewicht ... 120, 126
größter gemeinsamer Teiler (ggT) ... 142
kleinstes gemeinsames Vielfaches (kgV) 140, 142
Längen ... 124
Lösungswege Textaufgaben ... 118, 122
Minuend ... 122
Primfaktorzerlegung .. 140, 142
Produkt ... 122
Proportionalität, direkte und indirekte ... 144

Prozente ... 130
- Grundwert ... 130
- Jahreszins ... 130
- Kapital ... 130
- Prozentsatz ... 130
- Prozentwert ... 130
- Zinssatz ... 130

Quotient ... 122
schrittweise Lösung .... 118f.
Subtrahend ... 122
Summand ... 122
Summe ... 122
Terme ... 148
Textaufgaben (Checkliste) ... 117
Volumen ... 138
Zahlenterme ... 146, 148
Zeit ... 132

Englisch: Adjektiv, Adverb, Substantiv, Pronomen

Adjektiv
Form ... 228
Steigerung ... 216
unregelmäßige Steigerungsformen ... 218
Vergleich ... 218
Adverb
Bildung ... 220
Form ... 228
Steigerung ... 226
unregelmäßige Adverbformen ... 222, 224
Artikel
bestimmter Artikel, Form 184
Gebrauch ... 188
Gebrauch bei Namen .. 190
unbestimmter Artikel, Form ... 184
Gebrauch ... 186
Demonstrativbegleiter (*this, that ...*) ... 208
Demonstrativpronomen (*this, that ...*) ... 208
Personalpronomen
Objektformen ... 202
Subjektformen ... 202
Possessivbegleiter (*my, your ...*) ... 204
Possessivpronomen (*mine, yours ...*) ... 206
Reflexivpronomen (*self*-Pronomen) ... 210, 212
Reziprokpronomen (*each other*) ... 212
Substantiv
of-Genitiv ... 200
Pluralbildung ... 194
s-Genitiv ... 200
Sonderformen Singular und Plural ... 198
zählbare/nicht zählbare Substantive ... 196